Tout Nu

20, rue des Petits-Champs
75002 Paris

ISBN : 2-84261-135-7

David SEDARIS

Tout Nu

Traduit de l'américain par Georges Monny en collaboration avec Nathalie Vernay

À mes amis
Robert et Lucette Gerbenne

Boulettes de viande

Désormais, les domestiques devront soigneusement briquer ma menue monnaie avant de la ranger dans le vase chinois posé sur la commode de ma chambre. C'est important de présenter de la monnaie propre et, sinon neuve, du moins en bon état. Voilà énoncé l'un des dogmes de mon Église, qui n'est pas la mienne à proprement parler mais celle que fréquente ma famille : *la Cathédrale de la Brillante Nature*, une immense bâtisse de style gothique chargée de tours, de clochetons et de statues à la mémoire d'inconnus, qui semblent prêtes à bondir. On y organise des excursions et, tous les premiers dimanches d'octobre, une journée portes ouvertes. Il faudrait venir un jour, le voyage vaut le détour ! Seulement, inutile d'apporter votre appareil photo : les flashes risquent d'effaroucher les chevaux, ce qui mettrait en péril ma vie et celle de mes parents, puisque Le Révérend insiste pour que nous nous asseyions toujours au premier rang. L'autre jour, il nous a passé un coup de fil, il était un peu pompette. Il a un penchant pour la bouteille. Il voulait nous convaincre de nous rapprocher de l'autel, car nos visages lui donnent le sentiment d'être plus près de Dieu. Il faut dire que nous sommes terriblement beaux ! D'ailleurs, c'est le profil de Maman qui va être imprimé sur le nouveau ticket du monorail et les équipes de la NASA nous ont choisis, mon père et moi, pour réaliser un module lunaire sur le modèle de nos crânes. En outre, nos pommettes sont aérodynamiques et notre fossette au menton est si profonde qu'elle peut contenir au moins trois douzaines de balles de pistolet en plastique. Mais de l'avis unanime du public, c'est la couleur de ma peau qui est mon meilleur atout : elle brille d'un tel éclat que, la nuit, je dois me bander les yeux avec une chaussette pour trouver le sommeil. D'autres préfèrent mes yeux, mes dents parfaites et étincelantes, ma chevelure abondante ou mon gabarit imposant ; mais il faut l'avouer, le trait le plus saisissant de mon caractère, c'est mon extrême sensibilité aux compliments.

Par ailleurs, grâce à notre intelligence infinie, nous pouvons deviner les pensées des gens comme s'ils étaient façonnés dans du plastique dur et transparent. Nous savons à quoi ils ressemblent quand ils sont nus, et parvenons jusqu'à distinguer les intrications insondables noyées dans le tréfonds de leur cœur, de leur âme ou de leurs intestins. Il suffit par exemple qu'un inconnu me dise : « Alors ça roule, la jeunesse ? » pour que je flaire sur-le-champ sa cupidité et son irrépressible désir de se concilier mes bonnes grâces avec cette commune maladresse bon enfant qui, à chaque fois, me retourne l'estomac de pitié. Alors ça roule, la jeunesse ? Mon œil ! Ils ne savent rien de moi. Rien, et encore moins de ma vie. Et dire que le monde est plein d'individus de cet acabit.

Tiens, prenons par exemple Le Révérend. Ses mains souffrent de tremblote et sa peau est d'une teinte cireuse. Il ne présente pas plus de complexité que ces puzzles en bois à cinq pièces qu'on donne aux débiles mentaux et aux enfants de maternelle. Selon ses calculs, nous asseoir au premier rang aurait pour mérite d'empêcher ses paroissiens d'être trop distraits car, au lieu de suivre la messe, ils se retourneraient sans arrêt, quitte à attraper un torticolis, afin d'admirer notre beauté non seulement physique mais aussi spirituelle. Notre érudition les émerveille et ils veulent être les premiers à savoir comment nous vivons notre tragédie. Où que nous allions, mes parents et moi sommes le centre de l'attention générale. « Les voilà ! Tenez, vous avez vu leur fils ? Allez, soyez pas timides, touchez-le du doigt, vous pouvez même tirer sur sa cravate ou bien caresser une mèche de ses cheveux – vous verrez ! »

En délivrant son sermon à cheval, le Révérend comptait détourner de nouveau à son profit l'intérêt des fidèles mais, en dépit de son lasso et de son écurie de fringants clydesdales, son plan a échoué. Certes, tant que nous restons assis au premier rang, la congrégation regarde devant elle, ce qui est déjà une bonne chose. Si cela pouvait encourager les fidèles à se rapprocher encore plus près de Dieu, nous serions prêts à nous jucher sur les grandes orgues ou à nous supplicier sur la croix en pur acier inoxydable suspendue au-dessus de l'autel. Nous pourrions même aller plus loin car, quels qu'aient été nos derniers déboires, notre devoir le plus sacré reste d'aider notre prochain. Aussi consacrons-nous des sommes inimaginables à des œuvres de charité, mais jamais vous ne nous en entendrez parler : Le Fonds Communal d'Organisation des Pique-niques, le Critérium Annuel contre la Migraine, le Service des Accidentés du Polo au Memorial Hospital de notre ville. Seulement, nos dons doivent rester anonymes car les encombrants baluchons de lettres de remerciements que nous recevrions nous briseraient le cœur, avec leur écriture de pattes de mouches et leur orthographe à fendre l'âme. Donc la rumeur s'est répandue : nous sommes en effet à la fois beaux et bons, de sorte qu'il s'en faudrait de peu pour que la porte de notre jardin soit assiégée par des éditeurs de mode et des gosses handicapés, qui massacreraient notre gazon avec le bout de leurs béquilles. Pourtant, nous nous bornons à faire notre devoir, sans tambours ni trompettes. Jamais vous ne nous verrez agiter la main assis sur un char ni défiler aux côtés du Grand Beurk : cela ne servirait qu'à attirer inutilement l'attention. Bien sûr, il y en a qui se laissent prendre à ce jeu-là ; mais non seulement c'est un peu gros, c'est également idiot et, un jour, ils devront payer les conséquences de leur sottise. En fait, ils ne se doutent pas de leur erreur, alors que nous autres avons compris que la célébrité ne va jamais sans la perte de l'intimité : les manifestations publiques de notre propre bonheur ne serviraient qu'à encourager les kidnappeurs qui rôdent autour des vertes propriétés de nos quartiers cossus.

Après le rapt de mes sœurs, mon père froissa la demande de rançon et la jeta dans la flamme éternelle à côté de la momie du Pèlerin qui trône dans la salle à manger de notre résidence d'été à Olfactory. Nous ne voulons en aucune manière négocier avec des malfaiteurs, ce n'est pas dans nos habitudes. De temps à autre, il nous arrive de repenser à mes sœurs en espérant qu'elles se portent bien, mais nous ne nous attardons pas sur le sujet, car il ne faut surtout pas que ces kidnappeurs aient raison de nous. Quoi qu'il en soit, mes sœurs ont disparu mais, qui sait, peut-être reviendront-elles un jour parmi nous, après avoir fondé leur propre famille. Entre-temps, je reste le fils unique de mes parents et le seul héritier de leur conséquente fortune. Est-ce que je souffre de solitude ? Quelquefois. Évidemment, il y a Maman et Papa, sans oublier les domestiques. Certains même, malgré leurs dents de travers et leur manque d'éducation, font preuve d'une intelligence extraordinaire. Tiens, l'autre jour par exemple, je me trouvais dans l'écurie avec Duncan lorsque...

– Oh non, pour l'amour de Dieu, intervint ma mère en remuant les boulettes de viande dans sa cocotte, laisse cette satanée chatte tranquille, sinon c'est moi qui vais te griffer ! T'en as pas marre de la déguiser comme ça ? On dirait une pute de bas étage ! Retire-lui cet accoutrement et fous-lui la paix avant qu'elle se taille comme l'autre.

Réajustant mes lunettes de ma main libre, je m'empressai de lui rappeler que l'autre chatte avait été écrasée par une voiture.

– Elle l'a fait exprès, persista Maman. Elle n'avait pas le choix, c'est toi qui l'y as poussée, avec tes histoires à la con, à force de vouloir lui faire bouffer des côtes de porc chez tes amis Kennedy ou je ne sais quelle connerie que tu mijotais encore ce jour-là. Alors, t'arrêtes et tu la lâches, d'accord ? Après tu files vite fait dans le jardin dire à tes sœurs de dégager de cet égout.

Et pendant qu'on y est, trouve-moi ton père. S'il n'est pas sous sa voiture, c'est qu'il est en train de bricoler la fosse septique. Dis-leur de ramener leurs culs à table en quatrième vitesse sinon c'est mon poing dans la gueule qu'ils vont bouffer ce soir.

Quand on y regardait par deux fois, ma famille ne pouvait pas être considérée comme pauvre. Aux dires de mes parents, nous étions même fort loin de la misère, bien que pas assez pour combler tous mes vœux à moi, qui rêvais d'habiter un endroit cerné de douves, au lieu de la modeste clôture qui nous entourait. Pis encore, je n'arrivais pas à dormir du sommeil du juste tant que notre patronyme n'aurait pas servi à rebaptiser au moins un aéroport du pays. Ma mère avait compris :

– T'es trop snob, c'est là le fond de ton problème. Tu sais, j'ai grandi avec des gens de ton espèce ; j'ai jamais pu les blairer. Et crois-moi, j'étais pas la seule dans ce cas.

On avait beau y faire – la maison, les voitures, les vacances –, je n'étais jamais content. Il devait y avoir une erreur quelque part. La vie qui m'avait été dévolue me paraissant totalement inacceptable, je n'avais jamais perdu espoir de voir tôt ou tard réapparaître ma véritable famille, qui sonnerait à notre porte les doigts gantés de blanc. « Oh cher Lord Chiselchin[1] ! s'écrieraient-ils en levant leur chapeau haut-de-forme d'un geste obséquieux, Dieu soit loué, nous vous avons enfin retrouvé ! »

Ma mère persiflait :

– Cause toujours, tu m'intéresses. Tu sais, si j'avais eu l'intention de voler un gosse, j'aurais au moins veillé à en choisir un qui ne viendrait pas me faire chier à chaque fois que je pose mon manteau sur le canapé. J'arrive pas à m'expliquer ce qui s'est passé, mais une chose est sûre, tu es mon fils. Si c'est une déception pour toi, imagine un peu ce que je ressens, moi.

Quand j'accompagnais Maman au supermarché, je flânais parfois sur le seuil du magasin. Je caressais l'espoir qu'un

---

[1] Littéralement : Menton à fossette. *(N. d. T.)*

couple fortuné me kidnapperait pour me dissimuler dans le coffre de leur voiture. Ils me tortureraient certainement une heure ou deux, mais une fois émerveillés par mes talents en repassage, ils me libéreraient de mes chaînes et me serreraient contre leur cœur en signe de reconnaissance.

– Toujours pas trouvé preneur? lançait ma mère en poussant son caddie chargé à ras bord en ressortant sur le parking.

– Tu ne connaîtrais pas par hasard des couples sans enfant? lui répliquais-je. Des gens avec piscine et jet privé?

– Si j'en connaissais, tu serais le premier informé, je t'en fiche mon billet.

Mon désenchantement augmentait au fur et à mesure que surgissait une nouvelle petite sœur.

– Combien d'enfants y a-t-il au juste dans votre famille? demandait la maîtresse. Je présume que vous êtes catholiques, n'est-ce pas?

Maman me donnait l'impression d'être toujours enceinte à Noël. La salle de bains était constamment encombrée de couches sales, et des marmots à quatre pattes bivouaquaient dans ma chambre, dispersant mes coquillages et dérangeant ma collection de bouteilles de vins.

Je n'avais pas la moindre notion du procédé, mais je finis par piger, en surprenant quelques commérages dans le voisinage, que la taille de notre famille avait quelque chose à voir avec le manque de contrôle de ma mère. C'était donc de sa faute si nous n'avions jamais pu nous offrir une résidence d'été avec de larges baies vitrées et un court de tennis en bordure de falaise. Au lieu de s'attacher à améliorer sa condition, elle passait son temps à pondre des mômes à la chaîne, tous plus dégoûtants les uns que les autres.

Mais c'est le jour où elle m'annonça sa sixième grossesse que je saisis toute la complexité de la situation, après l'avoir surprise en train de pleurer dans sa chambre au beau milieu de l'après-midi.

– C'est parce que tu n'as pas passé l'aspirateur dans la cave que tu es malheureuse, ou quoi ? Mais je peux le faire à ta place si tu veux.

– Ouais, je sais, me répondit-elle. C'est vraiment gentil de ta part. En fait, je suis malheureuse parce que… merde… parce que je vais encore avoir un bébé, mais on ne m'y reprendra plus jamais, je le jure. Après celui-là, je demanderai au docteur de me ligaturer les trompes et de souder le nœud pour bien m'assurer que ça m'arrivera plus jamais.

Bien que je n'eusse pas la moindre idée de ce dont elle parlait – les trompes, la ligature, le fer à souder –, j'approuvai d'un signe de tête comme si nous étions parvenus, elle et moi, à une sorte d'accord secret qu'une équipe d'avocats se chargeraient de légaliser par la suite.

– Je vais encore y arriver cette fois-ci, conclut-elle, mais il va falloir que tu m'aides.

Elle continuait de pleurer avec une sorte de sensiblerie teintée de désespoir. Cependant, je ne fus pas troublé le moins du monde, ni même épouvanté. Les yeux fixés sur ses mains fluettes voilant son visage tel un rideau, je me dis que les services d'une bonne entièrement dévouée n'allaient probablement pas lui suffire. Sans doute, je pouvais remplir sans problème ce rôle. Un confident, un conseiller financier, et même un ami : je lui jurai que je serais disposé à tenir tous ces rôles à la fois, en échange de 20 dollars et d'une lettre d'engagement attestant que je conserverais entièrement l'intimité de ma chambre. Je débordais de dévouement. Et, toute contente de l'affaire qu'elle venait de conclure, ma mère sécha ses larmes et s'en fut chercher son sac à main.

L'épisode des tics

Le jour où la maîtresse se résolut à prendre rendez-vous avec ma mère, je me frottai le nez contre le pupitre, huit fois de suite. Mon geste la laissa perplexe :

– Dois-je en conclure que c'est « oui » ?

D'après ses calculs, j'avais quitté ma place vingt-huit fois depuis ce matin-là.

– Tu ne cesses de sautiller comme une puce. Il suffit que je tourne le dos une minute pour que tu coures lécher l'interrupteur. Peut-être qu'on a coutume de faire ça chez toi, mais dans ma classe, on n'a pas le droit de se lever pour aller lécher n'importe quoi n'importe quand. Ça, c'est l'interrupteur de Miss Chestnut, et la moindre des choses, c'est qu'il reste au sec. Tu me permettrais, moi, de venir chez toi lécher tes interrupteurs à toi ?

Je me suis efforcé de me la représenter en pleine action. À ce moment-là, ma chaussure a décidé de se rappeler à mon souvenir : « Retire-moi immédiatement », chuchotait-elle, « frappe-toi le front trois fois avec mon talon ». Vite, dépêche-toi, personne n'y verra rien !

– Alors ?

Miss Chestnut a haussé ses pâles sourcils soulignés au crayon :

– Il me semble que je t'ai posé une question. Ça te plairait, oui ou non, que je vienne chez toi lécher les interrupteurs ?

J'ai ôté ma chaussure puis fait semblant d'examiner la marque gravée sur le talon.

– Tu vas te frapper le front avec cette chaussure, n'est-ce pas ?

Non, je n'allais pas m'en servir pour me frapper, mais pour me tapoter ; mais comment l'avait-elle deviné ?

– Tu as des traces de chaussure sur le front, a-t-elle poursuivi comme pour donner une réponse à mon interrogation muette. Tu devrais de temps à autre jeter un coup d'œil dans la glace. Tu sais, les chaussures charrient toutes sortes de saletés. Si les gens les portent à leurs pieds, c'est pour se protéger contre les impuretés du sol. Ce n'est pas sain de se frapper la tête avec ses chaussures. Est-ce que je me fais bien comprendre ?

– Oui, je suppose.

– Tu supposes ? Mais il ne s'agit pas d'un jeu de devinettes. On ne peut pas se borner à supposer, par exemple, qu'il est dangereux de s'engager dans une voie de grande circulation la tête recouverte d'un sac en papier kraft. On ne peut pas jouer avec ça. Ce sont des faits, pas des suppositions.

Tout en poursuivant son sermon, elle est retournée s'asseoir à sa table pour rédiger un petit mot :

– J'aimerais avoir un entretien avec ta mère. Enfin, si tu en as une, bien entendu. Tu n'as pas été élevé par des animaux, n'est-ce pas ? Ta mère est aveugle ou quoi ? Est-ce qu'elle prête au moins attention à ton comportement, ou tu réserves l'exclusivité de tes singeries à Miss Chestnut ?

Elle m'a tendu une feuille de papier pliée :

– Tu peux disposer à présent mais de grâce, évite de baver sur mon interrupteur. Ta langue est infestée de microbes et, en plus, cette journée a été suffisamment dure pour cette pauvre chose, et pour moi aussi.

Mon école se trouvait à courte distance de notre maison de location : à six cent trente-sept pas précisément, un trajet que je parcourais en moins d'une heure les jours de grande forme, entrecoupé de pauses çà et là, le temps de fourrer ma langue dans une boîte aux lettres ou de toucher du doigt la feuille ou le brin d'herbe qui en avait besoin. Seulement, dès que je me perdais dans le décompte de mes pas, je rebroussais chemin pour recommencer à zéro.

– Déjà de retour? Ma parole, on dirait que t'arrives pas à te passer de cet endroit! Je me trompe ou quoi?

Justement, le pauvre homme se gourait sur toute la ligne. J'avais en effet hâte de rentrer à la maison, mais il y avait un problème : comment arriver jusque-là? Parfois, au trois cent quatorzième pas, je caressais un poteau téléphonique mais, quinze pas plus loin, je m'inquiétais de ne pas l'avoir touché au bon endroit. J'étais donc condamné à recommencer. Mon esprit avait beau vagabonder un bref moment, le doute ne tardait pas à s'y insinuer, et je m'interrogeais non seulement sur ledit poteau téléphonique mais aussi sur le nain de jardin au deux cent dix-neuvième pas. Non, je devais impérativement retourner lui lécher le bonnet, en espérant que la propriétaire n'allait pas encore surgir de sa maison en beuglant : «Fiche la paix à mon nain de jardin!» Malgré la pluie, malgré l'envie pressante d'aller aux toilettes, rentrer en ligne droite à la maison s'avérait une tâche impossible. Il y avait là un processus à la fois fastidieux et retors, qui exigeait de moi une attention tyrannique sur le moindre détail. Non pas que je trouve du plaisir à me frotter le nez contre le capot brûlant des voitures en stationnement, loin de moi cette idée. Seulement quelqu'un devait absolument le faire, pour la simple raison que rien n'était aussi angoissant pour moi que de ne pas le faire. Si j'ignorais au passage une boîte aux lettres, mon cerveau ne me laissait plus un seul instant de répit. Même assis le soir à la table du dîner, la chassant de mes pensées, son souvenir revenait torturer mon âme. Je t'en prie, cesse donc d'y penser. Déjà il était trop tard, le devoir m'attendait. Prétextant une envie subite d'aller aux toilettes, je sortais par l'entrée principale et retournais visiter la boîte aux lettres. Cette fois, je ne me contentais pas de la toucher. Je lui tapais dessus parce que je croyais que je la détestais. Mais évidemment, ce que je détestais, c'était mon esprit. Un plomb avait dû péter quelque part dans mes circuits, mais Dieu seul savait où.

Je ne me souviens pas d'avoir eu ce genre de comportement du temps où nous vivions dans le Nord, avant que ma famille n'eût été mutée d'Endicott, dans l'État de New York, à Raleigh, en Caroline du Nord. C'est le terme qu'ils employaient chez IBM : muter. On construisait pour nous une nouvelle maison, mais en attendant la fin des travaux, nous avions d'abord été relégués dans une propriété de location qui ressemblait vaguement à la résidence d'un maître de plantation. La bâtisse se dressait sur un terrain dénudé, sans arbres, ses colonnades promettant une splendeur qui, aussitôt à l'intérieur, était démentie. La porte d'entrée s'ouvrait sur un couloir sombre et exigu, bordé par des chambres à peine plus larges que les matelas qui les meublaient. La cuisine avait été aménagée au premier étage, ainsi que le salon, dont la baie panoramique donnait sur un mur de parpaings érigé là pour contenir les coulées de boue provoquées par les monticules de la décharge publique du voisinage.

« Laissez-moi vous présenter notre petit coin d'enfer », proclamait Maman en s'éventant avec une des tuiles qui jonchaient la cour.

Aussi déprimant que cela puisse paraître, parvenir jusqu'au bas des escaliers de la maison signifiait que j'avais déjà accompli la première étape du pénible voyage jusqu'à ma chambre. Une fois arrivé sur les lieux, je touchais sept fois la porte d'entrée avec le coude droit puis le gauche respectivement, geste d'autant plus difficile à accomplir que, la plupart du temps, je n'étais pas seul. « Pourquoi tu n'essaies pas la poignée, pour une fois ? » me demandait Lisa, ma sœur. « C'est comme ça que nous nous démerdons tous ici, et ça a l'air de marcher. » Ensuite, le seuil de la maison franchi, je ne pouvais durablement ignorer ni les interrupteurs ni les poignées de portes. Ma chambre se trouvait tout de suite à l'entrée du couloir, mais des obligations plus importantes m'attendaient. Après avoir baisé la quatrième, puis la huitième, et enfin la douzième marche de l'escalier recouvert de moquette, j'essuyais les poils de chat restés collés à mes lèvres et me dirigeais vers la cuisine, où je me mettais à caresser les brûleurs de la cuisinière, à me frotter le nez contre la porte du réfrigérateur et à mettre en rang cafetière, grille-pain et mixer. Puis, la tournée du salon achevée, sonnait pour moi l'heure de m'agenouiller à côté de la rampe d'escalier pour m'amuser à lancer à l'aveuglette le couteau à beurre sur ma prise électrique préférée. Mais il y avait encore des ampoules à lécher, des robinets à vérifier dans la salle de bains, avant que je puisse enfin redescendre dans ma chambre où j'alignais minutieusement des objets sur la commode, léchais les bords de mon bureau métallique et m'allongeais enfin sur mon lit pour me balancer d'avant en arrière en me demandant pourquoi Miss Chestnut, mon institutrice, était si bizarre. Pourquoi viendrait-elle lécher mes interrupteurs alors qu'elle restait royalement indifférente à celui qui était à sa disposition à l'école ? Elle devait être bourrée, rien à faire !

Dans sa lettre, elle demandait l'autorisation de passer, afin d'aborder avec nous – précisait-elle – des problèmes spéciaux.

– Tu as encore quitté ta place pour aller lécher les interrupteurs ? demanda Maman.

Elle posa le mot sur la table et alluma une cigarette.

– Une ou deux fois.

– Une ou deux fois quoi ? Toutes les demi-heures ? Ou toutes les 10 minutes ?

Je mentis.

– Je ne sais pas, moi. Au fait, qui a tenu le décompte ?

– Mais ta fichue prof de maths, pardi ! Et à juste titre : c'est son boulot, de compter. Dis donc, qu'est-ce que tu croyais ? Qu'elle n'allait pas s'en apercevoir, peut-être ?

– S'apercevoir de quoi ?

J'ai toujours été médusé par la propension des gens à tenir compte de ces choses-là. En principe, mes actes revêtaient un caractère d'une intimité si hermétique que j'avais tendance à les croire presque invisibles à l'œil nu. Même acculé au pied du mur, j'étais toujours prêt à le jurer sur la foi du serment : le témoin se trompait.

– Ah bon ? Tu tiens à savoir de quoi ils pourraient s'apercevoir ? Je viens justement de recevoir, cet après-midi, un coup de fil de la dame qui habite en haut de la rue, une certaine Mme Keening, la mère des jumeaux. Figure-toi qu'elle prétend t'avoir surpris à quatre pattes, dans son jardin, à rouler des pelles à son quotidien du soir.

– Je ne lui roulais pas des pelles, c'est pas vrai. Je voulais seulement jeter un coup d'œil sur la une.

– Et il fallait que tu t'approches de si près ? J'ai l'impression qu'il faudrait qu'on songe à te faire prescrire des verres plus forts.

– Ouais, il serait peut-être grand temps...

– Bien sûr, et je suppose aussi que cette Miss... (Maman déplia la lettre pour étudier la signature)... cette Miss Chestnut a dû également se tromper, n'est-ce pas ? C'est bien ce que tu essaies de m'expliquer ? Qu'elle t'a sans doute confondu avec un autre type qui n'arrête pas de quitter sa place pour aller lécher le taille-crayon, tirer sur le drapeau ou je ne sais quelle connerie du même tonneau dès qu'elle tourne le dos à la classe ?

Je bondis sur l'occasion :

– C'est tout à fait probable. Elle est vieille. Elle a les mains couvertes de taches.

– Combien ? s'enquit-elle.

Le soir où Miss Chestnut passa nous voir, je me trouvais dans ma chambre, occupé à me balancer. Contrairement à ma manie compulsionnelle de compter les choses ou de les toucher, celle de me balancer ne répondait pas à un impératif absolu : en fait, cet exercice que je m'imposais de plein gré était pour moi source de plaisirs infinis. C'était mon passe-temps favori, ce que je préférais par-dessus tout. L'intérêt, ce n'était pas de me bercer pour m'endormir. Je ne recherchais aucun but en me balançant, puisque ce seul geste suffisait. Ce mouvement perpétuel me libérait l'esprit, me permettait de réfléchir à un tas de choses et de construire des fantasmes élaborés dans le moindre détail. Avec l'appoint d'une émission de radio, je me balançais alors sans relâche jusqu'à 3 heures ou 4 heures du matin, laissant voguer mon esprit au rythme du hit-parade, persuadé que toutes les chansons avaient été spécialement composées à mon intention. Même après avoir écouté la même deux cents à trois cents fois, je finissais toujours par y découvrir, d'une manière ou d'une autre, un message personnel. Cependant, aussi agréable et relaxant qu'il pût être, mon balancement finissait forcément par trébucher, la plupart du temps à cause de mon cerveau, qui s'opposait obstinément à m'accorder plus de 10 minutes de bonheur d'affilée. Dès les premiers accords de mon tube préféré, une voix se mettait à résonner dans ma tête : *Eh, tu n'as pas oublié par hasard de monter à la cuisine pour t'assurer qu'il reste bien cent quatorze grains de poivre dans le pot de céramique ? Et, à propos, pendant que tu y es, tu devrais peut-être aussi jeter un œil sur le fer à repasser pour t'assurer qu'il ne va pas mettre le feu à la chambre du bébé.*

Puis le cahier des charges s'allongeait.

Eh, tu as pensé au moins à l'antenne de la télé ? Est-ce qu'elle forme toujours un V parfait ou est-ce qu'une de tes sœurs a porté atteinte à son intégrité physique ? Tu sais, au fond, j'étais en train de me demander si le couvercle du pot de mayonnaise a été parfaitement revissé. Tu veux bien nous vérifier ça, s'il te plaît ?

Au moment même où je commençais à prendre mon pied, où j'étais à deux doigts de déchiffrer le code secret de la chanson, mes pensées venaient faire diversion. En fin de compte, je finis par découvrir le truc : profiter du bon temps jusqu'à ce qu'une chanson perde la première place dans mon cœur, puis attendre qu'elle la perde également au hit-parade en me persuadant qu'elle ne m'intéressait plus.

Justement *The Shadow of Your Smile* commençait à me lasser quand Miss Chestnut a sonné. J'ai entrebâillé la porte de ma chambre pour observer la scène. Ma mère l'invitait à entrer.

– Veuillez m'excuser pour tous ces cartons, dit-elle en balançant par la porte ouverte sa cigarette dans la cour jonchée de détritus. C'est plein de saloperies de toutes sortes, mais jamais au grand jamais nous ne jetons quoi que ce soit. Pour rien au monde on ne ferait ça, mon mari conserve tout : du coupon de réduction à la moindre vignette, des maillots de bain trop petits au moindre bout de linoléum. Il a tout gardé, même sa collection de galets et de bouts de bois noueux qui ressemblent, il le jure, à son ancien chef de service ou directeur de département ou je ne sais quelle connerie.

Elle se tamponnait le front à l'aide de serviettes en papier. « De toute façon, on en a rien à foutre. Dites, ça vous dirait de boire un verre ? Un scotch peut-être ? »

Le visage de Miss Chestnut s'est éclairé :

– Je ne sais pas si je devrais accepter mais... bon, pourquoi pas ? a-t-elle fait en suivant Maman au premier étage. Sec, avec un petit glaçon, s'il vous plaît.

Je recommençais à me balancer sur mon lit quand des éclats de rire me poussèrent de nouveau vers le palier d'où, caché derrière l'énorme penderie, je pus suivre de mon observatoire stratégique la conversation des deux femmes. Il était question de mon comportement.

– Ah oui, vous voulez parler de sa manie de caresser les choses ! s'est exclamée ma mère.

Elle a étudié attentivement le cendrier posé sur la table devant elle, en plissant les yeux comme un chat qui guette un écureuil. Elle semblait si absorbée dans sa contemplation qu'on eût dit que rien n'avait plus d'importance. Le temps s'était arrêté. Elle était devenue sourde aux ronronnements du ventilateur et au remue-ménage de mes sœurs qui jouaient dehors dans l'allée. Ensuite, elle a entrouvert la bouche, très légèrement, a passé la langue sur sa lèvre supérieure, puis s'est penchée imperceptiblement vers l'avant pour effleurer de l'index le cendrier, comme si elle avait affaire à une étrange créature endormie qu'elle avait reçu l'ordre de réveiller. Je ne m'étais jamais observé moi-même en action, mais un sentiment de déjà vu, vif et lancinant, me troubla : la prestation de ma mère était plus que juste.

– Mais c'est renversant ! s'est esclaffée Miss Chestnut en applaudissant avec délice. Oh, c'est vraiment magnifique, vous l'avez saisi à la perfection. Bravo, vous méritez une mention très bien.

À quoi Maman a renchéri :

– Dieu seul sait où il va chercher ça. En ce moment même, il se trouve probablement dans sa chambre, occupé à se compter les cils ou à grignoter les poignées de sa commode. Jusqu'à 1 ou 2 heures du matin, il est toujours sur la brèche, à remuer la maison sens dessus dessous, à fouiner dans le linge sale ou à se frotter le visage contre la porte du frigo. Cela dit, de vous à moi, aussi cruelle que fût la blessure de ce pauvre garçon, il s'en tirera. En attendant, que diriez-vous d'un deuxième scotch, Katherine ?

Katherine. À présent, elle l'appelait Katherine. Quelques verres encore, et elle serait invitée à passer l'été avec nous. Comme il était facile aux adultes de jeter un pont par-dessus une deuxième tournée de gnole ! Je suis retourné au lit, à la recherche d'une station de radio pour éviter d'écouter leurs papotages. Il suffisait que Miss Chestnut soit chez moi pour que – je le sentais venir – une voix m'appelle dans la cuisine pour m'obliger à déployer mes talents. Sans doute me faudrait-il alors sucer le manche du balai ou grimper sur la table pour toucher l'ampoule du plafonnier, mais une chose était sûre : je n'avais pas d'autre choix que d'exécuter tout ce qu'on m'ordonnait. Même la chanson qui passait à la radio ne m'offrait guère d'alternative. On aurait dit que j'en avais personnellement écrit les paroles, tant celles-ci me semblaient éloquentes : *Tu sais, j'crois que j'deviens fou; Ouais, j'crois bien que j'deviens fou*, chantait le type. Après la visite de Miss Chestnut, Papa, proférant une kyrielle de menaces, a décidé de prendre les choses en main. Il m'avertit :

– Essaie encore de poser ton nez sur le pare-brise, et je te garantis que tu le regretteras.

Nous rentrions en voiture du supermarché, les genoux chargés de bons de réduction inutilisables dans cet État. L'ennui, c'est qu'il m'était pratiquement impossible d'occuper le siège passager d'une voiture sans me coller le nez contre le pare-brise et, maintenant que cela m'avait été interdit, j'en mourais d'envie. Je m'efforçai de fermer les yeux, espérant que mon désir s'estomperait, mais je me surpris aussitôt à penser que c'était plutôt lui, en l'occurrence, qui devait fermer les yeux. Après tout, pourquoi m'empêcher de toucher le pare-brise avec le nez ? Qui cela ferait-il souffrir au juste ? Comment se faisait-il qu'il puisse passer son temps à tripoter sa monnaie en se mordant la lèvre inférieure sans qu'on le menace aussi de punition ? Et Maman alors, qui n'arrêtait pas de fumer ses clopes ? Et Miss Chestnut, qui se massait les reins vingt à trente fois par jour ? Sans blague ! Et moi, je n'avais même pas le droit de me mettre le nez sur le pare-brise !

Je rouvris les yeux d'un air de défi, mais dès qu'il eut compris que j'avançais vers mon objectif, mon père écrasa brutalement la pédale des freins.

– Ça t'a plu, ça ? me dit-il en me tendant une serviette de golf pour nettoyer le sang qui giclait de mon nez. Ça t'a plu, comme sensation ?

En plus, il osait me demander si ça m'avait plu... Mais le mot était trop faible par rapport à ce que je ressentais en vérité ! J'avais adoré ! Administré avec la force appropriée, un coup sur le nez est en effet un indéniable narcotique. Même si caresser les objets soulageait le prurit mental dont je souffrais, cela exigeait énormément de mouvements, comme monter à l'étage du dessus, traverser la pièce, retirer une chaussure. Je finis donc par découvrir que les mêmes pulsions pouvaient aisément être satisfaites à l'intérieur de mon corps. Me taper sur le nez, c'était un bon début mais je perdis cette habitude, au profit d'une autre, qui consistait à faire rouler violemment les yeux au fond de leurs orbites, un exercice qui me procurait de brefs élancements de douleur tout en laissant s'installer une dépendance à son endroit. Le jour où Mme Shatz, mon institutrice suivante, vint nous rendre visite, ma mère dévoila le pot aux roses :

– Je comprends parfaitement de quoi vous voulez parler. Il a les yeux qui roulent dans tous les sens, on a l'impression de parler à une machine à sous. En attendant de gagner le jackpot, que diriez-vous d'un deuxième verre de vin ?

« Écoute, mon vieux, disait Papa, si t'essaies de reluquer l'intérieur de ton crâne, je peux te dire tout de suite que c'est pas la peine : y'a rien à voir là-dedans, et ton bulletin scolaire est là pour le prouver. »

Il avait entièrement raison. J'avais beau coller mon nez sur les portes, les tapis ou les pare-brise, une chose demeurait sûre : il n'était pas collé sur mes manuels scolaires.

Les études n'avaient aucune espèce d'importance à mes yeux. Je passais la journée à attendre impatiemment de retrouver ma nouvelle chambre obscure où, dès mon arrivée, je m'acharnais à faire rouler mes yeux en écoutant la radio, me balançant en toute quiétude.

Ensuite, je contractai l'habitude de me secouer violemment la tête, dûment persuadé que mon cerveau s'écrabouillait ainsi contre les parois de mon crâne. J'y prenais un plaisir si vif et si inouï que chaque fois, au bout de quelques secousses brèves, la sensation pouvait durer jusqu'à 45 secondes.

– Asseyez-vous. Si vous permettez, je vais vous offrir quelque chose à boire.

C'est ainsi que, les années passant, Maman plantait mes

institutrices successives dans le coin repas pour foncer leur chercher des glaçons dans la cuisine.

– Alors, si je ne m'abuse, vous êtes venue me voir au sujet de sa manie de secouer la tête ? criait-elle depuis la cuisine. C'est mon fils tout craché, ça. Pas de doute.

Selon elle, mes institutrices devaient considérer mon tic comme un geste d'acquiescement.

– Prenez donc exemple sur moi, c'est simple et efficace. C'est ainsi que j'ai obtenu de lui qu'il me fasse la vaisselle pendant les 5 années à venir. Je demande, il secoue la tête, et le tour est joué. Cela dit, si ça vous embête pas, évitez de le retenir après 17 heures. J'ai besoin de lui à la maison pour remettre de l'ordre et faire les lits avant le retour de son père.

C'était là un des aspects les plus pittoresques de la comédie à laquelle se livrait Maman. En parfaite pom-pom girl, elle s'époumonait sur son sifflet, régalant les foules avec ses farces et attrapes. Nos invités étaient gâtés : Maman faisait mine parfois de ne plus s'y retrouver parmi ses six enfants.

– Hé, George ou Agnes ou je ne sais comment tu t'appelles encore, tu files me chercher le briquet dans ma chambre, s'il te plaît ?

Bien qu'elle se rendît parfaitement compte de mes tics et de mes manies, elle n'en avait aucunement honte, pas plus qu'elle ne ressentait la moindre gêne à cet égard. Pour résumer son opinion sur la question, elle bâtissait des scénarios qui, au bout du compte, n'avaient plus rien à voir avec la vie quotidienne.

– Et moi qui croyais avoir trouvé la paix ! Je parie que vous êtes venue me voir au sujet des petits cris, n'est-ce pas ? susurrait-elle en tendant un verre de sherry à ma nouvelle institutrice. Je songeais déjà à l'emmener consulter un exorciste ou à lui acheter une poupée pour qu'il gagne enfin sa vie grâce à ses dons de ventriloque. Ça nous aiderait au moins à boucler nos fins de mois.

Cette pulsion irrépressible de tirer des voix haut perchées du fin fond de ma gorge avait brusquement surgi de nulle part. Il ne s'agissait pas, à proprement parler, de paroles articulées, puisque ces voix se bornaient à émettre uniquement des sonorités, lesquelles me procuraient ainsi un plaisir jusqu'alors insoupçonné. Du reste, ces dernières ne provenaient pas de ma propre voix mais plutôt d'une diva capricieuse à la taille à peine plus grosse qu'un dé à coudre, qui s'était accrochée à ma luette : « Hiiiiiiiii... Ommmmmmmmmmmm... Aahhhhh... Aahhhh... Miiiiiiiiiii. »

Mon corps servait uniquement de canal à ces vagissements et demeurait parfaitement impuissant à les contrôler. Lorsque je me mettais à gémir en plein cours, les profs se retournaient, la mine de plus en plus préoccupée :

– Lequel d'entre vous s'amuse à faire chanter des ballons ? Qu'est-ce que c'est ? D'où vient ce bruit ?

Je m'efforçais d'imaginer des explications, mais aucune ne semblait tenir la route. J'avançais des prétextes : « Je viens d'avaler une abeille », ou bien : « Si je n'échauffe pas mes cordes vocales toutes les trois minutes, je cours le danger de ne plus pouvoir avaler quoi que ce soit à l'avenir. » Curieusement, cette manie d'émettre des sons inarticulés ne se substitua à aucune autre, loin s'en fallait : elle ne fit que s'ajouter à une liste déjà imposante de tics bizarres. Pire encore que les glapissements incessants et les contorsions de toutes sortes, il y avait la crainte que chaque jour nouveau n'apporte quelque chose de plus grave et que, par exemple, je me réveille avec l'envie irrépressible de tordre le cou à quelqu'un. Il m'arrivait parfois d'oublier de ribouler des yeux plusieurs jours d'affilée mais ça me reprenait aussitôt que mon père disait :

– Tu vois, je le savais. J'étais sûr et certain que tu pourrais arrêter, en y mettant un peu de bonne volonté. Maintenant, si tu réussis à garder la tête immobile et que tu cesses d'émettre ces sons-là, c'est bon.

J'étais perplexe.

Bon, moi ? Bon à quoi ? Souvent, en me balançant, je m'imaginais fort bien en star de cinéma. Je me voyais déjà, sous les feux des projecteurs, débarquant à la première d'un film, mon foulard en satin noué élégamment autour du cou. Quoique conscient de la difficulté pour un acteur digne de ce nom d'interrompre le tournage d'une scène d'amour pour aller se frotter le nez contre la caméra ou émettre un bref «hiiiiiiiii... ahhhhhh...» au beau milieu d'un dramatique monologue, je demeurais intimement persuadé que le monde entier était disposé à faire une exception pour mon cas. «Quel film! Si touchant! Si émouvant!», titreraient à la une tous les journaux. «Cet acteur déploie dans son jeu un talent si époustouflant et sidérant que les spectateurs en ont failli perdre la voix et la critique unanime, conquise, ne cesse depuis lors de réclamer pour ce rôle, à cor et à cri : "Un Oscar! Un Oscar! Un Oscar!"»

Je suis toujours enclin à affirmer que la plupart de mes tics nerveux ont dû disparaître pendant mes années de lycée. Malheureusement, mes photos de classe semblent me contredire.

– Si on rajoutait discrètement au crayon les yeux qui manquent, cette photo-là ne serait peut-être pas si mal, insinuait Maman.

Sur les photos de groupe, on ne pouvait guère me louper : j'étais toujours la forme indistincte qu'on apercevait au dernier rang. Je songeai même à compléter mes manies par une garde-robe tapageuse. Ainsi, au lieu de me confondre avec un débile mental, on m'aurait pris pour un simple original. Mais je m'étais trompé. En effet, seul un idiot pathologique se serait permis d'errer dans les couloirs du lycée affublé d'un caftan traînant jusqu'au sol et les innombrables médaillons pendant à mon cou rappelaient surtout une vache laitière gênée par sa panoplie de clochettes. Ils ne cessaient de sonner, tintinnabulant au moindre mouvement et attirant l'attention générale sur moi, alors que sans eux je serais sans doute passé inaperçu. Mes lunettes trop grandes ne faisaient qu'accentuer les grotesques gigotements de mes yeux. Quant à mes extravagantes chaussures à semelles compensées, à force de m'en servir pour me tapoter discrètement le front, elles m'avaient marqué de bleus de toutes sortes. J'étais une véritable épave.

Je me trompe peut-être, mais d'après mes calculs, j'ai dû dormir en tout et pour tout quatorze minutes durant ma première année de faculté. J'avais toujours disposé d'une chambre à moi, un lieu bien rangé, d'une propreté méticuleuse, où je pouvais donner libre cours à mes manies en toute intimité. À présent, j'étais obligé de partager ma chambre avec un inconnu qui allait perturber mes petites habitudes en vertu du droit de vivre que le bon Dieu avait été fichu de lui accorder ! Cette seule idée m'affligeait et, le jour où je mis les pieds à la fac, j'étais dans tous mes états.

– Selon mes toubibs, si j'y vais assez fort, il y a de fortes chances que ma tumeur au cerveau régresse à un point tel que l'opération ne soit plus nécessaire.

C'est ce que j'ai déclaré dès le premier jour à mon voisin de chambre. Il m'avait surpris en train de secouer violemment la tête. Je lui ai précisé par ailleurs : « Entre-temps, d'autres spécialistes m'ont conseillé de faire des exercices avec les yeux, afin de renforcer ce qu'ils appellent les "fibres cornéennes" ou je ne sais quoi. D'accord, je sais, ils me mènent en bateau, mais qu'est-ce que tu veux que j'y fasse, hein ? De toute façon, tu peux y aller, installe-toi. Pendant ce temps, je vais quand même tester cette prise électrique avec mon couteau à beurre puis remettre en ordre deux ou trois trucs sur ma commode. Ce sera toujours ça de gagnéééééééééééééééé. D'ailleurs, j'ai toujours fait çaaaaaaaaaaaaaaaa ».

Il m'en coûtait déjà de fournir des explications, mais lorsque je dus renoncer à me balancer, je me retrouvai carrément à l'agonie. La nuit où il entendit grincer pour la première fois les ressorts de mon lit, mon voisin de chambre grogna :

– Vas-y doucement, Roméo !

Il était convaincu que j'étais en train de me masturber ! Juste au moment où je me disposais à dissiper ce malentendu, mon petit doigt me dit que je ne gagnerais pas grand-chose à lui expliquer que je me balançais seulement d'avant en arrière dans mon lit, pratique banalement répandue auprès de milliers d'étudiants de 18 ans. À mes yeux, rester ainsi couché sans rien faire équivalait à une torture inadmissible. J'avais beau mettre l'écouteur de mon transistor, la musique n'avait pour moi aucun sens tant que je ne pouvais pas me balancer, la tête martelant mon oreiller. Au fond, ce n'était qu'une forme de danse, mais en position horizontale, ce qui me permettait de surcroît de pratiquer dans l'intimité ce que je détestais faire en public. Avec ma tête gigotant en tous sens, mes yeux riboulant dans leurs orbites et mes poings fendillant l'air, j'aurais fait sensation si d'aventure j'avais quitté mon lit pour aller exhiber mes tics sur une piste de danse. J'aurais dû fournir une autre version à mon voisin de chambre, lui raconter par exemple que j'étais épileptique, et m'en tenir à cette explication. Certes, il m'aurait peut-être foncé dessus de temps en temps pour m'enfoncer un bâton de sucette au fond de la gorge, mais tant pis. De toute façon, j'avais l'habitude de me retirer des échardes de la langue. *D'ailleurs, qu'était censée faire une personne normale en position couchée dans l'obscurité, hein ?* Il me paraissait absurde de rester étendu sans bouger, en espérant un miracle. Jetant des regards furtifs autour de ma minuscule cellule en béton, je pris soudain conscience que j'avais passé ma vie entière à me contenter de vœux pieux. Jamais je n'aurai droit aux ovations de la foule, jamais je ne pourrai travailler sous les instructions du porte-voix d'un réalisateur célèbre. On aurait pu tout aussi bien s'accommoder de cette sinistre réalité couché dans son lit, mais à la seule et unique condition que l'on puisse, en même temps, se balancer, rien qu'une petite minute. Était-ce trop cher payer ?

Après avoir mémorisé l'emploi du temps de mon voisin de chambre, je pris l'habitude de revenir en courant pendant les interclasses, juste pour me balancer à petites doses, sans jamais avoir le temps d'y prendre du plaisir puisque j'appréhendais qu'il ne revienne d'un moment à l'autre. Il pouvait par exemple être pris de malaises ou bien décider en dernière minute de sécher un cours. J'entendrais alors tourner sa clé dans la serrure et je bondirais de mon lit en arrangeant ma chevelure en bataille avant de m'emparer d'un des manuels posés sur mon bureau.

– Je préparais justement mon examen de poterie, lui expliquerais-je. Ça fait des heures que je suis assis sur cette chaise à réviser l'histoire de la cruche. Je n'ai rien fait d'autre.

Seulement, j'avais beau m'acharner, mes propos ne manquaient pas de résonner comme si je me sentais coupable de quelque chose de louche ou de pervers. Alors que lui ne manifestait pas le moindre embarras à chaque fois que je le surprenais à écouter ses sempiternels albums de heavy-metal, habitude cent fois plus honteuse que tout ce qu'on aurait pu imaginer. Non, je n'avais pas le choix : il me fallait trouver un moyen de me débarrasser de ce type, c'est tout.

Sa plus grande faiblesse, c'était sa petite amie, dont la photo trônait à la place d'honneur, au-dessus de sa chaîne stéréo. Ils sortaient ensemble depuis le collège et, du jour où il était parti à la fac, elle s'était retrouvée seule dans leur ville natale, où elle s'était inscrite dans une école d'infirmières. Mon goût pour les chansons du Top-40 m'avait inculqué une idée à la fois ridicule et pleine de clichés sur l'amour. C'était un sentiment que je n'avais jamais éprouvé personnellement mais je savais que cela consistait à ne jamais avoir à demander pardon[2]. L'amour était un truc incroyable ! C'était à la fois la rose et le marteau. Il pouvait être aveugle, comme il pouvait être clairvoyant. C'est lui qui dirigeait le monde.

Mon voisin de chambre était persuadé qu'avec sa petite amie,

---

[2] Référence au célèbre roman d'Erich Segal, *Love Story*, dont a été tiré le film du même nom. *(N. d. T.)*

ils seraient assez forts pour se passer l'un de l'autre au moins un mois, mais j'en doutais.

– Je ne sais pas si, à ta place, je ferais confiance à son entourage... ces médecins... L'adage a menti : loin des yeux, loin du cœur. Surtout dans un environnement hospitalier tel que celui-là. Peut-être que l'absence donne parfois un coup de pouce aux sentiments, mais l'amour c'est d'abord une voie à deux sens. Essaie d'y réfléchir.

Je profitais des week-ends où mon voisin était absent pour me balancer dans mon lit, caressant sans cesse le même rêve : un tragique accident de voiture. Je l'imaginais en momie, emmailloté de bandages, les bras et les jambes suspendus à des poulies. Sa mère se consolerait alors tout en rangeant ses récents albums dans un casier à bouteilles de lait :

– Le temps pansera nos blessures. Deux ans de repos au lit, et il sera de nouveau frais comme un gardon. Quand il sortira de l'hôpital, je l'installerai dans le salon. Il va apprécier, c'est sûr.

Néanmoins, je lui permettais parfois de sortir de ma vie en un seul morceau : je l'envoyais sous les drapeaux ou je le mariais à sa copine avant de les expédier tous les deux vers des contrées chaudes et ensoleillées, au Pérou ou en Éthiopie. L'essentiel était qu'il quitte cette chambre pour ne plus jamais y remettre les pieds. Je me débarrasserais de lui, puis de son successeur, puis du successeur du successeur, jusqu'au jour où, enfin seul, je pourrais dans la plus stricte intimité me balancer d'avant en arrière en me secouant violemment la tête.

Deux mois après la rentrée, mon voisin de chambre finit par rompre avec sa copine.

– Crois-moi, à partir d'aujourd'hui, je passerai chaque heure du jour et de la nuit assis là, dans cette chambre, tant que je n'aurai pas découvert où était mon erreur.

Se servant de la manche de sa chemise en flanelle, il essuyait ses yeux baignés de larmes : « Ouais, rien que nous deux, toi et moi, mon pote. Dorénavant, il n'y aura plus que toi et moi, avec

Jethro Tull. Mais qu'est-ce que tu as ? C'est ta vieille tumeur qui recommence à faire des siennes ? »

Papa me disait souvent : « La meilleure des choses qui puisse t'arriver, c'est d'aller en fac. » Il avait sans doute raison puisque c'est là que j'ai découvert la drogue, l'alcool et la cigarette. Quoique plus réservé au sujet de mes progrès dans le domaine scientifique, je dus constater, pour une raison ou une autre, que mes manies nerveuses s'estompaient au contact de la cigarette. Peut-être était-ce une simple coïncidence ? Les tics battirent-ils en retraite devant un adversaire qui, en dépit des risques qu'il représentait pour ma santé, était plus admis en société que les voix fluettes que j'émettais souvent ? Une chose était sûre : si je n'avais pas fumé, j'aurais sans doute dû prendre des médicaments qui auraient coûté tout aussi cher mais en me dispensant d'un précieux attirail : les briquets, que je ne cessais d'éteindre et d'allumer machinalement, les cendriers, qui me servaient d'excellent alibi pour quitter constamment ma place et, enfin, les clopes, qui me calmaient en occupant constamment mes doigts et ma bouche. J'étais né pour fumer, et jusqu'à ce que j'en sois conscient, mes membres n'avaient fait qu'essayer de trouver une alternative. En fait, tant que j'ai une cigarette à portée de main, tout marche comme sur des roulettes. Les gens qui m'interdisent de fumer dans leur voiture ne savent pas à quel danger ils s'exposent.

« Tu te souviens du temps où tu riboulais les yeux ? me demandent encore mes sœurs. Et du jour où tu as tant secoué la tête que tes lunettes sont tombées dans le barbecue ? »

Ces souvenirs provoquent parfois la rechute dans mes tics et manies du passé. En rentrant le soir, je ne peux m'empêcher de me frotter le nez contre la poignée de la porte ou de ribouler profondément les yeux pour retrouver cette sensation de douleur qui me procurait tant de plaisir jadis. Il m'arrive également de recompter les serviettes en papier dans leur emballage de plastique, mais cet exercice a perdu de son impérieuse nécessité d'antan et je me lasse très vite. Au lieu de me balancer dans mon lit, je préfère écouter soixante fois de suite *Up, Up and Away* sur ma platine tourne-disques. Je pourrais avec autant de facilité écouter autre chose le même nombre de fois assis dans un rocking-chair, mais mon ancienne méthode, au lit, ne me soulage plus, parce que j'ai oublié le code, ce je-ne-sais-quoi qui déclenchait le mécanisme de décryptage des paroles d'une chanson. En revanche, je me souviens d'une chose : à un moment, l'histoire disait que les habitants de Raleigh, en Caroline du Nord, avaient été entassés dans la montgolfière expérimentale que j'avais dessinée et construite moi-même. Il était prévu qu'elle explose dès qu'elle aurait franchi les limites de la ville, mais les pauvres passagers ignoraient tout. Les rayons du soleil se reflétaient sur leurs visages levés, ivres d'excitation, vers le ciel bleu azur.

– Quel magnifique ballon ! s'écriaient-ils à l'unisson, les mains agrippées à la rambarde tandis qu'ils montaient les marches qui les menaient vers leur destin inexorable. Ça ne vous dit vraiment rien de venir faire un petit tour avec nous ?

– Désolé, les amis, leur répondais-je en me frottant le nez contre la paroi du guichet, mais le devoir m'appelle.

Ya-Ya

Des années durant, nous avions pour habitude de remonter en voiture de la Caroline du Nord à l'ouest de l'État de New York pour rendre visite à nos grands-parents. Nous restions alors 10 jours dans la famille de Maman à Binghamton, ensuite nous roulions encore une demi-heure jusqu'à Cortland pour passer l'après-midi avec la mère de mon père, une femme que nous appelions Ya-Ya.

Ya-Ya tenait une confiserie-kiosque à journaux, étroite pièce longiligne où s'entassaient pêle-mêle des rayonnages à journaux et des chaises encastrées dans les murs, et sur lesquelles s'installaient les citoyens qui venaient faire cirer leurs chaussures. Elle-même vivait au-dessus du magasin, dans l'appartement où mon père avait grandi.

« Tu parles d'un appartement, toi, c'est un cul-de-basse-fosse, ouais », grommelait Maman et, malgré mes 7 ans, je pensais : « Ouais, en effet, c'est un véritable cul-de-basse-fosse. »

Les parents de Maman avaient beau vivre aussi en appartement, le leur au moins avait été aménagé avec un souci évident pour le confort. Tout y avait été prévu, des toilettes dotées d'une porte sûre jusqu'aux deux postes de télévision, tandis que chez Ya-Ya, je ne cessais de me demander à quoi avait donc pu ressembler cet endroit avant que quelqu'un n'ait eu la cruauté de le transformer en appartement de location. Le vestibule, obscur et asphyxiant, faisait aussi office de cuisine, et la salle de bains offrait des ressemblances préoccupantes avec un placard à balai. Des couvre-lits accrochés à des pinces à linge séparaient la chambre à coucher du salon, dont la table avait été coincée entre le canapé et le réfrigérateur. Il devait bien y avoir d'autres endroits – je ne sais pas, moi –, une tente, un magasin abandonné, n'importe quoi, n'importe où, qui étaient plus agréables à vivre que ça.

Je m'en souviens encore : un jour, elle nous avait rebattu les oreilles avec la mort récente de son animal de compagnie, un vulgaire poisson rouge qui vivait dans un bocal crasseux sur le rebord de l'unique fenêtre de son appartement. En rentrant un soir, Ya-Ya avait trouvé le bocal vide, et en avait déduit que le poisson avait délibérément sauté par la fenêtre.

– Car le bonheur finir pour toujours, alors lui a voulu avoir le suicide, nous expliqua-t-elle.

– Se suicider, la reprit Maman. Il a voulu se suicider.

Elle jeta son mégot par la fenêtre et se pencha pour contempler l'allée jonchée de détritus :

– On ne peut pas avoir le suicide, c'est plutôt le suicide qui vous a, au bout du compte.

– D'accord, d'accord, répondit Ya-Ya. Mais pourquoi lui avoir le suicide, hein ? Ce poisson, très joli. Pourquoi lui vouloir mourir ?

– Vous osez demander pourquoi ? (Maman regarda par-dessus ses lunettes). Ouvrez les yeux et essayez de deviner. (Elle vida le bocal dans l'évier.) Cet endroit est un vrai trou à rats.

– Ce que Sharon veut dire, c'est qu'un poisson est incapable de réfléchir à tout ça, tu comprends ? rajouta Papa. Leurs *kaphalis* sont si minuscules qu'ils ne peuvent pas déprimer.

Quand Papa s'adressait à sa mère, il parlait très fort en alternant anglais et charabia grec :

– Le pauvre *psari* ne savait pas ce qu'il faisait. Mais t'as rien à te reprocher, *Matera*, c'était un *lathos*, c'est tout.

– Mais lui avoir le suicide, et moi triste maintenant des fois.

Ya-Ya contempla le lointain en soupirant. Je me disais qu'elle avait dû souvent parler à ce poisson et qu'elle l'avait aimé de son mieux. Seulement, son affection, comme sa cuisine, était dépourvue de tout ce que l'on était en droit de considérer comme normal. Pour elle, ses petits-enfants étaient à peu de choses près des bons d'épargne qui se multipliaient à coup sûr grâce au miracle de l'arithmétique. Ya-Ya et son époux avaient eu un seul enfant, qui à son tour en avait engendré cinq, une profusion de main-d'œuvre destinée à retourner labourer vaillamment les champs au village natal, où nous finirions nos jours à concasser des olives ou à enduire de stuc des moulins à vent ou des choses dans ce goût-là. Elle ne cessait de relever nos manches pour tâter nos muscles, le visage se renfrognant soudain à la vue de nos mains lisses et féminines. Alors que nos grands-parents maternels nous demandaient sans cesse dans quelle classe nous passions ou bien quel cendrier avait notre préférence, Ya-Ya ne manifestait jamais, en revanche, le moindre intérêt pour ce genre de choses. À ses yeux, l'enfance était un état qu'on devait endurer jusqu'à ce que vienne l'âge de travailler car la seule chose qui importait, c'était l'argent. Elle préférait de loin repasser au fer une liasse de billets que de feuilleter le dernier des magazines ou journaux qui couvraient les murs de son kiosque. Déjà qu'elle ignorait qui était président des États-Unis, ce n'était pas pour connaître les héros des BD les plus populaires !

– Mickey Mouse, moi connais pas, disait-elle en crachant sur les clés de sa caisse enregistreuse avant de les briquer. Peut-être il viendra ici un jour, mais moi, connais pas.

Nous avions peine à nous la représenter élevant son enfant, et nous ne pouvions réprimer un frisson à l'idée qu'elle l'avait pourtant fait. Encore bébé, mon père avait été relégué dans un coin sinistre du kiosque, où il rampait sur un tapis de journaux en se faisant les dents sur des pièces de monnaie. Jamais il n'eut un lit, encore moins une chambre à lui seul, et encore, il se considérait déjà comme heureux lorsque des invités partaient et qu'il avait le canapé pour lui tout seul ! Même notre chien avait un sort plus enviable.

– Louie, soupirait Ya-Ya en jouant avec les touffes de poils sur les phalanges de mon père. Oh Louie, avec cette fille !

La Fille : c'est ainsi qu'elle avait nommé ma mère. Après douze ans de mariage, Ya-Ya ne pouvait toujours se résoudre à prononcer le nom de sa bru. Mon père avait commis l'erreur d'épouser une étrangère, et c'était à ma mère d'en subir les conséquences. C'est elle qui l'avait piégé, harponné de ses serres pour l'arracher à jamais à son clan. Il aurait pu finir vieux garçon à la maison, à boire du café amer en égrenant le chapelet de ses soucis, mais épouser une femme portant une paire de sourcils distincts était un péché impardonnable.

– Dis à la Fille, elle peut s'asseoir, maintenant, disait Ya-Ya à Papa, désignant un tabouret à l'autre bout de la pièce.

– Et toi, dis à La Naine que je n'ai pas l'intention de m'éterniser, rétorquait Maman. Je trouve sa tanière un peu trop miteuse, et j'ai peur de développer une allergie à sa moustache.

Nous passions l'après-midi à la table de Ya-Ya, où nous mangions une filandreuse viande bouillie avec de la tarte aux épinards. On avait l'impression qu'elle avait préparé le plat plusieurs semaines à l'avance et l'avait conservé dans une valise moisie en attendant qu'on le mange. Ses recettes étaient toutes marinées dans quelque chose de saumâtre et de mystérieux, puis cuisinées non pas dans des récipients courants mais dans les mêmes chaudrons noircis qu'utilisaient les sorcières. Une fois qu'elle nous avait servis, elle se lançait alors dans une prière d'un genre épique. À moitié en grec, à moitié en mauvais anglais, Ya-Ya pleurait en se tordant les mains de désespoir. On eût plutôt cru qu'elle jetait un sort.

– Ça suffit, ces jérémiades, coupait Maman en repoussant son assiette. Dis-lui que je m'en vais dès que mes enfants auront fini de manger.

La plupart du temps, Maman quittait la table et allait nous attendre dans la voiture.

– Maintenant, la Fille est partie, concluait Ya-Ya en levant son verre de soda. Alors on mange.

Nos visites s'achevaient invariablement par le pillage systématique de la boutique.

– Vous avez l'autorisation d'emporter chacun une seule chose, c'est tout, recommandait Papa.

Mais nous avions déjà prévu, mes sœurs et moi, des sacs et des taies d'oreiller pour stocker les BD que nous dévalisions, vidant les étagères. Pour tromper la monotonie du trajet de retour, qui durait douze bonnes heures, nous fourrions plein de bonbons et de pop-corn dans nos chaussettes et nos poches avant de monter dans la voiture tout ahanante sous le poids conjugué du papier journal frais et de ses senteurs, associées à celles, plus suspectes, des marques d'affection de Ya-Ya.

Ma mère était enceinte de son sixième bébé lorsque la nouvelle nous parvint : Ya-Ya avait été renversée par un camion. Elle s'était arrêtée net en plein milieu de la chaussée, les yeux écarquillés, hypnotisée par un semi-remorque conduit par une femme d'une ressemblance frappante avec Maman. Du moins, c'est ainsi que je m'imaginais l'accident. Mais la vérité était considérablement moins spectaculaire. Selon toute vraisemblance, elle avait plutôt été bousculée par une camionnette qui reculait pour se garer. Malgré le choc insignifiant, elle s'était fracturé le col du fémur en tombant.

– Quel dommage, a commenté Maman en contemplant les reflets de sa nouvelle coiffure poivre et sel dans le miroir de la salle de bains. Dire qu'on va être obligés de l'achever comme les chevaux.

Papa a sauté dans un avion pour Cortland, dont il est revenu pour nous annoncer que, aussitôt guérie, Ya-Ya viendrait s'installer à la maison.

– On va déménager deux ou trois des filles au sous-sol, et Ya-Ya pourra prendre la chambre en face de la nôtre. Super sympa, non ?

Le pauvre homme avait beau s'évertuer à nous dire que c'était génial et fantastique, il ne parvenait guère à nous embobiner, et encore moins Maman.

– Qu'y a-t-il de mal à ce qu'on l'envoie dans une maison de retraite, hein ? demandait-elle. C'est ce que font les gens normaux. Mieux encore, tu pourrais la louer à un zoo comme curiosité pour les enfants, ou bien l'embarquer clandestinement sur un pétrolier pour la réexpédier vers son pays natal, pourquoi pas ? Ou encore lui payer une baby-sitter à plein-temps, l'enrôler dans la coopération, lui acheter un camping-car et l'inscrire à l'auto-école... De toute façon, une chose est sûre : elle ne s'installe pas ici, tu as bien compris ? Pour rien au monde, mon vieux, je ne lui permettrai de venir traîner sa sinistrose dans ma maison, c'est hors de question.

Nous n'habitions notre maison que depuis deux ans, et elle sentait encore le neuf jusqu'au jour où Ya-Ya y emménagea, avec ses couvre-lits, ses valises, ses fauteuils trop rembourrés qui puaient le moisi, transportant les effluves inimitables de son ancien appartement. Du jour au lendemain, notre maison se mit à dégager la même odeur que les vestiaires de l'église orthodoxe grecque.

– L'encens, a diagnostiqué Maman. Dis-lui que je lui interdis catégoriquement de brûler cette saloperie de myrrhe sous mon toit.

– Dis à la Fille de me rendre les allumettes, a glapi Ya-Ya en retour.

Pour une ville aussi peu importante, il était curieux que Raleigh fût devenue la seconde patrie d'un nombre aussi considérable de Grecs, dont la vie en communauté gravitait autour de l'église orthodoxe de la Sainte-Trinité. Tous les dimanches mon père nous y déposait en se rendant au golf, pour nous récupérer une heure ou deux après la fin de l'office.

– Elle va se faire des amis, dans cette église, vous verrez, prédisait-il. Ils vont sûrement l'apprécier là-bas.

Beaucoup de vieilles fréquentaient la Sainte-Trinité, des veuves toutes de noir vêtues comme Ya-Ya, qui ne pouvaient se déplacer sans canne ou déambulateur. Pourtant, il nous paraissait difficile d'imaginer Ya-Ya avec des amies. Elle ne savait ni conduire, ni écrire des lettres, ni utiliser le téléphone, et ne faisait jamais allusion à qui que ce soit à Cortland, ville où elle aurait eu d'innombrables occasions, au bout de toutes ces années, de lier amitié. Qu'est-ce qui pouvait pousser Papa à croire que les choses changeraient du jour au lendemain ?

– Mais elle pourrait... je ne sais pas, moi... aller au cinéma avec Mme Dombalis, suggérait-il.

– Fantastique ! applaudissait Maman. Et après, elles pourraient s'envoyer quelques steaks au bistrot du coin avant de faire une descente en boîte. Et puis quoi encore ? Redescends sur terre, mon petit chéri, tu sais bien que ça n'arrivera jamais.

La première fois qu'elle se rendit à l'église, Ya-Ya perturba l'office : jetant de côté sa canne, elle entreprit de remonter l'allée centrale à quatre pattes. Le prêtre abasourdi la regardait avancer tandis que nous restions interdits. À la recherche d'une explication, ses yeux fouillaient nerveusement la salle pendant qu'elle progressait et lui, reculait au fur et à mesure. Le pauvre homme finit cloué contre l'autel lorsque Ya-Ya le rattrapa, caressant ses chaussures avant de les baiser.

Il fallait à tout prix que quelqu'un intervienne pour reprendre la situation en main, mais Maman dormait à la maison et Papa était au golf. Il ne restait donc que mes sœurs et moi, mais personne ne voulait s'immiscer dans cet incident. Des membres de la congrégation se retournèrent, cherchant des yeux les plus proches parents de l'intruse, mais nous avions décidé d'en faire autant et de nous joindre au reste des paroissiens en bafouillant : « Mais c'est insensé. On ne l'a jamais vue de notre vie. Elle a dû venir avec les Stravidès. »

Avec le temps, nous apprîmes même à anticiper ce type de comportement, par exemple les jours où Maman emmenait Ya-Ya dans les grands magasins pour lui acheter des sous-vêtements neufs. Cachés derrière les rayons, nous la surveillions tandis qu'elle sortait des vestiaires en soutien-gorge avec sa culotte bouffante qui lui tombait jusqu'aux genoux. Une fois revenue au parking, elle se baissait pour ramasser des canettes vides, des gobelets de polystyrène, des morceaux de carton épars et des bouts de papier, pour les jeter plus tard par la vitre de la voiture, toute contente, au beau milieu d'un quartier résidentiel chic. Il faut dire qu'elle n'était ni sénile ni agressive, c'était seulement un trait quelque peu bizarre de sa personnalité et elle n'arrivait pas à comprendre pourquoi on en faisait tout un plat. Qu'y avait-il de mal à pétrir la pâte à pain à même le sol de la cuisine? Qui nous avait laissé croire qu'il était déconseillé de coucher un nouveau-né en le calant dans son berceau à l'aide d'une gigantesque croix en bois? Pourquoi ne pas traiter à l'huile d'olive ces superbes cheveux tombant jusqu'au ras des reins? Quelles taches sur le canapé? Je ne sais pas de quoi tu parles!

– Il se peut que ça marche là-bas sur le mont Olympe, disait Maman. Mais sous mon toit, on ne lave pas ses chaussettes dans les toilettes.

Devant les autres femmes de la famille, Ya-Ya avait fini par faire contre mauvaise fortune bon cœur. Si les filles étaient tolérées, chaque enfant mâle était en revanche considéré comme un roi, qu'il fallait chouchouter et gaver de boulettes de viandes aigres. Le jour où ma mère accoucha de son dernier enfant, un garçon, Ya-Ya était folle de joie. Elle tenait absolument à ce qu'il s'appelle Hercule.

– *Poulaki mu*, me disait-elle en me refermant la main sur une pièce de cinquante *cents. Poulaki mu krisom.*

C'était un terme affectueux qu'elle employait indifféremment, et qui pouvait se traduire par : « Mon joli canari chéri blotti dans son nid. »

– Va chercher bébé maintenant, disait-elle, nous lui donner à manger bonbons.

En fin de compte, mon frère et moi en étions venus à considérer Ya-Ya comme une simple version archaïque du distributeur automatique de billets de banque. Elle nous donnait souvent un dollar ou deux, à nous les garçons ; il nous suffisait de lui ouvrir la portière de la voiture ou de la prévenir quand l'encens menaçait de mettre le feu à ses coussins brodés. J'avais compris qu'il ne fallait jamais se risquer à l'accompagner dans un lieu public mais, à cette exception près, tout allait bien entre Ya-Ya et moi. Pour moi, c'était un fantôme bienveillant, silencieux et invisible, jusqu'à ce que j'aie besoin d'un peu d'argent de poche. En plus, nous pouvions toujours changer de chaîne lorsque Ya-Ya regardait la télé. Il était inutile de lui demander la permission. On pouvait zapper du « Discours du Président sur l'état de l'Union » à *Bullwinkle*[1] sans qu'elle remarque la différence. Quand on était assis à ses côtés dans le salon, jamais elle ne nous obligeait à aller lui chercher quelque chose à grignoter ni à lui consacrer du temps. Cela ne nous regardait pas, c'était le boulot de Maman. Par moments, elle s'échappait de chez nous et, peu après, nous recevions un appel des voisins nous demandant « si nous savions que notre grand-mère s'était introduite chez eux pour ramasser des choses dans leur jardin ». Nous passions aussitôt le combiné à Maman : « Ah, je vois. Elle ramasse sans doute les pissenlits, rien que les pissenlits, soupirait-elle en s'essuyant les mains sur sa jupe. Ne vous inquiétez pas, on ne vous facturera pas la main-d'œuvre. »

– C'est à croire qu'on ne lui donne pas à manger, protestait Maman au retour de Papa. Sais-tu que là, elle est probablement en train de chaparder les noix et les graines de tournesol du canari des Shirk ? Ça commence à être gênant.

Ya-Ya écumait le quartier et s'en revenait le tablier plein de

---

[1] Célèbre dessin animé des années 60. *(N. d. T.)*

légumes verts, qu'elle faisait cuire si longtemps qu'ils se transformaient en une sorte de pâte. Nous couvrions alors prudemment de la main nos assiettes dès qu'elle s'avançait avec son chaudron : « Non, merci, Ya-Ya, c'est gentil. Ça a l'air délicieux et tout mais nous nous réservons encore pour les champignons vénéneux que tu as cueillis sous la niche du chien des Steigerwald. »

Plus son séjour se prolongeait parmi nous, plus ma mère prenait de la distance. Quand nous étions petits, nous la vénérions pour sa grande beauté mais la dure corvée d'une belle-mère venue s'ajouter à ses six enfants commençait à la miner. L'unique verre de vin qu'elle prenait d'habitude au dîner était désormais précédé, puis suivi d'une série de cocktails qui tendaient à redoubler son exaspération. Au lieu de se joindre à nous à table, elle préférait manger dans le coin bar, juchée sur un tabouret, le regard à l'abri derrière ses lunettes noires tandis qu'elle écrasait ses cigarettes sur le bord de l'assiette. On avait diagnostiqué un diabète à Ya-Ya, et Maman avait hérité de la tâche ingrate de lui préparer des repas spéciaux et de la trimballer d'un bout à l'autre de la ville pour consulter ses nombreux médecins. C'était à elle de faire les injections d'insuline dans les oranges et de veiller à lui administrer les bonnes doses de cachets ; à elle de planquer le beurre de cacahuètes et de confisquer les bonbons que Ya-Ya cachait dans le tiroir de sa commode... tout ça pour une femme qui se refusait catégoriquement à prononcer ne serait-ce que son prénom. Chaque soir au retour, deux listes de griefs amers attendaient Papa, dans deux langues rivalisant de grossièreté. Maman proposait de vendre le bébé, de travailler à mi-temps dans les champs de tabac – toutes les combinaisons possibles et imaginables pour pouvoir payer la maison de retraite –, mais même le chat avait compris que jamais Papa ne placerait sa mère dans un établissement.

C'était contraire à sa religion. Les Grecs ne faisaient pas cela, un point c'est tout. Ils étaient trop près de leurs sous ; c'est ce qui avait toujours soudé les familles. Le concept même d'asile de vieillards était par conséquent le pur produit de l'imagination de femmes comme ma mère, des Américaines qui portent des lunettes de soleil, avec leurs crèmes de bronzage et leurs briquets de fumeuses invétérées toujours à portée de main. Et bien que le cran lui manquât pour évincer sa mère, il ne prenait pas pour autant soin d'elle. Le conflit finit par diviser notre famille en deux camps opposés. D'un côté, ma mère et mes sœurs qui passaient le plus clair de leur temps à décoller la pâte à pain de leurs semelles tandis que de l'autre, mon frère, mon père et moi qui comptions bruyamment notre menue monnaie. Les enfants se réunirent en comité au bout de l'allée pour discuter du risque certain de divorce de nos parents. Des espions postés sous la fenêtre de leur chambre vinrent au rapport : Maman avait balancé par la fenêtre un objet qui ressemblait à s'y méprendre à un cendrier. Une unité de reconnaissance fut dépêchée sur les lieux et s'en retourna munie d'un radio-réveil déglingué accompagné des pages immobilières du journal, avec toutes sortes d'annotations propres à Maman dans la marge. Combien de chambres y avait-il dans tel appartement ? Lesquels d'entre nous emmènerait-elle en partant ? Par ailleurs, si nous restions avec Papa et Ya-Ya, certes, nous serions assurés de jouir de notre intimité mais... quelle importance, puisque nous vivions pour Maman ?

– Dis donc à ta vieille vache d'y aller mollo ! criait Maman du haut de son tabouret dans le coin bar. On l'entend ruminer ses saloperies à trente-six mille bornes d'ici.

Et Papa qui suppliait :

– Sharon ! Oh, Sharon !

– Oh, Sharon de mon gros cul, ouais ! aboyait Maman en virant du comptoir son assiette qui se fracassait au sol.

Quelques instants plus tard, elle revenait sur ses propos afin de mettre les points sur les i :

– Ouais, d'accord, le chouchou à sa mémère, c'est vrai que j'ai un gros cul, mais ce n'est rien à côté de ce qu'elle a rapporté, ta génisse de mère : trois sacs de feuilles de trèfle qu'elle est allée moissonner dans la cour des Kazmerzack.

Ma mère avait une tante fortunée, une femme calculatrice et ambitieuse qui avait épousé les fondateurs de deux grands magasins de Cleveland. Cette femme paranoïaque était morte sans enfant, léguant la majeure partie de ses biens à ma mère, à sa sœur, et à une poignée de nièces. Cet argent qui tombait à point nommé décupla soudain la capacité de résistance de Maman. De ce jour, elle prit l'habitude de marcher de long en large dans la maison, endimanchée dans un vison blanc et lisant à haute voix les diverses brochures immobilières que lui livrait un homme qui, un après-midi, avait débarqué en se présentant comme son courtier. Maman était aux anges :

– Celui-ci dispose d'un authentique sauna complet, en bois de séquoia, de chambres individuelles pour chacun des enfants, et surtout, il offre une vue sur les volcans au loin. Et attention : « L'immeuble est interdit aux Grecs et les divorcées sont les bienvenues. » Oh mais c'est parfait, ça.

L'argent lui avait donné des armes redoutables et, à peine un mois plus tard, la décision tomba : Ya-Ya irait à l'hospice. Mon père entassa alors ses effets dans le break tandis que nous suivions dans la Cadillac de ma grand-tante, nous disputant la propriété du couvre-lit de Ya-Ya en fausse fourrure.

On l'installa d'abord dans un établissement privé, où elle partageait une chambre avec Mme Denardo, une femme aux cheveux blancs, folle et fringante, qui rampait hors de son lit au milieu de la nuit pour aller déféquer dans le panier à linge ou planquer le dentier de Ya-Ya dans le réservoir gelé de la chasse d'eau.

« Je suis la demi-sœur de Jésus-Christ, proclamait-elle, revenue ici-bas pour préparer la rafle générale de tous ces bras-cassés de Nègres histoire de leur apprendre à cuisiner leurs putains de travers de porc comme il faut, bordel de merde ! »

Définitivement séduits, nous prîmes désormais l'habitude de lui offrir les cadeaux destinés à Ya-Ya.

« C'est quoi, ça ? Un sachet d'amandes, vous dites ? Vous n'avez qu'à les reprendre et vous les fourrer dans le trou de balle, voilà ce que j'en dis. D'abord j'aime pas les fruits secs, enculé de ta mère, je veux des beaux habits et des chaussures pour aller avec. »

Ya-Ya se plaignait avec l'énergie du désespoir mais, entraînés dans la saga énergique de sa voisine de chambre, mon frère, mes sœurs et moi, ne prêtions plus oreille à ses propos. Nous décidâmes même de mettre sur pied un spectacle de variétés spécialement conçu pour les goûts insolites de Mme Denardo. Nous nous étions entraînés des semaines entières sur la chanson *Getting to Know You*, et sur la reconstitution du massacre de la Saint-Valentin.

– Votre spectacle, c'était rien qu'une énorme montagne de merde puante ! vociféra-t-elle, debout dans l'assistance composée de personnes âgées, toutes rayonnantes de joie. Vous n'entravez que dalle, que dalle, putain de merde. Sales nègres !

Seulement, l'établissement privé en question comptait ses sept cercles de l'enfer, et du jour où on envoya Mme Denardo au plus chaud, les visites commencèrent à manquer de sel pour mon frère, mes sœurs et moi-même.

Une fois les travaux achevés, Ya-Ya déménagea pour un bâtiment flambant neuf réservé exclusivement aux personnes âgées, un ensemble de tours appelé Capitol Towers. En guise de décoration, les appartements étaient tapissés de papier peint en fibre de métal, le design des chambres jouait sur des lignes asymétriques et les grandes baies vitrées donnaient sur le centre commercial du coin. Personne à Raleigh n'habitait dans une tour, de sorte que nous fûmes d'emblée impressionnés par le charme de l'endroit. Une querelle éclata entre mes sœurs et moi pour savoir à qui reviendrait l'honneur de passer en premier la nuit dans l'appartement douillet de Ya-Ya. Finalement, nous passâmes la nuit debout, chacun à notre tour, devant la fenêtre obscure, un verre de faux alcool à la main, faisant mine d'être absorbés par les lumières scintillantes de North Hills.

J'aimais bien faire comme si j'étais chez moi et que Ya-Ya venait juste me rendre visite. Je décidais alors en pointant du doigt la minuscule kitchenette :

– C'est ici que je vais installer mon minibar. Je mettrai le projecteur de films dans le coin, derrière le reliquaire et on abattra cette cloison pour construire un fumoir.

– Tu as raison, approuvait Ya-Ya, les yeux fixés sur ses mains croisées. Tu feras un fumoir.

Une fois de plus, mon père était persuadé que Ya-Ya allait se faire des amies, mais les femmes des Capitol Towers étaient plutôt du genre grands-mères modernes, cheveux courts, voiture compacte et tailleur-pantalon en jeans. Elles occupaient leur temps à des œuvres de bienfaisance et organisaient des excursions en autocar à Ocracoke ou dans le quartier colonial de Williamsburg.

« C'est génial ! se pâmaient-elles devant le Père Noël en mouchoirs de papier dans le hall d'entrée des tours. Hein ? N'est-ce pas génial ? Tu sais, je le disais justement l'autre jour à Hassie Singleton : "Ce Père Noël, c'est vraiment le truc le plus génial que j'aie vu de ma vie !" Et, à propos de truc génial, où as-tu donc déniché ce sweat-shirt ? Dieu qu'il est génial ! »

Justement, le mot génial illustrait à merveille le fossé entre Ya-Ya et ses nouvelles voisines. Poussé à l'extrême ridicule, le mot de passe en vigueur dans leur communauté ne pouvait trouver la moindre application pratique dans la vie de Ya-Ya. Elle ne mettait ni maquillage ni bijoux, ne portait ni sweat-shirts bariolés à paillettes ni pantalons sur mesure. Elle ne décorait jamais sa porte d'entrée, pas plus qu'elle ne dansait le quadrille ou n'accompagnait les dames de l'Église baptiste quand elles allaient visiter des ateliers de confection de collants à Winston-Salem. Elle quittait uniquement son appartement pour piller le jardin de la communauté ou s'asseoir, sans mot dire, dans le hall d'entrée, séchant ses larmes avec les mouchoirs en papier qui avaient servi à fabriquer le Père Noël du hall d'entrée. Cette image était loin de celle que les Capitol Towers auraient voulu donner. Ils avaient affaire à des personnes qui, quoique âgées, restaient dynamiques et tenaient à profiter au maximum de leur retraite. Hélas, le spectacle de notre pauvre Ya-Ya, constamment maussade et vêtue de noir, leur fichait le cafard. La direction suggéra par conséquent qu'elle se trouverait probablement plus à son aise ailleurs. Légalement, elle remplissait les conditions d'inscription, mais spirituellement, elle était vraiment trop lugubre. Le personnel commença à oublier de lui donner ses cachets, dans l'espoir de provoquer un problème technique et, très vite, les vœux de la direction furent comblés au-delà de toute espérance lorsqu'un après-midi, elle s'endormit par mégarde et causa un début d'incendie en oubliant d'éteindre son fer à repasser. Obligée de déménager des Capitol Towers, Ya-Ya partit résider à Mayview, une maison de retraite de plain-pied, en briques, bâtie juste à côté de l'ancien refuge pour SDF du comté. Là, la population était plus vieille et considérablement moins mobile qu'aux Capitol Towers. La plupart des résidents étaient immobilisés sur leurs chaises roulantes, le cuir chevelu parsemé de taches visibles sous les touffes de cheveux ébouriffés. Ils faisaient sous eux et passaient le plus clair de leur temps assis à péter dans le hall d'entrée, s'esclaffant aux bruits de trompette qui s'échappaient de leur robe de chambre. Contrairement à l'établissement précédent, Mayview ne s'attachait guère à dissimuler l'inévitable réalité. On n'y tenait pas des discours sur les belles années qu'on avait amplement méritées, pas plus qu'on ne louait des autocars ou organisait des kermesses. C'était vraiment la dernière ligne droite, et tous les voyageurs étaient priés de vérifier qu'ils n'oubliaient pas leurs bagages avant de descendre.

C'était un endroit sinistre pour passer un après-midi, de sorte que mon père, incapable de supporter les râles agonisants de la voisine de chambre de Ya-Ya, préférait la ramener à la maison, où elle passait son temps sous l'auvent, les yeux perdus dans le vide jusqu'à ce qu'il fasse assez noir pour chasser les papillons de nuit.

Un soir où elle se joignait enfin à nous pour dîner dans le jardin, Papa, essayant de l'associer à la conversation, se mit à raconter :

– Vous adorez les histoires extraordinaires, mais je ne vous ai jamais dit qu'un jour, Ya-Ya a découvert le corps de son frère au beau milieu de la route ? Les rebelles l'avaient assassiné pour rien. Ils avaient ouvert le type du menton jusqu'aux couilles. Son propre frère ! Vous vous imaginez un peu la scène ?

– Alors que j'en meurs d'envie moi, à toute heure du jour et de la nuit ! a soupiré Lisa, ma sœur, en jetant un noyau d'olive dans mon assiette. Mais pourquoi c'est elle qui a eu cette chance-là ?

– Il y avait beaucoup de sang ? ai-je demandé. Il a fait dans son froc ? D'après ce que j'ai entendu dire, ça arrive quand on meurt. Et ses organes ? Ils étaient doux au toucher, ou bien ils avaient déjà été raidis par le soleil ? Il avait quel âge ? C'était quoi, son nom ? Il était beau ?

Ya-Ya regardait fixement le terrain de basket de nos voisins.

– Seigneur Jésus, pitié ! a-t-elle supplié en se signant avec une cuisse de poulet grillé au barbecue.

Lui soutirer la moindre information nous rendait dingues. Comment pouvait-elle se trouver en présence d'un auditoire mourant d'impatience d'écouter de sa bouche une histoire enfin abominable et refuser d'en partager une seule miette, hein ? Papa nous avait raconté plus d'une fois que le mariage de Ya-Ya avait été une union de convenances. Encore jeune fille, elle avait été expédiée de son village grec à New York, où on l'avait obligée à épouser un type qu'elle ne connaissait ni d'Ève ni d'Adam. Nous étions médusés : « Avais-tu au moins prévu un plan de secours au cas où il aurait été handicapé ? » « Et quand vous vous êtes enfin rencontrés, tu l'as embrassé tout de suite ou bien tu lui as serré la main ?» «Et d'abord, comment tu savais qu'il n'était pas de ta famille ?» «Es-tu sortie avec d'autres types avant lui ?»

Nos questions restaient toujours sans réponse. Mais ce que nous considérions comme une information digne d'intérêt, n'était pour elle qu'un détail de plus de sa vie. Son mari, l'homme que nous appelions Papou, était d'humeur aussi mélancolique qu'elle. Pour avoir une chance de les voir sourire, il aurait fallu mettre leur photo la tête en bas. Le simple fait qu'ils n'aient eu qu'un enfant nous en disait suffisamment long sur leur vie sexuelle. Il travaillait, elle travaillait, l'enfant travaillait ; ils n'attendaient manifestement rien d'autre de la vie. Papou est mort quand j'avais six ans. Une nuit au kiosque, des intrus l'avaient attaqué. Les coups portés à la tête avec un tuyau de plomb avaient provoqué une hémorragie cérébrale. On l'avait transporté à l'hôpital, où il était mort le jour de Noël. Nous étions éberlués : «Tu as quand même ouvert les cadeaux ?» «Et puis, quand il est mort, avait-il fait dans son froc ?» «Les cambrioleurs s'étaient contentés du faucher de l'argent ou bien ils en avaient profité pour prendre des magazines et des bonbons ?» «Est-ce qu'ils ont été arrêtés ?» «Ils ont fini sur la chaise électrique, non ?» «Et quand on les a électrocutés, est-ce qu'ils ont fait dans leur froc ?»

– Il est avec Jésus, maintenant, répondait Ya-Ya.

Point, à la ligne.

Nous nous tournions alors vers notre père, qui se contentait de répéter :

– C'était mon père et je l'aimais.

Ce n'était pas la réponse que nous attendions, mais jusqu'à ce jour, c'était la seule qu'il ait donnée. Était-ce par fidélité qu'il se gardait de divulguer des secrets sur son père, ou n'y avait-il simplement rien à en dire ? Comment pouvait-il passer tant d'années aux pieds de quelqu'un sans se souvenir du moindre détail ?

– Comme vous, naturellement, vous aimez Ya-Ya, renchérissait-il. C'est votre grand-mère.

Il disait cela comme s'il s'agissait d'une conséquence naturelle alors que dans notre esprit c'était loin d'être le cas. On pouvait très bien avoir des liens de sang avec quelqu'un sans être pour autant obligé de l'aimer. À longueur d'années, nos magazines et nos émissions de télé favoris de l'après-midi expliquaient comment les gens devaient veiller tous les jours à mériter l'amour qu'on leur donnait. La famille de Papa avait foi en une série de principes qui n'avaient plus cours. Il ne suffisait pas de procurer un toit à ses enfants et de leur glisser toute sa petite monnaie, encore fallait-il y mettre de la joie. Le cas de Ya-Ya était tout à fait désespéré mais il était encore temps pour Papa qui, les années passant, devenait de plus en plus irritable. Il avait remarqué que Maman restait enfermée dans sa chambre, entourée de sa cour, et se demandait comment elle s'y prenait. De temps à autre, elle disjonctait, mais dès que le trouble était dissipé, nous nous battions de plus belle à ses pieds pour attirer son attention.

J'étais en deuxième année de fac quand j'appris la mort de Ya-Ya. C'est Maman qui me l'annonça au téléphone. Le combiné calé sous le menton, un joint dans une main et une bière dans l'autre, je remarquai qu'il était 11 h 22 du matin. Mon voisin de chambre tendait l'oreille pour intercepter notre conversation. Comme je voulais lui donner l'impression d'être un individu sensible et énigmatique, je m'abattis sur le lit et entrepris de jouer à l'homme le plus endeuillé du monde.

– C'est impossible ! pleurai-je. Je ne peux pas y croire ! Non, ça ne peut pas être vrai hè-hè-hè-hè-hè-hè-hè-hè !

On aurait dit que j'étais en train de lire le texte de mes sanglots :

– A-ha-ha-ha-ha-ha-ha. A-hu-hu-ho-ho-ho-ho-ho.

Je venais à peine de terminer *Un Souvenir de Noël* de Truman Capote ; aussi tentai-je de m'attribuer la paternité de la citation :

– « Mon cœur me cherche comme s'il avait perdu une partie de lui-même et, aujourd'hui, mutilé à jamais, je ne suis qu'un cerf-volant, » déclamai-je en me frottant les yeux pour provoquer les larmes. « J'erre comme une âme en peine dans le campus à la nuit tombante, surveillant la voûte à la recherche de deux nuages entrelacés tels deux cœurs. »

– J'ai exactement ce qu'il te faut, intervint mon voisin de chambre. Juste ce qu'il nous faut à tous les deux parce que – je sais pas si je te l'ai déjà dit – ma grand-mère est morte il y a quelques mois à peine. Mon frère était descendu chez elle pour faire une lessive puis il l'a trouvée étendue là, raide morte devant sa vitrine pleine de trophées. Cette saloperie, mec, c'est un coup vache. Toi et moi on a un deuil à porter, j'ai exactement le truc qu'il nous faut pour nous libérer l'esprit.

Son remède consistait en deux doses d'acide, un sachet de glaçons et une seringue. On s'est partagé une paire de petits anneaux en or et on est restés à halluciner, assis par terre dans la cuisine, pendant qu'un étudiant en droit criminel nous perçait les oreilles.

Le lendemain, je pris l'avion pour Raleigh, et la première chose que mon père me dit en me voyant fut :

– Pas question que tu mettes les pieds chez moi avec une boucle d'oreille. Non, monsieur, pas question.

Je passai les heures qui suivirent sous l'auvent où il garait la voiture. Je l'ai menacé de dormir dans le break au lieu de me rendre à ses diktats. Je ne cessais de gueuler : « Enfoiré ! Nazi ! »

– Écoute-moi, m'a conseillé Maman en sortant de la cuisine avec un plateau de boulettes grosses comme des billes, t'as qu'à retirer la boucle d'oreille le temps de l'enterrement, et puis tu la remets aussitôt que tu reprends l'avion. Crois-en mon expérience, le trou ne va pas se reboucher aussi vite que ça. Je veux que tu fasses ça pour ton père, d'accord ?

Elle a posé le plateau sur le capot de la voiture, a pris une boulette et l'a contemplée un long moment.

– En plus, ça fait bête, une boucle d'oreille avec des lunettes de soleil. Ça renvoie un message ambigu et l'effet général est, à vrai dire, euh... embarrassant. Passe-moi ta boucle, je vais te la mettre de côté. Ensuite, tu vas me faire le plaisir de rentrer, j'ai besoin de ton aide pour ranger la maison. Les Grecs vont débarquer ici demain après-midi, alors on a intérêt à planquer les bouteilles.

J'ai retiré la boucle d'oreille, et ne l'ai jamais plus remise. Aujourd'hui, en y repensant, je ne peux réprimer un sentiment de honte d'avoir choisi ce moment-là pour tenir tête à mon père. Il venait de perdre la seule mère qu'il ait jamais eue, et j'avais cru, comme tout le monde à la maison, qu'il ne devait ressentir qu'un immense soulagement puisqu'il avait enfin été libéré de ses attaches grecques, et jouissait désormais de la liberté de voguer à toute aise dans les eaux salubres de l'Amérique. Ya-Ya n'avait laissé ni argent ni biens, encore moins de recettes précieuses ou de porte-bonheur d'une valeur quelconque. Rien qu'un sentiment de délivrance. Mais quel genre d'héritage était-ce là ? Je ne pouvais m'empêcher d'imaginer qu'elle était partie dans la vie avec de plus nobles objectifs. Toute jeune fille en Grèce, elle avait dû rire des blagues des autres, ou tomber éperdument amoureuse d'un jeune tailleur de pierre du nom de Xerxès ou de Prométhée. Et le jour où elle avait appris qu'on l'expédiait vers le Nouveau Monde, j'espère pour elle qu'elle avait passé quelques heures à imaginer une vie de gâteaux et de domestiques où quelqu'un d'autre cirerait ses chaussures et repasserait ses billets. Seulement, la vie l'avait condamnée à mourir en terre étrangère. Alors qu'elle était née pour vivre dans les pâturages, elle avait passé ses dernières années emprisonnée dans sa minuscule écurie malodorante à ronger son mors en ruant du sabot.

– Quand je serai comme ça, n'hésite pas une seconde, tu m'achèves d'une balle, a marmonné Maman pendant le service. Tu débranches les tuyaux, tu éteins les appareils, mais de grâce, quelles que soient les circonstances, je ne veux pas que tu viennes me chercher pour m'installer dans ton sous-sol.

Nous avons acquiescé malgré le cercueil – mon frère, mes sœurs et moi –, sachant qu'elle ne deviendrait jamais comme ça. Quant à Papa, cet homme qui pleurait au premier rang, c'était une autre paire de manches.

L'AMOUR EN FAMILLE

J'avais ramassé le bouquin dans le bois, caché sous une planche de contre-plaqué, la couverture déchirée et les pages trempées par la moisissure.

Brock et Bonnie Rivers raccompagnèrent le Révérend Hassleback dans l'allée et lui firent au revoir de la main.

– Au revoir ! s'écriaient-ils sans cesser d'agiter les mains.

Le Révérend leur retourna les salutations :

– Au revoir ! Dites bien à vos deux ravissants adolescents, Josh et Sandy, qu'ils seront d'un excellent apport pour nos jeunes paroissiens. Vos gosses sont si chouettes, ajouta-t-il avec un clin d'œil. Presque aussi chouettes et entreprenants que leurs parents !

Les Rivers s'esclaffèrent en saluant encore une fois de la main. Quand la voiture du Révérend disparut enfin dans l'allée, ils restèrent un moment debout dans le soleil resplendissant avant de descendre à la cave détacher les enfants de leurs chaînes.

Selon l'auteur de ce livre, les gens n'étaient pas toujours ce que l'on croyait. Ainsi, jouissant d'un immense respect dans leur communauté petite-bourgeoise, les Rivers appliquaient à la lettre la maxime : « Aimez-vous les uns les autres. » Plus alertes que des acrobates, ces gens-là étaient non seulement sans vergogne, mais aussi insatiables. Tantôt le père avec la fille, tantôt le frère avec la sœur, ou encore la mère avec le fils, après avoir épuisé toutes sortes de combinaisons possibles, ils durent étendre le cercle de leurs perversions jusqu'à des commandants de navire en bordée ou bien des représentants en couteaux vendant au porte-à-porte. Ils s'envoyaient en l'air dans des grottes avec leur doberman, sur le toit avec les ouvriers venus remplacer les tuiles. Les deux premières fois que je lus ce livre, j'y pris, à ma grande surprise, un plaisir tel que j'en souffrais de douleur. Certes, ces gens-là n'étaient rien moins que des ordures, mais à l'âge de 13 ans, je ne pouvais m'empêcher d'admirer leur audace contagieuse et leur volonté déterminée à profiter de la vie. Néanmoins, au bout de la troisième lecture, je fus scandalisé, non par le comportement des personnages, mais par les innombrables fautes de frappe. Personne n'avait donc songé à faire corriger le livre avant de l'envoyer à l'impression ? Dans le premier chapitre, on surprenait la fille avec son frère, la *byte* de ce dernier au fond de sa *chotte*. Elle gueulait : « *Bèse*-moi *fert* ! Encore ! Encore plus *fert* ! » À la page 33, après avoir couché avec sa mère, le fils la laisse clouée au sol, « ses *sains* dégoulinant de *futre* ».

Quand je montrai le bouquin à Lisa, ma frangine, elle me l'arracha vivement des mains :

– Donne-le-moi, je m'en vais de ce pas le garder en lieu sûr.

À l'époque, nous nous remplacions souvent, elle et moi, pour nos petites heures de baby-sitting, et nous étions persuadés d'avoir une certaine érudition dans le domaine de la littérature pornographique.

– T'auras qu'à jeter un coup d'œil dans la chambre des parents, tu sais, sous les pulls rangés dans le deuxième tiroir de la commode blanche, me suggérait-elle.

Nous avions tous les deux lu *Histoire d'O* et les œuvres complètes du Marquis de Sade, tout en surveillant d'un œil la porte d'entrée de crainte que les propriétaires des lieux ne surgissent sans crier gare pour nous soumettre à la torture avec des fouets en fils de fer barbelés ou en nous plongeant dans de l'huile bouillante. « Si vous saviez que vous ne pouvez rien nous cacher... », leur dirions-nous d'un regard muet tandis que, une fois rentrés, ils s'assureraient que leurs enfants s'étaient endormis. « Nous sommes au courant de tout, absolument tout. »

Le livre passa de Lisa à notre sœur de onze ans, Gretchen, qui crut tenir enfin entre ses mains une dissertation réaliste, et particulièrement brillante, sur la petite-bourgeoisie américaine.

– J'en suis sûre et certaine. Ici même à North Hills, au moment où je vous parle, on rencontre des phénomènes identiques, murmura-t-elle en dissimulant le bouquin sous le gazon artificiel de son panier de Pâques. Tiens, regarde les Sherman par exemple. Pas plus tard que la semaine dernière, j'ai vu Heidi mettre la main dans le pantalon de Steve Junior.

– Mais le gars s'est cassé les deux bras, Gretchen, lui expliquai-je. Elle l'aidait probablement à rentrer sa chemise dans son pantalon.

– Parce que tu demanderais à tes sœurs, toi, de rentrer ta chemise dans ton pantalon ? rétorqua-t-elle.

Bonne question. En effet, après un examen bien approfondi, on constata que les Sherman n'étaient pas les gens qu'ils prétendaient être. Souvent, on surprenait le père en train de se gratter l'entrejambes. Quant à la mère, elle avait la fâcheuse habitude de vous regarder droit dans les yeux en se reniflant les doigts. Mais c'est pour Gretchen surtout qu'un voile avait été définitivement levé : elle restait désormais persuadée que le monde entier n'était qu'un cloaque insondable, propice aux ébats sexuels les plus débridés. Dès qu'elle prenait place dans le salon du club, elle entreprenait d'inspecter du regard les environs, élaborant toutes sortes de conjectures sur la vie des gosses rassemblés dans le petit bain de la piscine :

– Il y a un truc qui me turlupine. La Christina Youngblood. J'ai comme l'impression qu'elle est notre demi-sœur. D'accord, elle a le menton de son père, mais regarde donc ses yeux et sa bouche, c'est Maman toute crachée !

Bien que je sois offusqué par les soupçons qu'elle osait porter sur nos parents, Gretchen fournissait néanmoins une foule de preuves accablantes. Par exemple, Maman mettait un drôle de rouge à lèvres les jours où passait le livreur de chips. D'ailleurs, elle appelait ce dernier par son prénom et l'autorisait souvent, avec un peu trop d'empressement, à utiliser nos toilettes. Quant à Papa, qui distribuait des « poupée » et des « ma belle » aux caissières de la banque, on pouvait aisément deviner, à leur réaction, qu'il avait dû profiter de la situation plus d'une fois. À en croire Gretchen, ils étaient tous atteints par le mal : à commencer par la vieille Église grecque orthodoxe, les couples habillés de couleurs voyantes au club de golf, et même Duchess, notre pauvre vieux berger écossais. Par mesure de protection, elle se mit à bloquer la porte de sa chambre avec des meubles chaque soir avant de dormir.

Finalement, le bouquin échoua entre les mains d'Amy, notre sœur de 10 ans, qui s'en servait comme manuel lors du cours d'autosuggestion qu'elle dispensait chaque soir après l'école. Affublée d'une perruque et de hauts talons, elle passait le reste de l'après-midi à parader devant un tableau noir en singeant ses institutrices : « Je suis vraiment navrée, Candice, mais vois-tu, je me trouve dans l'obligation de te faire redoubler », déclamait-elle à l'adresse de l'une des chaises pliantes qu'elle avait alignées devant elle. « Que tu ne fasses pas d'effort, là n'est pas le problème. Le véritable problème, c'est que tu es bête, c'est tout. Tu es vraiment très bête. N'est-ce pas qu'elle est bête, Candice, hein, vous autres ? Et en plus, elle est moche, je me trompe ou pas ? Très bien, Candice, tu peux retourner à ta place et, pour l'amour du ciel, cesse de pleurer. Bon, maintenant, les autres, je vais vous lire un passage du nouveau livre de la semaine. C'est l'histoire d'une famille californienne, elle a pour titre : *L'amour en famille.* »

En vérité, si Amy avait lu le livre, Tiffany, notre sœur de huit ans, avait sûrement mis la main dessus aussi puisqu'elles partageaient la même chambre, sans parler de notre petit frère Paul, qui, à l'âge de deux ans, en avait certainement dévoré la reliure, ce qui était encore plus dangereux que de le lire. En clair, il fallait mettre un terme à la pagaille avant que la situation ne nous échappe. De jour en jour, une nouvelle expression : « Espèce d'emmanché de trouduc en chaleur », brûlait les lèvres, et il arrivait même que notre aïeule grecque se présente certains matins à la table du petit déjeuner avec des cernes suspects sous les yeux.

Gretchen s'empara du bouquin et le planqua sous la moquette de sa chambre, où il fut découvert par Lena, notre femme de ménage, laquelle le donna à Maman.

– Je vais m'assurer qu'on en prendra le plus grand soin, promit ma mère, qui franchit d'un bond le couloir pour courir se réfugier dans sa chambre.

Elle ne put retenir son rire en ouvrant une page au hasard :

– « *Morde* ! » s'exclama-t-elle, décidément, il a l'air pas mal ce bouquin !

Quelques semaines plus tard, Gretchen et moi retrouvâmes le livre. Il était coincé entre le matelas et le sommier à ressorts de nos parents, les pages maculées par les taches de café et les cendres des cigarettes. Cet incident ne servit qu'à corroborer les soupçons de Gretchen.

– Tu verras, ils vont pas tarder à nous tomber dessus, m'avertit-elle. Sois prêt, mon cher ami, car cette fois-ci c'est fini la rigolade.

Elle faisait sans doute allusion au passage du chapitre 8 dans lequel M. et Mme Rivers fourguaient leurs enfants à une meute de chercheurs d'or, des hommes tout noirs de crasse, à l'haleine nocive, aux mains rugueuses et calleuses. Les mômes des Rivers semblaient apprécier, mais il faut dire qu'ils avaient été élevés comme ça.

L'attente durait. Bien que j'eusse toujours mis un point d'honneur à embrasser Maman avant d'aller me coucher, la perspective ne m'enchantait plus. Sa main posée sur mon épaule me donnait désormais la chair de poule. Jusqu'au soir où, debout sur une chaise de cuisine en face d'elle, je sentis sa main effleurer mes fesses tandis qu'elle faisait un ourlet à mon pantalon, et je me surpris tout à coup à bafouiller :

– Je t'en supplie, restons bons amis. Juste des amis, ni plus ni moins, d'accord ?

Elle retira les épingles de sa bouche, m'étudia un long moment avant de soupirer :

– Bon Dieu, et dire que tu m'as donné des illusions pendant tout ce temps...

Je relus de nouveau le livre, essayant de revivre mon plaisir d'antan, mais il était trop tard. Je ne pouvais plus supporter de lire la phrase : « Il *peinça* les *taitons* dressés de sa fille » sans une pensée émue pour Gretchen, qui restait barricadée dans sa chambre.

Je me mis alors à songer sérieusement à jeter le livre ou même à le brûler. Seulement, comme s'il s'était agi d'un pull trop petit, j'éprouvais une certaine honte à le détruire alors que le monde était peuplé de gens qui pouvait en tirer une quelconque utilité. Ma décision arrêtée, j'emportai donc le livre sur le parking du supermarché et m'en débarrassai en le balançant dans le hayon d'une camionnette flambant neuve. Puis je me mis à siffloter, histoire de calmer mon angoisse et, surtout, de relâcher mes nerfs soumis à rude épreuve. Je me postai à côté du distributeur automatique à l'extérieur du magasin, attendant le retour du propriétaire de la camionnette. Il poussait un caddie chargé de fruits et légumes, un homme sec, nerveux, avec des favoris en forme de côtes d'agneau et la moitié du bras dans un plâtre. Il déposait les sacs à l'arrière de la camionnette quand ses yeux s'arrêtèrent sur le livre. Il le ramassa puis feuilleta les premières pages avant de lever la tête pour jeter un coup d'œil aux alentours du parking, passant la zone au peigne fin comme s'il était à la recherche d'une caméra de surveillance ou – perspective plus réconfortante encore – d'un essaim d'échangistes pressant leurs seins nus contre ses vitres pour l'inviter à se joindre à leur joviale compagnie. Enfin, il tira une cigarette de sa poche, en tapota le bout contre le toit de sa camionnette et l'alluma.

Puis il glissa le livre dans sa poche arrière avant de démarrer.

Le cyclope

Quand Papa était jeune, il avait crevé un œil à son meilleur ami avec un pistolet en plastique. Enfin, d'après sa version :

– C'était rien qu'une erreur idiote et Dieu sait que si je pouvais la réparer, je le ferais sans faute.

Il grimaçait, agitant le poing comme s'il tenait une crécelle.

– Cette histoire me fiche la vie en l'air. C'est vrai, vous savez, quand j'y repense, ça me fend le cœur.

À l'occasion d'une virée en été dans sa ville natale, Papa nous a emmené rendre visite au type, un marchand de chaussures dont la pupille de couleur lactée épousait le coin de l'orbite déchiquetée. J'ai regardé les deux hommes échanger une poignée de mains mais je me suis détourné, pris de nausée et mort de honte pour mon père.

C'est alors que le voisin d'à côté, pour son douzième anniversaire, reçut en cadeau un pistolet en plastique. Ce garçon considéra le geste de ses parents comme un défi personnel lui imposant de traquer et de mutiler toutes espèces vivantes : que ce soient les chats qui se prélassaient au soleil, les moineaux, les limaces ou les écureuils, il tirait sur tout ce qui bougeait. Bien que cela me parût plutôt une excellente idée, à chaque fois que j'épaulais son fusil, je ne pouvais m'empêcher de repenser à l'ami éborgné de mon père, titubant, les bras chargés de cartons de chaussures. Comment pouvait-on vivre avec un tel remords sur la conscience ? Comment mon père pouvait-il se contempler dans le miroir sans vomir ?

Un soir, nous regardions la télé quand ma sœur, Tiffany, m'a enfoncé dans l'œil un crayon qu'elle venait d'affûter. Le sang s'est mis à couler à flots. Tout au long du trajet pour l'hôpital, je ne cessais de me faire ce serment : si je devenais aveugle, ma sœur serait condamnée, pour le restant de ses jours, à être mon esclave. Jamais, pas une seule minute de sa vie, je ne la laisserais oublier son acte. À l'avenir, elle n'assisterait à aucune soirée branchée, ni à aucun barbecue au bord d'une piscine. Elle ne passerait plus jamais de bons moments où elle pourrait se laisser aller à rire, d'un bon rire franc et naturel. Pas un seul instant de joie, non, je m'assurerais constamment que cela ne lui arrive jamais. J'avais préparé ma vengeance avec une telle minutie que je fus presque déçu quand le docteur a annoncé que la blessure n'avait rien de grave car elle se trouvait non dans l'œil mais au-dessous.

– Je voudrais que tu regardes attentivement le visage de ton frère, lui a ordonné Papa en pointant du doigt mon pansement. Tu te rends compte ? Tu as failli le rendre aveugle pour la vie ! Ton propre frère, un cyclope ! C'est ça que tu veux ?

Les souffrances de Tiffany soulagèrent alors mes douleurs pour une heure ou deux. Cependant, je commençai à la prendre sincèrement en pitié.

– Maintenant, à chaque fois que tu tiendras un crayon, je veux que tu te souviennes de ce que tu as fait à ton frère, a dit Papa. Je veux que tu te mettes à genoux, et que tu lui demandes pardon.

Seulement, les occasions sont rares dans la vie où les gens doivent demander pardon sans que cela tourne à l'embarras. Bien avant qu'on ne retire mon pansement, le geste avait perdu tout intérêt à mes yeux. Pourtant, Papa persistait et signait. Quand il obtint enfin satisfaction, Tiffany osait à peine toucher de nouveau un crayon, fût-il usé ou même inoffensif, sans éclater en sanglots. Son beau visage mat revêtit bientôt les apparences du vieux cuir, ridé et taché de graisse.

Elle allait sur ses six ans et elle était désespérée.

Le danger était partout et Papa se faisait un devoir de nous en avertir. Le jour de la Fête nationale, au club de golf, il nous raconta comment un de ses potes fut mutilé à vie par un pétard, qui lui avait sauté entre les cuisses.

– Ça lui a explosé les couilles. Définitivement, précisa-t-il. Réfléchis un peu, tu imagines ce que le type a dû endurer?

Je courus précipitamment jusqu'à l'autre bout du golf pour m'assurer que le matériel dont je disposais pendait toujours entre mes jambes.

Mais ce n'était pas fini. Si les feux d'artifice étaient risqués, le tonnerre, lui, était encore plus dangereux.

– J'avais un ami. À l'époque, c'était un type très brillant, extrêmement séduisant. Le mec, peinard, menait la belle vie. Jusqu'au jour où il a été frappé par la foudre. Elle l'a frappé net, entre les deux yeux, alors qu'il pêchait la truite. Sa cervelle a grillé comme un poulet. Aujourd'hui, il a une plaque de métal sous le front et il n'arrive même plus à mâcher sa nourriture. On est obligé de passer le tout à la moulinette avant de lui donner à boire avec une paille.

Mais moi, si la foudre me cherchait, il faudrait au préalable qu'elle traverse les murs de la maison parce que, dès les premières gouttes de l'orage, je courais me mettre à l'abri au sous-sol, je me cachais sous une table avec une couverture sur la tête. Je prenais pour de véritables détraqués les gens qui, pendant l'orage, osaient rester sur leurs vérandas à observer le ciel.

– Tu sais, on peut attirer la foudre avec n'importe quoi : une alliance à ton doigt ou le plombage de tes dents, expliquait mon père. Il suffit de baisser un peu ta garde pour qu'elle te frappe.

Au collège, je m'étais inscrit à un cours de travaux manuels, dont le premier exercice pratique consistait à fabriquer des présentoirs à serviettes de table.

– J'espère que tu n'auras pas à te servir d'une scie, hein? a demandé Papa. Dans le temps, j'ai connu un garçon à peu près de la même taille que toi. Il était en train de se servir d'une scie quand, soudain, la lame s'est détachée, a sauté de la machine et lui a tranché le visage en deux.

Avec son index, Papa a tracé une ligne imaginaire du front au menton.

– D'accord, le type a survécu à sa blessure, mais personne ne voulait plus avoir affaire à lui. Il a basculé dans l'alcool et a fini par épouser une fille chinoise qu'il avait commandée sur catalogue. Tu te rends compte ?

Si je me rendais compte !

Mon présentoir à serviettes était fait de panneaux en bois et, une fois achevé, il pesait presque trois kilos. Quant à ma bibliothèque, n'en parlons pas.

Papa est revenu à la charge.

– Le problème avec les marteaux, c'est que la tête risque de sauter sans crier gare et, mon vieux, je t'assure que tu ne verras jamais rien de plus douloureux.

Au bout du compte, je commençais à me demander si mon père comptait encore parmi ses amis un seul qui puisse lacer tout seul ses chaussures ou respirer sans poumon artificiel. À l'exception du marchand de chaussures, nous n'en avions pas rencontré d'autres, et n'en entendions parler que le jour où l'un d'entre nous s'avisait de faire cuire un poulet dans la friteuse ou d'actionner le broyeur à ordures.

– J'ai un ami qui, chaque fois qu'il achète une paire de gants, ne se sert que d'un seul. Il a perdu sa main droite en faisant exactement ce que tu es en train de faire. Sa main se trouvait dans le tuyau d'évacuation lorsque le chat, en se frottant contre le broyeur, a tourné le bouton de mise en marche. Aujourd'hui, il ne porte plus que des cravates à élastique et, au restaurant, les serveurs doivent lui couper son steak. C'est ça le genre de vie que tu rêves de mener ?

S'il m'autorisait à tondre la pelouse, c'est uniquement parce Papa n'avait pas les moyens de payer un jardinier et qu'il ne voulait pas s'en charger lui-même.

– Ce qui s'est passé, a-t-il expliqué, c'est que le type a glissé, probablement sur une énorme crotte de chien, et sa jambe s'est trouvée coincée entre les lames. Il a retrouvé son pied, puis l'a emmené à l'hôpital le plus proche mais il était trop tard pour qu'on le lui recouse. Tu te rends compte un peu ? Le mec s'est tapé vingt bornes avec son pied sur les genoux ! Il faut le faire !

Tant et si bien que, en dépit de la chaleur, avant de tondre la pelouse, je mettais toujours un pantalon et, par-dessus, des bottes montant jusqu'aux genoux, un casque de football américain et une paire de lunettes protectrices. Avant de commencer, je veillais à fouiller soigneusement la pelouse, passant lentement le terrain au peigne fin comme s'il était miné, à la recherche de pierres ou d'excréments de chiens. Et ces seules précautions ne suffisaient pas : je poussais la tondeuse pas à pas, hésitant et craignant à tout instant que chacun de mes gestes fût le dernier.

Il ne se passa jamais rien de grave et, au bout de quelques années, je me mis à tondre la pelouse en short et en baskets, en repensant au soi-disant ami dont mon père s'était servi pour illustrer son avertissement. J'imaginais le type en train de sauter dans sa voiture et, de son moignon sanguinolent, appuyer sur le champignon alors qu'un pied encore tiède reposait sur ses genoux comme un chiot endormi. Mais pourquoi n'avait-il pas simplement téléphoné pour qu'une ambulance le transporte à l'hôpital ? Comment pouvait-il, dans l'état de choc où il se trouvait, songer à aller fouiller les mauvaises herbes pour retrouver son pied ?

Il y avait quelque chose qui ne collait pas.

C'est une fois parvenu au lycée que je pus m'inscrire à l'auto-école. Avant de nous risquer sur les routes, nous passions notre temps assis dans l'obscurité d'une salle de cours, à visionner des films qui semblaient avoir été conçus et réalisés par mon père. « Ah non, pas ça ! » pensais-je en regardant un jeune couple en tenue de bal qui s'apprêtait à dépasser une bétonnière chargée à ras bord. Toutes leurs virées se terminaient invariablement de la même manière : soit le jeune conducteur finissait sa course dans un poteau télégraphique soit carbonisé au-delà de tout espoir de reconnaissance, tandis que la caméra faisait un gros plan sur un bouquet de fleurs ensanglanté sur le bas-côté de la route.

Comme je mettais la même réticence à conduire une voiture qu'à pousser la tondeuse à gazon, le moniteur perdit vite patience.

– Ce permis de conduire va signer ta condamnation à mort, déclara mon père le jour même où j'obtins mon permis. Tu vas te balader sur les routes, comme ça tu tueras quelqu'un, et le remords te déchirera le cœur.

La seule idée de me tuer moi-même me terrifiait tant que je ne dépassais jamais les 10 km à l'heure. Alors quand je me mis à penser à ce qui se passerait si je tuais quelqu'un d'autre, je renonçai purement et simplement à conduire.

Une nuit, il pleuvait, et Maman était passée me prendre à la fin des répétitions d'une pièce de théâtre. Soudain, en remontant une pente, la voiture a écrasé par erreur quelque chose. Il ne s'agissait sûrement ni d'une brique ni d'une botte oubliée, mais d'une créature vivante, qui laissa échapper une plainte sous la roue.

– Merde ! a marmonné Maman en se frappant le front contre le volant, merde, merde et merde !

Nous couvrant la tête pour éviter d'être trempés, nous nous sommes mis à fouiller la ruelle plongée dans le noir jusqu'à découvrir une chatte de couleur orange toussant du sang dans le caniveau. « C'est vous qui m'avez roulé dessus », a accusé la chatte en désignant Maman de sa patte écrabouillée. « Jusqu'alors je vivais heureuse ici, mais maintenant c'est fini, vous m'avez tuée. »

La chatte a émis un sifflement cadencé avant de fermer les yeux et de mourir.

– Merde ! a répété Maman.

Nous dûmes frapper à toutes les portes de la rue avant de tomber sur la propriétaire de la chatte, une dame gentille et compréhensive mais dont la fille ne partageait aucune des qualités.

– Vous avez tué ma chatte, hurlait-elle en reniflant dans les jupes de sa mère. Vous êtes méchante, vous êtes moche et vous avez tué ma chatte.

– Elle est en pleine crise d'adolescence, a expliqué la femme en caressant les cheveux de sa fille.

Maman n'était déjà pas fière de l'incident. Mais le pire était encore à venir avec le sermon qui nous attendait à notre retour :

– Non mais tu te rends compte ? Et si ça avait été un enfant, hein ? hurla mon père. Essaie donc d'y penser la prochaine fois que tu t'amuseras à dévaler les rues à tombeau ouvert !

À l'entendre, on aurait dit que Maman jouait à écraser les chats, que c'était devenu son sport favori.

– Oh, ça te fait rire, je sais, ajouta-t-il, mais rira bien qui rira le dernier. Un jour, tu finiras derrière les barreaux pour homicide.

J'essuyai à mon tour un laïus du même acabit après avoir donné de l'aile dans une boîte aux lettres. En dépit des encouragements de ma mère, je renonçai à mon permis et, jamais plus, je ne repris le volant. Mes nerfs ne pouvaient simplement plus le supporter. Je trouvais plus sécurisant de faire de l'auto-stop.

Mon père s'opposa à ma décision de m'installer à Chicago, et il lança une campagne massive d'intimidation le jour où je lui annonçai que j'emménageais à New York.

– À New York ! Mais t'es tombé sur la tête ou quoi ? Laisse-moi te dire, pendant que tu y es, tu n'as qu'à te trancher la gorge tout de suite avec un rasoir. Mais ces New-Yorkais vont te dévorer vivant !

Il me cita en exemple certains de ses amis qui avaient été cambriolés et dévalisés sous la menace des hordes barbares qui écumaient les rues. Il alla jusqu'à m'expédier des coupures de journaux relatant en détail des meurtres de joggeurs et de vacanciers de passage. « Ça pourrait être toi ! » inscrivait-il dans la marge de la photo.

Je vivais déjà à New York depuis plusieurs années lorsque, me rendant à un mariage à l'autre bout de l'État, je fis escale dans la ville natale de mon père. Aucun de nous ne s'y était rendu depuis que ma grand-mère était venue vivre chez nous, et pourtant je m'orientai avec une familiarité stupéfiante. Quand j'arrivai devant l'ancien appartement de mon père, le magasin de chaussures de son ami avait été transformé en billard. Je passai un coup de fil à Papa pour lui en faire part.

– Quel magasin de chaussures ? Mais de quoi tu parles ?

– Tu sais, le magasin de ton ami, souviens-toi, lui expliquai-je. Le type à qui tu as crevé un œil.

– Ah, tu veux parler de Frank, c'est ça ? répondit-il. Mais je ne lui ai jamais crevé l'œil, moi ; il est né comme ça.

Aujourd'hui, mon père vient souvent me rendre visite à New York. Nous descendons faire un tour à Washington Square, où il ne cesse de s'étonner : « Tiens, regarde-moi l'autre avec sa sale gueule ! » en désignant un cycliste de cent quarante kilos exhibant, tel un ras-de-cou, un tatouage avec des têtes de mort souriantes. À Central Park, si un jeune homme photographie sa copine, Papa se précipite vers elle pour être sur la photo.

– C'est magnifique, ma petite chérie, susurre-t-il en passant son bras autour des épaules de sa victime abasourdie. Détends-toi, voilà, tout ira bien.

J'ai des sueurs froides chaque fois qu'il franchit le seuil des épiceries huppées, exigeant de rencontrer sans délai le directeur.

– Chez nous, on peut s'offrir exactement le même melon pour moins de la moitié du prix que vous affichez là, tonne-t-il.

Cependant, les directeurs lui suggèrent à chaque fois de retourner d'où il vient. Il crie après les serveurs et ne respecte pas la queue dans les restaurants chics. Je lui confie alors :

– J'ai un ami qui a perdu son bras droit après avoir interpellé un serveur en claquant des doigts.

– Ah, ces fichus gosses ! soupire-t-il. Il n'y en a pas un seul d'entre vous qui ait une once de sens commun. Je ne sais pas de qui vous tenez ça mais une chose est sûre, ça finira par vous tuer.

L'OPEN DAMES

Ma sœur Lisa est devenue femme au trou n°14 du parcours de golf de Pinehurst. Une information qu'elle avait obtenue de la bouche même de l'inconnue qui l'avait accompagnée jusqu'aux vestiaires des femmes.

– Ne t'inquiète pas, mon petit. Désormais, tu es une femme.

Nous avions suivi Papa les yeux fermés. Il nous avait embobinés, Lisa et moi, nous assurant que nous partions faire un petit tour dans la Porsche d'occase qu'il venait d'acheter. Pourtant, la couleur sorbet du pantalon qu'il avait choisi aurait dû nous mettre la puce à l'oreille, mais comme il n'y avait pas de clubs sur la banquette arrière, nous nous étions crus à l'abri.

– Juste une petite escapade de rien du tout, nous avait-il promis.

Il avait replié la capote en toile de la voiture puis, à croupetons, s'était glissé derrière le volant :

– Et si on faisait un petit saut jusqu'au golf, après on longerait la prison pour regarder les prisonniers s'entraîner au stade, ce serait chouette, non ? On pourrait peut-être prendre l'autoroute pour aller déguster une délicieuse crème glacée quelque part, pourquoi pas ? Après tout, on ne vit pas deux fois, pas vrai ? C'est pas en restant à la maison à se tourner les pouces, le nez collé sur la télé, que vous allez profiter de la vie. Et puis il fait beau aujourd'hui, sentez-moi ces foutues fleurs.

Nous avions dépassé la prison à une telle vitesse que je pus à peine apercevoir les gardiens dans leurs miradors. Le terrain de golf, comme le marchand de glaces, s'effacèrent dans le lointain tandis que mon père jetait un coup d'œil nerveux sur sa montre en tapotant du bout des doigts le volant gainé de cuir. Il savait avec précision où nous allions et il avait tout programmé de sorte que nous parvenions à destination juste à temps pour ne pas rater le coup d'envoi.

– Alors, qu'est-ce que vous en dites, hein ? s'écria-t-il avant de s'engager dans le parking encombré du golf. Je me demande s'il n'y aurait pas un tournoi intéressant. Et si on jetait un œil, qu'en dites-vous ? Mince, cet endroit est une véritable splendeur ! Et vous n'avez encore rien vu. Attendez d'être sur le parcours.

Nous réagîmes par des grognements, Lisa et moi, pestant contre notre propre imbécillité. Une fois de plus, nous nous étions fait avoir. Nous ne trouvions rien de plus ennuyeux que de passer l'après-midi sur un parcours de golf. Nous savions parfaitement ce qui nous attendait, et que les heures qui allaient suivre seraient plus longues que des jours et des semaines entières. Nos montres mêmes bâilleraient, les aiguilles des minutes et des heures s'entrelaçant en un interminable ballet entrecoupé de siestes.

Papa avait coutume, dans un premier temps, de nous pousser aux premiers rangs de la foule dense, aux accoutrements bariolés. Privés de leurs places de choix, les spectateurs protestaient et râlaient, murmurant des injures que nous faisions mine d'ignorer.

– Mais ce ne sont que des enfants, plaidait Papa. Que voulez-vous donc que je fasse, pour l'amour du ciel ? Que je les porte sur mes épaules ? Voyons, les gars, soyez sympas, quoi.

Les grands jouaient ce jour-là, des hommes dont je reconnaissais sans peine les noms grâce à tous les magazines assommants que mon père collectionnait dans les toilettes ou entreposait sur le siège arrière de sa Mustang. On avait déjà vu ces joueurs à la télé. On avait entendu leurs fans, des maniaques bronzés qui hantaient la boutique des articles professionnels du club, se quereller autour de leurs qualités et de leurs défauts.

Chez ces gens-là, on faisait un chip, on marquait au-dessus du par ; on faisait un birdie, un eagle ou un double bogey, et ce, avec une rage qui n'avait jamais pu éveiller notre imagination. En effet, rencontrer ces pros en chair et en os n'avait pas plus d'intérêt pour nous que de manger un hamburger froid. Toutefois, aux yeux de Papa, c'était le Pérou car il espérait que leur présence déclencherait en nous une passion et, le temps passant, il nous incitait à manier enfin nos clubs pour devenir des champions. Il était persuadé que c'était une preuve d'amour, une tentative d'enrichir notre existence et, ainsi, de resserrer les liens de la famille.

– Vous avez une veine du tonnerre, les enfants, vous vous rendez compte ? déclarait-il passant ses bras autour de nos épaules tout en continuant de nous pousser imperceptiblement vers le premier rang. Vous avez devant vous les meilleurs joueurs de la PGA[1] et, par-dessus le marché, vous êtes assis aux places d'honneur.

– Assis ? a demandé Lisa. Mais qui est assis ?

En réalité, nous étions restés debout sur le talus recouvert d'herbe, attendant le drive du premier joueur.

– Lisa, a chuchoté Papa, vas-y. Cours vite chercher le tee de Snead !

Au refus de Lisa, ce fut à moi de vadrouiller jusqu'au green pour retrouver le précieux bout de bois qu'il avait dû balancer n'importe où dans un rayon de 2 à 6 mètres de son point de départ. Papa, qui collectionnait ces tees, les rangeait en guise de porte-bonheur dans un bocal à poissons posé sur sa commode. Comme il était formellement interdit de s'aventurer sur le green lors d'un tournoi, il se servait de nous pour faire ce boulot à sa place, espérant que les autorités ne verraient en nous que des débutants zélés qui décoraient leur chambre avec les posters des grands maîtres en train de lancer leur balle depuis le bunker ou

[1] Professional Golf Association (Fédération américaine de golf professionnel). *(N. d. T.)*

d'exhiber leur trophée après une éclatante victoire sur le parcours de Pebble Beach. Non, rien ne pouvait être plus loin de la vérité. Il avait beau s'acharner à nous motiver, les membres de notre famille refusaient d'accorder le moindre intérêt à ce qui, à nos yeux, était sûrement le sport le plus insignifiant que l'on puisse inventer, car nous exécrions autant le golf que tout ce qui y avait trait : des bérets écossais à pompon – qui donnaient à ceux qui les portaient l'air de champignons – aux chaussures cruellement cloutées.

– Oh, Lou, gémissait Maman après avoir enfilé son caftan d'une discrète couleur ocre. Tu ne vas quand même pas mettre ça, non ?

– Pourquoi ? Il y a quelque chose qui cloche ? répondait-il. Ce pantalon est flambant neuf !

– Pour toi, alors, rectifiait-elle. Tu es le seul à en faire une nouveauté. C'est comme ça que les maquereaux et les clowns s'habillent depuis des siècles.

Nous n'arrivions pas à comprendre comment un homme qui mettait un point d'honneur à ne porter que des costumes de coupe sobre en semaine se retrouvait chaque week-end vêtu de pantalons couverts de rainettes chantantes ou de nains écossais en kilt. Pour ouvrir son placard, on devait chausser des lunettes de soleil, à cause de tous ces pulls couleur bonbon, ces abominables vestes de sport en madras et ces polos si éblouissants qu'ils agressaient le bon goût. Seuls les ouvriers des ponts et chaussées portaient des couleurs aussi vives afin de signaler à bonne distance leur présence aux véhicules. Mais si cela se justifiait dans leur cas, quels périls graves pouvaient donc redouter les golfeurs ? Il n'y avait aucun risque que des voitures de course surgissent à l'horizon ou des trente-huit tonnes sillonnent le parcours et compromettent leurs petites parties à quatre. Depuis notre plus tendre enfance, on nous avait recommandé de ne jamais pousser de cris ou même parler d'un ton ordinaire sur le parcours de golf. Pour contourner cette interdiction d'user de plein droit de leurs cordes vocales, les gens confiaient sans doute à leurs tenues extravagantes le soin de s'égosiller à leur place, et le résultat était là : assourdissant.

Nous traversions le bunker pour nous rendre sur le green du trou n°8 quand Lisa a chuchoté à Papa :

– Je ne me sens pas bien. Je crois qu'on ferait mieux de rentrer tout de suite.

– Si Trevino fait bogey, il est baisé. Depuis son dernier coup dans le bunker, cet enfoiré a le dos au mur. Eh, vous avez remarqué comment il arque son dos pour apprêter son revers ?

– Ce qui m'inquiète pour le moment, c'est mon dos, a insisté Lisa. J'ai un mal de chien. Il faut que j'aille m'allonger à la maison.

– Encore une minute.

Papa taquinait du bout du doigt la récolte de tees au fond de sa poche.

– Vous avez un problème, vous deux. Vous ne vous concentrez pas suffisamment sur le match. Demain matin à la première heure, je vais vous inscrire à des cours supplémentaires. Vous ne le regretterez pas, je vous le jure. Bon Dieu, ce sport est si passionnant que vous n'allez pas supporter.

Bien que nous nourrissions de sérieux doutes quant au caractère passionnant de la chose, il avait au moins raison sur ce point : nous n'allions pas supporter. Papa, un homme d'ordinaire près de ses sous, nous avait inscrits à nos premiers cours alors que nous avions à peine l'âge de tenir un hochet. Nous ne disposions pas des services d'une soubrette nue, pourtant Papa mit un point d'honneur à dépenser une somme rondelette dans des clubs pour enfants, que nous avions tôt fait d'oublier dans un coin obscur de notre chambre ; du reste, leur sac en toile faisait uniquement le bonheur du chat de la maison, qui n'a cessé de le lacérer de ses griffes pour finir par le déchiqueter. Mais Papa poussa le zèle jusqu'à acheter une moquette verte pour le salon, où il nous rassemblait parfois pour admirer sa posture pendant qu'il envoyait des balles dans un gobelet à café. Nous avions beau nous opposer aux parcours de fortune et aux putt bricolés, peine perdue. Nous n'avions nul besoin de conseils pour améliorer notre swing, nous voulions seulement qu'il nous fiche la paix pour enfin pouvoir nous adonner à la sorcellerie, ce qui nous permettait de défigurer nos poupées dernier cri, ou de rester assis dans le secret de nos chambres, fantasmant à toutes sortes de choses, qui n'avaient rien à voir avec le golf. Papa avait bâti sa confiance sur un espoir : le rôle de caddie devait, de jour en jour, instiller en nous de meilleures dispositions à l'égard du golf. Or, mes sœurs et moi croulions sous le poids des clubs, et manquions de nous évanouir à chaque fois qu'il nous réclamait le fer 9 ou le sand wedge. Les caddies jouaient un rôle d'autant plus ingrat que, en Caroline du Nord, dès la mi-mars, la moiteur commençait déjà à racornir la moindre feuille de papier. Il faisait 37° au trou n°2 et nous arrivions sur le green, tendant l'oreille vers les éclats de voix de nos congénères qui barbotaient gaiement dans la piscine d'à côté.

Le tournoi traînait en longueur et, arrivée au trou n°14, Lisa s'est mise à saigner; une éclatante tache couleur de rouille s'étendait sur sa jupe-culotte blanche. La peau rougie par le soleil et la voix terrorisée, au bord de la crise de larmes, elle a chuchoté quelque chose dans l'oreille de Papa.

– Eh bien, va demander à une de ces femmes, lui a-t-il répondu. Elles vont s'occuper de toi.

Il s'est tourné vers une ravissante dame aux cheveux blancs qui portait une visière couleur citron vert et une jupe décorée de pandas exubérants :

– Eh dites-moi, ma jolie, vous pourriez pas me donner un coup de main? J'ai un petit problème personnel.

Comme mon père, cette femme était venue là pour courir après les golfeurs d'un trou à l'autre, et ne voulait pour rien au monde rater leurs moindres faits et gestes. Elle s'était déplacée spécialement ce jour-là pour se prélasser dans la glorieuse lumière des grands maîtres, et voilà qu'un quidam pour le moins bizarre lui demandait d'accompagner sa fille aux toilettes pour lui dénicher une serviette périodique !

Elle n'eut pas l'air d'apprécier la familiarité avec laquelle Papa l'avait interpellée par un « ma jolie » et se hérissa plus encore quand celui-ci, les yeux toujours fixés sur la balle, lui suggéra en outre que, si elle se dépêchait un peu, elle conservait encore de fortes chances pour ne pas rater le prochain drive. Elle a toisé un instant mon père, comme un débris qu'elle venait de racler de la semelle de ses chaussures. Toutefois, son regard flamboyant de mépris se radoucit dès qu'il se posa sur Lisa, qui restait paralysée, morte de honte, les yeux fixés sur la pelouse et les mains croisées devant sa tache. La femme lui a adressé un signe de tête puis, passant la main autour des épaules de ma sœur, elle s'est résignée à la conduire jusqu'à un pâté d'immeubles que l'on distinguait au loin. Quant à moi, bien que je n'y eusse absolument rien compris, une chose était sûre : j'avais une folle envie de les accompagner, dans l'espoir que nous réussirions entretemps à demander à la dame de nous déposer à la maison, loin de cette écrasante monotonie et de ce soleil cruel et impitoyable. Car si Lisa partait, la responsabilité m'incomberait à moi seul d'aller chercher les éclats de tees tout en rendant la vie impossible aux joueurs avec mes histoires d'autographes : « Oui, Lou. C'est ça, dicterais-je en leur tendant la carte du parcours de mon père. Je m'appelle Lou. »

Enfin, ce fut la fin du match. Nous sommes retournés au parking, où nous avons trouvé Lisa allongée sur le siège arrière de la Porsche, les cuisses et le visage emmaillotés de serviettes de toilette.

– Ne dis rien ! cria-t-elle d'un ton menaçant. Je veux rien savoir, rien.

– Je voulais seulement te demander si tu pouvais pas retirer tes pattes du siège, c'est tout, commença Papa.

– Ah ouais ? Alors moi je vais te dire une chose : va te faire foutre.

Dès que Lisa eut parlé, elle se redressa brutalement, comme si elle espérait avoir encore une petite chance de retenir entre ses dents la phrase qui venait de lui échapper avant que les oreilles de Papa ne l'interceptent. Jamais aucun d'entre nous ne lui avait parlé sur ce ton, et il n'aurait pas d'autre solution que de la tuer. Un seuil sans précédent avait été franchi, et même les grillons avaient cessé de chanter, le souffle coupé par la phrase qui restait suspendue dans les airs comme la fumée d'un coup de canon.

Papa a poussé un soupir et secoué la tête d'un air déçu. Il adoptait la même attitude à chaque fois que Maman, sous le coup de la colère ou de la contrariété, se laissait aller. Dorénavant, Lisa avait cessé d'être sa fille ; ce n'était plus qu'une femme parmi tant d'autres, incapable de maîtriser ses catastrophiques sautes d'humeur.

– Ne fais pas attention, m'a-t-il recommandé en époussetant une mince couche de pollen sur le pare-brise. Elle a des problèmes de bonnes femmes.

Les années passant, mon père poursuivait activement sa campagne d'incitation au golf. Lorsque Gretchen, Amy et Tiffany eurent repoussé ses avances, il reporta tous ses espoirs sur Paul, notre frère, qui profitait des vastes espaces des greens pour se défoncer à l'acide et conduire les voiturettes qu'il louait du parking à la boutique.

Un jour, Papa fit même l'acquisition d'une télé écran géant, un modèle aussi monumental qu'un lave-linge industriel. Dès lors, il tint le camp devant ses tournois chéris pour les enregistrer. Au-dessus du meuble livré avec l'ensemble, il entassait d'innombrables vidéocassettes sur lesquelles il avait inscrit PGA, 1994 ou U.S. OPEN, 1984 – INCROYABLE ! ! !

Avant de mourir, Maman avait monté une cassette à l'intention de Lisa. Toutes les deux passaient des jours et des nuits dans la cuisine, à boire du vin et à regarder des vieux films sur la télé portable noir et blanc posée à côté de l'évier. Maman avait juste enregistré des passages de leurs films préférés. « Pas grand-chose, précisait-elle, juste de quoi te changer les idées les jours où tu t'ennuieras. »

Quelques semaines après les funérailles, Lisa se mit à fouiller la maison de mes parents à la recherche de ladite cassette. Elle la retrouva au bar du rez-de-chaussée, à côté du fauteuil de Papa. Mais une fois arrivée chez elle, elle se rendit compte qu'elle n'était pas encore tout à fait prête à la visionner, car ces films lui rappelleraient les précieux moments où Maman et elle, perchées sur les tabourets du bar, jouaient à réciter le nom des acteurs à mesure qu'ils apparaissaient à l'écran. Ces souvenirs, c'était en quelque sorte un cadeau que Lisa préférait savourer avant d'ouvrir. Elle attendit donc que le chagrin s'estompe puis, s'installant un jour sur son canapé avec un plateau d'amuse-gueule, elle inséra la cassette, tout heureuse de réaliser qu'elle commençait par *Assurance sur la mort*. Les noms du générique d'ouverture défilaient tranquillement lorsque, sans crier gare, l'image tressauta et passa à la couleur. Elle vit alors un homme accroupi sur ses talons, le regard rivé le long du manche de son putter comme un tireur d'élite. Derrière lui, on distinguait une foule de spectateurs à l'ombre des pins géants, le visage bronzé, l'air captivé et concentré. « Greg Norman vient de faire bogey ! a murmuré le commentateur. Mais s'il réussit un eagle ici au trou n°15, il lui reste encore une chance pour disputer les Masters. »

Un vrai détective

Maman avait un faible pour les détectives, qu'ils soient vieux, aveugles ou paralysés des membres inférieurs – elle ne s'en lassait jamais. Ma sœur Lisa partageait la même passion. L'idolâtrie des détectives devenue un vice commun à toutes les deux, elles jouaient à échanger des répliques comme d'autres mères auraient échangé avec leurs filles des recettes de cuisine ou bien des conseils de beauté. Aussitôt un programme de télé terminé, un autre prenait la relève, emplissant constamment la maison du vacarme des coups de feu et du crissement des pneus de voitures. Tandis qu'au rez-de-chaussée le détective obèse reprenait laborieusement son souffle sur le pont avant du yacht d'un gros bonnet de la drogue, là-haut dans la cuisine, son collègue d'un certain âge bondissait par-dessus un muret de briques à la poursuite d'un tueur en série à qui on aurait donné le Bon Dieu sans confession.

– Comment s'annonce ton affaire ? hurlait Maman en profitant de l'accalmie des coupures publicitaires.

Lisa, les mains jointes en porte-voix autour de la bouche, lui criait en retour :

– Tubby est toujours à la recherche d'une piste, mais je suis prête à parier que c'est le chinetoque avec un bandeau à l'œil et la queue-de-cheval qui a fait le coup.

Dans leur monde, c'était toujours simple comme bonjour de déterminer le principal suspect. On recherchait un tueur à la hache ? Mais il suffisait de s'intéresser d'un peu plus près au bûcheron souffrant d'instabilité émotionnelle qui rôdait autour de la cabane à outils située derrière la maison de la victime ! Et le kidnappeur de la conseillère d'orientation ? Sans doute ce collégien de trente ans qui avait caché un rouleau de corde ensanglantée dans son sac de gym. Je n'étais guère étonné de voir ces énigmes résolues avec autant de célérité. La moindre clé était mise en évidence avec la discrétion d'une salve de trompette et, sous la pression de l'interrogatoire, les suspects craquaient comme des cure-dents, et se mettaient à table en moins de temps qu'il n'en faut pour faire cuire un œuf à la coque : « Vous tenez vraiment à connaître le nom de celui qui a mis le feu à la maison de retraite ? Bon, je vais tout vous avouer. C'est MOI. Vous êtes contents, maintenant ? C'est vrai, c'est MOI qui ai fait ça. Oui, j'avoue tout. MOI. »

C'était facile de résoudre une affaire tant qu'il ne se trouvait aucun suspect capable de fabriquer un mensonge qui tienne la route. La télévision ayant retiré tout leur charme aux affaires criminelles, il ne restait au détective, tout au plus, qu'un mode de vie à défendre. On a l'impression que n'importe qui est capable de résoudre une énigme, à condition d'avoir à portée de la main un téléphone, quelques heures de loisirs et un minibar. Maman disposait de ces trois ingrédients, à foison, de sorte que, moins elle mettait de temps à identifier le suspect, plus elle faisait preuve d'assurance. À quatre mains, ma sœur et elle compulsaient le journal local en échafaudant mille hypothèses sur les faits divers de chaque jour.

– Il y a une chose que nous savons : la jeune fille a été coincée au deuxième étage de sa maison, un couteau sur la gorge, récapitulait un jour Lisa en se tapotant le front avec un crayon. Par conséquent, selon toute vraisemblance, la personne qui l'a cambriolée... ne pouvait... monter là-haut... en fauteuil roulant.

– On dirait que tu es sur la piste, a répondu Maman. Mais si on suivait bien ta logique, il nous faudrait par ailleurs écarter de la liste des éventuels suspects tous ceux qui ont été greffés avec un poumon artificiel. Non, écoute, Sherlock, mon petit doigt me dit que tu es partie dans la mauvaise direction. Le type a dû entrer par effraction dans l'appartement, il lui a appuyé la pointe du couteau sur la gorge pour l'empêcher de crier, puis il s'est volatilisé avec 300 dollars en liquide, voilà.

– Et un radio-réveil, intervint Lisa. 300 dollars, plus un radio-réveil.

– Laisse tomber ce radio-réveil, coupa Maman. Un seul élément est important : le suspect s'est servi d'un couteau. Bien. Reste une question : quel genre de personne se sert d'habitude d'un couteau ?

Lisa suggéra que ça pouvait être un cuisinier.

– Elle a dû aller manger dans un restaurant et le cuisinier a remarqué qu'elle avait plein de fric dans son portefeuille.

– Bravo, répondit Maman. Tu crois vraiment que les cuisiniers sont comme ça, hein ? Et qu'ils passent leur temps sous les tables du restaurant à lorgner dans les porte-monnaie pendant que la nourriture mijote toute seule dans les marmites, comme une grande, hein ? Fais un effort, réfléchis. À ton avis, quel genre de personne se sert donc d'un couteau pour commettre un crime ? Dans un monde où on trouve des armes à feu partout, qui est assez démuni pour se servir d'un couteau ? Quoi ? Tu abandonnes ? C'est pourtant gros comme le nez au milieu de la figure : les drogués. Inutile de chercher midi à quatorze heures, car un cambrioleur expérimenté aurait préféré un flingue. Le truc c'est que, même liquidé au marché noir, il faut un paquet de fric pour acheter une arme à feu. Et les toxicomanes n'ont pas les moyens. Tout ce qu'ils peuvent grappiller comme pognon çà et là passe entièrement dans la dope et l'héroïne – les drogues dures, quoi. Les toxicos ont un besoin à satisfaire à toute heure du jour et de la nuit, ce qui signifie qu'ils sont en permanence sur la brèche, à la recherche du prochain bon coup. Tu comprends par conséquent qu'on a affaire à un accro à l'héroïne, qui a suivi la fille de la banque à la maison, après il a garé sa bagnole au coin de la rue, il est entré par effraction et il l'a cambriolée en la menaçant avec un couteau.

– Mais s'il n'est même pas capable de se payer une arme à feu, comment il fait pour rouler en voiture ? a demandé Lisa. Et quel est le rôle du radio-réveil dans cette histoire ?

– Mais le radio-réveil n'a absolument aucun intérêt, a rétorqué Maman. Quant à la voiture, elle a probablement été volée. Il l'a fauchée jeudi dernier sur Pamlico, au couple dont tu as lu l'histoire dans les journaux. Ouais, la Ford Mustang flambant neuve, tu te souviens ? Et toi qui croyais dur comme fer que c'étaient des gitans. J'avais même attiré ton attention sur le fait qu'il n'y a pas de gitans dans cette région. Je m'en souviens très bien. J'avais deviné que cette voiture avait été volée par un toxico qui avait l'intention de s'en servir pour un ou deux braquages avant d'aller la refourguer à une casse. Bingo. Affaire classée.

Elle a écrasé sa cigarette et s'est servie du mégot pour dessiner un X dans les résidus de cendres au fond du cendrier noirci, une façon bien à elle de déclarer que l'affaire était définitivement close. D'ailleurs, elle a conclu : « Affaire suivante sur nos listes ! »

Vandalisme au 318, Poole Road ; bris de glace et effraction à la pharmacie Five Points ; collision suivie d'un délit de fuite dans le parking du Swain's Steak House – à ses yeux, le coupable était tout désigné : un drogué ou un ancien agent de police, un « renégat », un « ripoux ». Si l'on s'en tenait aux dires de ma mère, on aurait cru que les ruelles de la banlieue chic de Raleigh grouillaient d'héroïnomanes, les seringues sortant des manches de leurs uniformes de police élimés. J'étais toujours gêné de l'entendre employer des termes comme « se faire un fix » ou bien « dealer ».

– Il faut que je me dépêche de rentrer, disait-elle à la caissière du supermarché, pour faire un fix à ma belle-mère sinon elle va être en manque.

– Pardon ? demandaient les gens. Que voulez-vous dire ?

Ce n'est que sur les chaînes de télé nationales que l'on avait coutume d'entendre les gens s'exprimer ainsi.

Quoi qu'on soit en train de regarder à la télé, quand ma mère et ma sœur mettaient la main sur l'une des télévisions, il fallait les laisser faire, de la même manière que les voitures laissent passer les ambulances. Même si je ne supportais pas les feuilletons policiers, je mettais un point d'honneur à ne pas rater un épisode du *Fugitif.* C'était l'histoire d'un homme en fuite, le Dr Richard Kimble, qui avait été par erreur accusé d'un crime qu'il n'avait pas commis. Dès le générique, on nous expliquait qu'il avait «changé de nom... et d'identité». La notion d'identité était alors aussitôt illustrée par un gros plan sur un pot de cirage à chaussures posé sur une surface semblable au-dessus de la commode d'une chambre d'hôtel.

J'en fus sidéré pendant des mois :

– Quoi, il s'imagine que personne ne va le reconnaître parce qu'il vient de cirer ses chaussures ? Ou alors il se met du cirage pour se noircir la figure ? Non, il y a un truc qui m'échappe !

– Les cheveux, idiot ! répondit Lisa. Il s'en sert pour se teindre les cheveux.

Lisa adorait *Le Fugitif* parce que, prétendait-elle, «ça repose les yeux.»

Selon elle, le Dr Kimble avait uniquement besoin de deux choses : d'un suspect manchot d'une part, et d'une femme éperdument amoureuse de lui d'autre part. Elle se demandait pourquoi, malgré ses grands airs de séducteur, un homme de son genre ne pouvait jamais prétendre au bonheur. Contrairement aux habituels détectives privés qui roulaient des mécaniques, le Fugitif avait une âme et une mémoire qui ne devaient jamais le laisser en repos, même quand le véritable assassin de sa femme fut traduit en justice. La plupart des feuilletons nous dissuadaient dans notre effort à comprendre les mobiles désespérément obscurs des héros. Si la petite amie se faisait tuer à sa table de maquillage, on devinait qu'elle serait remplacée sur-le-champ par une autre, c'était couru d'avance. Mais le Fugitif, lui, n'avait ni décapotable de grand luxe, ni minibar design. Il était taillé dans une étoffe différente, le même genre d'étoffe que moi, rêche et grossière. Lisa était incapable de reconnaître l'authentique séducteur solitaire et sentimental, quand bien même il pousserait l'audace jusqu'à s'asseoir sur ses genoux en lui tendant un bouquet de pâquerettes. Ça me tapait sur les nerfs quand elle déclarait : « *Le Fugitif*, c'est le genre de feuilleton que j'adore. »

Rester assise devant la télé à anticiper sur le dénouement d'une série B était une chose, pouvoir résoudre une véritable énigme sur le terrain en était une autre. Justement, nous étions largement saturés des rediffusions d'été lorsque notre maison fut bouleversée par une série de crimes réels, dont le plus fin limier de la télé n'aurait pu venir à bout. Quelqu'un avait décidé de se torcher le cul avec les serviettes de toilette. Ce qui rendait la chose extraordinairement troublante, c'est que toutes les serviettes de la maison étaient marron. Quelquefois, en s'essuyant les cheveux, on remarquait brusquement – quoique trop tard – sur les mains, la tête et le visage, une odeur reconnaissable entre toutes. Or la moindre des convenances exigeait de la vie en société qu'elle nous garantisse la paix à toute heure du jour ou de la nuit sans avoir à se retrouver avec les cheveux pleins de merde. Ce brutal revirement de circonstances mit notre détermination à rude épreuve et nous força à nous remettre en question. Nous nous demandions qui au juste nous étions et l'erreur que nous aurions commise en tant qu'individus. Abstraction faite de ces pures cogitations de l'esprit, la situation exigeait également d'énormes quantités d'eau chaude, des litres et des litres de shampooing, de la paille de fer, des brosses à récurer industrielles, et des pains entiers de savon désodorisant. Le scélérat frappa dans les trois salles de bains, nous laissant juste assez de répit pour relâcher notre surveillance. Il suffisait que je prenne la précaution de renifler consciencieusement une serviette avant de m'en servir pour que le suspect s'en soit pris, ce jour-là, aux gants de toilette.

– Vous savez, déclara Maman un dimanche matin en feuilletant son journal, le suspect que nous recherchons est une personne malade. Ça, on peut déjà en être sûr.

– Et, en plus, cette personne se nourrit de maïs, surenchérit Lisa en se tapotant le front avec un tee-shirt.

C'était la dernière victime, et elle s'était tellement lavé les cheveux qu'ils ressemblaient désormais à la crinière raide et synthétique d'un troll.

Tout le monde échafaudait des hypothèses, bien que personne ne détînt de preuves. Sans compter mes parents, il restait six enfants et ma grand-mère comme suspects potentiels. En m'excluant du nombre et en tenant compte du fait que les serviettes étaient toujours soigneusement repliées, j'écartai également de la liste mon petit frère qui, jusqu'à ce jour, s'était révélé impuissant à accomplir une procédure aussi complexe. Par ailleurs, se servir des serviettes de toilette à des fins aussi raffinées exigeait une certaine intelligence. J'attendis donc, gardant un œil sur toute la famille quand on prenait place à table, espérant que quelqu'un allait craquer et avouer, ou éclater en sanglots, mais en vain.

Ma mère et ma sœur, qui d'habitude se croyaient si futées et si perspicaces, se contentaient cette fois de répondre, à la question de savoir si elles suspectaient quelqu'un, que cette affaire était largement en dessous de leurs capacités. Si au moins il y avait eu mort d'homme ou rapt, elles auraient immédiatement accepté de se saisir de l'affaire et, en moins d'une heure, le coupable aurait été confondu. Mais le cas en l'espèce restait de l'ordre des « sottises avec circonstances aggravantes » et, par voie de conséquence, ne relevait nullement de leurs compétences professionnelles. Il ne restait plus au coupable, quel qu'il fût, qu'à écouter la voix de sa conscience et passer au plus tôt aux aveux. Entre-temps, Maman s'était mise à bourrer le placard à linge de serviettes blanches. Affaire classée.

Vers la fin du mois, quelqu'un alla fouiner dans le tiroir du haut de la commode de Papa pour y faucher un bas de laine contenant 112 dollars en pièces d'argent. Je connaissais autant les tiroirs de mon père que les miens, comme tout le monde à la maison, d'ailleurs. Nous n'avions que cette ressource pour tuer le temps les jours où on avait la maison à nous tout seuls – nous farfouillions dans les tiroirs de Papa avant de passer à sa seconde cachette dans le réduit. J'avais vu ces pièces de monnaie à plusieurs reprises et je les avais comptées. Nous l'avions d'ailleurs tous fait, mais qui diable serait donc allé jusqu'à les voler ?

Papa nous rassembla dans la salle à manger et nous écouta nier l'un après l'autre toute implication dans cette affaire.

– Ah bon ? Ça existe, des dollars en pièces d'argent ? Pas possible ! Au fait, le gouvernement les met sur le marché dans des bas de laine, ou bien l'idée est venue de toi ?

– Bon, d'accord, conclut Papa. C'est parfait, j'ai compris. Personne n'a touché à mes pièces. Je suppose donc qu'elles en ont simplement eu ras le bol de glandouiller dans cette commode, et qu'elles ont pris la décision de rouler par terre pour aller s'échanger toutes seules contre des bonbons et des magazines. Je me trompe ? Oh, elles doivent être encore dehors en ce moment, à zoner en se payant du bon temps !

Sa voix ayant atteint son registre le plus haut, il se frotta les mains comme si quelqu'un venait de lui présenter un plateau de délicieux desserts.

– Enfin libres ! Avec la vie devant elles ! Vous vous rendez compte ! Mais c'est fantastique ! Eh, vous autres, ça ne mérite pas qu'on applaudisse, ça ?

Ensuite, il baissa la voix pour proférer une cascade d'ultimatums que j'eus de la peine à saisir correctement. Mon esprit était titillé à la pensée de ces pièces d'argent, folâtres, pompettes et turbulentes avec cette toute nouvelle sensation d'indépendance. Je les voyais se diviser en petits groupes, ne voyageant que de nuit pour éviter d'attirer l'attention. Comme il leur était probablement difficile de rouler sur l'herbe et les feuilles, je les imaginais plutôt blotties les unes contre les autres dans le garage, résolues à emprunter de préférence les petites rues, restant prudemment sur le trottoir. Cette idée me fit éclater de rire.

– Et tu trouves ça drôle ? fit Papa. Tu te fends bien la gueule, n'est-ce pas ? Eh bien, c'est gentil de ta part de trouver ça amusant. On verra bien si tu riras encore quand on ira fouiller ta chambre, espèce de rigolo.

Dans les feuilletons télé, avec un mandat de perquisition, on était sûr de voir sa maison saccagée, et là, c'était exactement la même chose. Ma chambre était la seule pièce rangée de la maison. C'était mon sanctuaire, mon temple, et j'assistai avec horreur au spectacle de mes tiroirs vidés sur le sol et mes placards brutalement mis sens dessus dessous. En fouillant mon bureau, mon père tomba sur un porte-mine en plaqué or, qui lui appartenait. Il avait jadis occupé le même tiroir que les dollars envolés, et je dus reconnaître que, oui, en effet, j'avais pris le porte-mine, mais on ne pouvait pas dire que je l'avais volé. Il y avait une énorme différence entre les deux. On vole les choses qu'on convoite mais on prend les choses que le propriétaire d'origine est incapable d'apprécier. Ce porte-mine m'avait fait des confidences au sujet de l'indifférence de Papa à son égard, raison pour laquelle je m'étais laissé convaincre d'en faire un meilleur usage. Prendre revient à la même chose qu'emprunter, les formalités en moins. J'avais l'intention de le lui rendre aussitôt la mine usée – alors pourquoi en faire tout un plat, comme s'il s'agissait d'une sorte d'indice capital qu'il aurait mis à jour ? Il n'y avait ni hurlement de sirène ni courses-poursuites à tombeau ouvert, rien qu'un minable porte-mine que j'utilisais pour me donner un peu de contenance. Mais dès que mon père se retrouva nez à nez avec son porte-mine, je devins le suspect numéro un, et risquais d'être jugé et condamné sur des preuves totalement accessoires. On avait beau faire, rien ne pouvait plus arrêter Papa.

– Tu as déjà dépensé le fric ou tu l'as enterré dans le jardin ? me demanda ma sœur Lisa.

Comment, enterré ? Non contents de me traiter de voleur, ils me faisaient aussi passer pour un pirate !

Accusé par erreur d'un crime que je n'avais pas commis, il ne me restait donc qu'une issue. Le cirage à chaussure était rangé dans le placard à linge. Dans l'espoir de changer d'identité, je choisis le noir, que je passai généreusement dans mes cheveux.

Les cheveux du Fugitif semblaient toujours parfaitement naturels. Ils s'envolaient au passage des camions qui défilaient en trombe tandis que, debout sur une route déserte, il disait adieu à une ville qui s'était montrée incapable d'apprécier ses dons uniques. Mes cheveux étaient un peu comme les siens, mais une fois le cirage séché, ils se durcirent sous la forme d'une masse dure et compacte, à la manière d'un casque. Je me couchai comme ça mais le lendemain matin je me réveillai dans des draps crasseux et irrécupérables. Quant à mon visage et mes bras, on eût dit qu'ils avaient reçu des coups, et la chambre tout entière dégageait une odeur de corps de garde, entêtante comme celle d'un chiffon à polir. C'est alors que la solitude du Fugitif cessa d'être un mystère à mes yeux. Tout fier que j'étais des reflets et de la couleur de mes cheveux, il fallait que je les lisse vers l'arrière pour ne pas salir mon front. Mais j'avais l'air d'avoir une chevelure pare-balles. On m'aurait asséné des coups sur la tête avec un club de golf que je serais resté de marbre. J'allai enterrer mes draps sales dans les bois, conscient que rien ne serait plus pareil à partir de ce jour. J'avais franchi un seuil, et c'était un point de non-retour.

Mon changement d'identité accompli, la prochaine étape consistait à retrouver le vrai voleur afin de rétablir mon honneur. Ma mère et ma sœur ne cessaient de le clamer : « Le criminel revient toujours sur les lieux du crime. » Certes, il n'y avait là rien moins que de la philosophie à la petite semaine, ingérée au fil de leurs feuilletons télé favoris, mais je me dis que le jeu en valait la chandelle. C'était sans doute valable pour celui qui se torchait les fesses avec nos serviettes de toilette, mais il faut dire qu'il n'avait pas le choix. Les WC se trouvant dans la salle de bains, les criminels avaient eu beau changer leurs habitudes, une chose était au moins sûre, ils auraient besoin d'y aller à un moment ou à un autre. Outre les dollars en pièces d'argent, les tiroirs de Papa abritaient plusieurs montres à gousset, une paire de manchettes en forme de dés, des pinces à cravates, des briquets de luxe et un jeu de cartes porno où manquaient le roi de cœur et l'as de trèfle.

Persuadé que le voleur avait de bonnes raisons de revenir à la charge, j'entrepris une planque. Le placard de mon père se fermait par des portes à volets, de ces persiennes qui offraient une vue générale sur la chambre tout entière. J'y pris place, mais dus attendre une bonne heure avant que Maman ne surgisse en criant :

– Je m'en contrefiche comme de ma première culotte ! J'en ai rien à foutre de ce que les gens peuvent bien branler sur le mont Olympe, merde ! Chez moi, on ne met pas à bouillir un steak que j'ai payé 7 dollars, c'est tout !

Mon petit doigt me dit qu'elle s'adressait à ma grand-mère. Après avoir claqué la porte derrière elle, elle s'assit au bord du lit encore défait. Elle considéra longuement ses pieds nus, comme si elle s'attendait à ce qu'ils lui présentent des excuses pour quelque crasse qu'ils lui auraient faite ces temps derniers, puis elle murmura :

– Alors, dites-moi, qu'est-ce qu'on pense de tout ça, hein, mes petits ?

Elle se tritura un moment l'ongle d'un orteil avant de se lever pour aller chercher un flacon de vernis qui traînait sur la commode à l'autre bout de la chambre. C'était une nouvelle teinte, couleur mastic. Au lieu de relever l'éclat des ongles, ce vernis les faisait plutôt disparaître dans la chair qui les entourait, ce qui débouchait sur un effet à la fois bizarre et vulgaire. Je n'avais jamais compris pourquoi les femmes se donnaient tant de peine à se peindre les ongles des pieds, et surtout ma mère, dont les serres encroûtées et difformes ressemblaient à des miettes de Fritos collées au fond du paquet. Secouant le flacon, elle resta un moment debout face au miroir, gravement préoccupée par le reflet de ses cheveux secs et blanchis en une coiffure de style indéfini qu'elle se plaisait à appeler « le diable tiré par la queue. » Je l'ai observée attentivement pendant qu'elle farfouillait dans son placard, d'où elle a tiré une grande boîte en plastique blanche, fermée avec les sortes de sangles que portent souvent les valises. J'avais visité plus d'une fois le placard de Papa, mais jamais celui de Maman. « Si je possédais le moindre objet de valeur, avait-elle coutume de déclarer, ce serait le dernier endroit où je le rangerais. Tu te rends compte, même ces satanées mites dédaignent mes possessions. » Le placard de Papa, comme ses tiroirs, laissaient deviner pas mal de choses sur sa vie intime. Autant j'adorais lever un voile sur ce que je considérais comme ses secrets, autant je me gardais de violer l'intimité de ma mère, pas tant par respect que par terreur. En vérité, je redoutais que la découverte brutale d'une paire de menottes ou d'une cagoule de cuir noir au fond de ses tiroirs ne vienne perturber la certitude que cette femme était d'abord et surtout la femme qui m'avait mis au monde.

Elle a porté la boîte jusqu'à sa commode et défait les sangles ; elle a soulevé le couvercle et sorti une tête en polystyrène blanche coiffée d'une perruque blond roux dont les mèches ondulaient en vagues. Quelle magnifique couronne de cheveux elle tenait là, si parfaite qu'on l'eût dite créée par L'Éternel lui-même en ces jours de grâce où Il était le Dieu de la création et non le Dieu de la vengeance ! Après avoir soigneusement retiré les épingles, ma mère a posé la perruque sur sa tête et étudié son image dans la glace. Elle a secoué la tête d'un côté puis de l'autre, mais les boucles, rebelles à toutes les lois de la physique, sont restées en place. Les vapeurs émanant du cirage à chaussures me donnaient la nausée tandis que je commençais à transpirer à grosses gouttes, d'une sueur d'encre qui ruisselait de mon front et me tachait la chemise.

– Alors qu'est-ce que t'en dis, beauté ? se dit Maman à elle-même.

Elle a appliqué une couche de rouge à lèvres et a rapproché son visage du miroir tout en penchant la tête d'un côté puis de l'autre, arquant les sourcils pour exprimer une série d'émotions, allant du chagrin de cœur à la colère noire. Ensuite elle a reculé d'un pas pour faire posément les présentations, comme si son reflet dans la glace était un invité qu'elle rencontrait pour la première fois. Parfois, je jouais aussi à ce jeu, mais dans l'intimité de la salle de bains. « Comment ça ? Vous voulez dire que vous ne savez pas qui c'est ? » m'exclamais-je en contemplant ma chemise neuve ou ma nouvelle coupe de cheveux. Et, la plupart du temps, ces séances secrètes se terminaient le pantalon sur les chevilles. Maman allait-elle se mettre à déboutonner son chemisier ? Soulever sa jupe et entreprendre de s'exciter ? à quel moment devrais-je crier pour signaler ma présence et mettre fin à cette représentation clandestine ? Comment même continuer à vivre après l'avoir vue à poil ? « Je t'en supplie, ne fais pas ça », priais-je en pensée. « Ne sois pas comme moi. »

– Impeccable, dit ma mère. Et maintenant, si on mettait une touche de vernis sur nos ongles de pieds, qu'est-ce que t'en penses ?

Elle a ouvert le flacon et s'est installée sur le bord du lit. Je restais caché là, suivant ses mouvements. Elle a écarté les orteils pour se mettre au travail, s'interrompant de temps à autre pour étudier son image dans le miroir. Quand elle eut fini le pied droit, elle l'a tendu en avant pour bien l'inspecter.

– Une petite touche pour l'ongle, une petite touche pour l'orteil, quelques gouttes pour la moquette ; comme ça, il n'y aura pas de jaloux.

Lorsqu'elle eut terminé le pied gauche, elle a jeté le flacon sur la commode et édifié une montagne de coussins, si haute qu'elle pouvait s'allonger sans déranger sa perruque. Bien que cette posture me semblât peu commode, elle y était manifestement habituée. Les bras et les jambes écartés, elle a fermé les yeux, se laissant aller de tout son saoul. La chambre, entre le lit défait et les paquets de cigarettes qui jonchaient le parquet, ressemblait désormais à la scène d'un crime. On aurait aisément pris Maman pour une serveuse de boîte de nuit étranglée pour en avoir su plus qu'il ne fallait, ou une arriviste étouffée par une énorme bouchée de pop-corn devant le feuilleton de nuit à la télé. Comme il me paraissait étrange de se donner la peine d'enfiler une perruque afin de ressembler à quelqu'un d'autre et, au bout du compte, finir par s'étendre simplement sur un lit et piquer un petit somme ! Peut-être passait-elle ainsi son temps à rêver de toutes les choses insolites que ce personnage pouvait faire. Non, sa perruque n'était sans doute rien de plus qu'un bonnet de nuit à haute performance, qui sait.

Dans les feuilletons télé, les monotones heures d'attente des planques se réduisent au seul moment de vérité, quand le détective surgit juste à temps pour surprendre les kidnappeurs qui donnaient les instructions pour la remise de la rançon, ou pour prendre sur le fait les voleurs de bijoux penchés studieusement sur les plans d'accès au musée. J'ai passé une heure entière debout dans le placard, la tête lourde sous le poids du cirage à chaussures, fugitif, à contempler ma mère endormie dans son déguisement en espérant vaguement qu'un déclic se produirait.

À son réveil, Maman a remisé la perruque dans sa cachette et a quitté la pièce. J'ai attendu encore quelques minutes pour redescendre discrètement au rez-de-chaussée, où je me suis lavé les cheveux trois fois de suite, prenant soin de rincer la baignoire avec du récurant et de me débarrasser de ma chemise salie. Le soir, au bruit des pas de mon père dans l'entrée, je suis retourné à toute vitesse dans ma chambre, où je me suis donné des claques en me servant du carreau noir de la fenêtre comme miroir. Mes joues devaient prendre la couleur des pommes rouges, et moi, avoir à tout prix l'air innocent et dispos à l'heure où Papa alignerait en rang les suspects habituels pour les convoyer vers la salle à manger, avec la ferme intention de résoudre la plus tordue de toutes les énigmes récentes : démasquer la personne qui avait osé maculer ses chemises et ses vestes avec du cirage à chaussures.

À l'interrogatoire, moi aussi je m'assiérais à côté des ordures qui avaient volé les pièces de monnaie et s'étaient torché avec les serviettes et je m'exclamerais :

– Quoi ? Du cirage à chaussures ? Sur tes costumes ? Aujourd'hui ? Ah non, je suis navré, je n'y suis pour rien, moi.

Dix Hill

Pour les mômes de Raleigh, en Caroline du Nord, la pire des calamités consistait à compter, parmi les patients internés à « Dix Hill », un membre de leur famille. Dix Hill, c'était le terme couramment employé pour désigner le sanatorium Dorothea-Dix, l'hôpital psychiatrique du coin. Conçu sans nul doute par l'équipe qui avait bâti « L'Orphelinat abominable pour enfants abandonnés » et « La Maison hantée par le fantôme de l'assassin à la hache », Dorothea-Dix était composé d'une fourmilière de lugubres immeubles de style gothique perchés au sommet d'une colline du côté des faubourgs de la ville. Les mois d'hiver, les branches des arbres alentour ressemblaient aux doigts tremblotants de chercheurs déments martelant les fenêtres en quête de cerveaux frais. L'été à peine de retour, ces mêmes arbres, verts et feuillus, servaient à dissimuler une réalité sinistre au-delà de tout ce qu'on pourrait imaginer. A chaque fois que nous passions par là, mes sœurs et moi tendions le cou hors des portières, espérant entendre brailler une voix hystérique : « Je suis dingue, croyez-moi, JE SUIS DINGUE ! » Ainsi, le malade accepterait sa folie tel un trésor jusque-là caché sous les lattes du parquet. « Je suis dingue, vous ne comprenez donc pas ? Je suis dingue ! »

Je sortais à peine du collège que ma mère nous annonça tout à trac qu'en attendant l'âge de prendre un boulot rémunéré, les enfants de plus de quatorze ans se devaient de consacrer leurs étés aux œuvres sociales. Lisa, ma sœur aînée, fut donc embauchée comme aide-soignante bénévole à l'hôpital Rex, et quant à moi je savais avec certitude ce que je voulais faire.

Maman avait seize ans le jour où, paralysée de peur sur la terrasse de leur maison, elle avait vu des hommes en blanc embarquer son père pour l'hôpital psychiatrique pendant qu'il se démenait et gueulait. En guise de traitement, l'homme y avait encaissé jusqu'à trente-sept électrochocs. Il souffrait de *delirium tremens*, un état hallucinatoire douloureux dû à l'alcoolisme à un stade avancé. Maman lui rendit visite tous les jours, mais la plupart du temps, il ne savait même pas qui elle était. Un jour, l'ayant confondue avec une infirmière, il avait tenté de lui glisser la main sous la jupe. Cette expérience la blinda définitivement contre certaines obsessions, qualité que j'ai beaucoup admirée en elle. Elle avait connu quelque chose de monstrueux, et j'étais fort curieux d'éprouver cette sensation.

En me déposant au boulot le premier jour, alors que nous franchissions en voiture les grilles en fer et remontions l'allée serpentante, Maman ne cessait de me proposer des alternatives de dernière minute. Je pourrais par exemple, tiens – enseigner les rudiments du dessin aux gosses défavorisés, puisque j'excellais dans ce domaine – ou faire du baby-sitting. Même si je le faisais bénévolement, elle me paierait en sous-main, ni vu ni connu. Seulement, ma décision était déjà arrêtée. J'avais trouvé mon bonheur. Alors elle ne poussa pas le zèle jusqu'à m'accompagner à l'intérieur. Elle me déposa et me recommanda de lui passer un coup de fil dès que j'aurais décidé de me tirer.

– Que ça te prenne une, deux ou trois heures, qu'importe. Appelle-moi aussitôt que tu auras changé d'avis, dit-elle.

Le rôle des bénévoles à Dorothea-Dix était si insignifiant que la réceptionniste fut surprise de son existence même.

– Si je te comprends bien, tu veux travailler ici sans toucher le moindre salaire ? s'est-elle exclamée. Dis-moi, mon petit, ne serais-tu pas par hasard un de nos résidents ?

Elle a soulevé le combiné du téléphone mais son doigt a observé une pause sur le cadran.

– Écoute, entre nous, pourquoi ne pas me donner le numéro de ton bâtiment, qu'on demande à quelqu'un de venir te chercher pour te donner ton médicament. Ce serait mieux, n'est-ce pas, mon petit ? C'est bien, les médicaments.

Voir ainsi ma santé mentale remise en doute par les services compétents me fit froid dans le dos. Je connaissais le nom du chef du personnel. Je l'avais eu au téléphone quelques jours auparavant, mais il me fallut des heures pour sortir le papier de ma poche. Une fois convaincue que j'avais effectivement parlé à des créatures qui n'étaient pas le pur produit de mon imagination, la réceptionniste a ordonné à un gardien de me conduire au bureau du chef du personnel. Pour ce bref périple, nous dûmes déverrouiller au bas mot sept portes. À Dorothea-Dix, le moindre parcours étant jalonné par une tripotée de portes à ouvrir, on entendait le personnel arriver à plus de quinze mètres, trimballant à la ceinture des trousseaux de clés gros comme le poing, qui ne cessaient de se balancer et de cliqueter.

S'il avait été prévu un programme de formation de bénévoles dans cet hôpital, on ne m'en avait sûrement pas tenu informé. Au demeurant, je n'eus guère l'occasion de rencontrer de bénévole ici, ni quelqu'un qui revendiquât cette fonction. J'ai eu un entretien rapide avec le chef du personnel, qui a étudié le tableau des absences des aides-infirmiers avant de trancher :

– Napier n'est pas là, il est malade, donc tu peux le remplacer. Présente-toi à l'aile numéro 7 et demande-leur de te conduire chez Banes.

Quelqu'un m'a accompagné jusqu'à l'aile en question, où une infirmière du nom de Banes m'a appris que je ferais équipe avec Clarence Poole, un aide-infirmier au teint violacé qui ne se déplaçait jamais sans son poste de radio. Le nez de Clarence était quasiment aplati sur sa joue gauche, ce qui lui conférait une vague ressemblance avec les personnages des tableaux de

Picasso. Dans un effort constant pour détourner l'attention de ce nez, le type passait un temps fou à soigner sa coiffure, de style afro fluorescent, un véritable médecine-ball. Le rôle de Clarence consistait à m'apprendre les rudiments du métier, mais le premier jour, ma mission principale se réduisit à l'accompagner jusqu'aux distributeurs automatiques de bouffe, où il s'est payé un Royal Crown Cola et un sachet de cacahuètes salées. Ensuite, sous mon regard attentif, il a entrepris d'enfiler les cacahuètes dans le trou de sa boîte de Cola. Le jeu exigeait une concentration impressionnante, comme s'il était en train de gaver une oie. Après m'avoir expliqué qu'il fallait attendre quelques minutes pour que le mélange prenne, il s'est assis et s'est mis à faire bouffer ses cheveux à l'aide d'une pince à long manche. Il venait de porter la bouteille à ses lèvres lorsque Banes, l'infirmière, nous a tendu notre premier ordre de mission. Fourrant la radio dans la poche arrière de son uniforme, Clarence m'a guidé à travers les étages jusqu'à un bâtiment couvert de lierre qui, n'eussent été les barreaux fixés à ses fenêtres, aurait passé pour le dortoir de n'importe quel campus d'université digne de ce nom. Même de près, ces bâtiments semblaient tout à fait sympas, jusqu'au moment où on y pénétrait. L'aile en l'occurrence était réservée aux femmes et, aussitôt le seuil franchi, la puanteur vous montait aux narines : un mélange d'arômes que j'avais déjà appris à reconnaître dans toutes les salles d'hôpital confinées, parmi lesquels l'urine, la sueur, la fumée de cigarette, le cheveu sale, le désinfectant bon marché, le tout baignant dans une moiteur rance, insupportable, qui ne variait jamais quelle que fût la saison. Clarence a déverrouillé la porte. Les femmes étaient étendues sur des lits de camp en fer et nous apostrophaient, réclamant les unes notre attention les autres des cigarettes. « Moi je détiens une information qui peut sauver des vies ! » hurlait l'une d'elles. Tout le monde parlait en même temps. « J'ai fait pipi dans ma culotte, mais c'est de sa faute ! » « Allez dire à ce bamboula que c'est moi qui règle la musique qu'il écoute dans sa radio de merde ! » « Téléphonez à mon ambassade et dites-leur d'envoyer mes olives par avion ! »

Clarence se contentait de répondre à la cantonade : « Allez, du calme, les filles », comme une star à ses fans qui l'attendaient à la sortie des artistes pour lui demander des autographes. Il a vérifié les numéros inscrits sur les lits de camp jusqu'à ce qu'il s'arrête devant une vieille qui s'agitait violemment ; elle avait les cheveux du même jaune blafard que sa taie d'oreiller tachée. Il a préparé le brancard et défait les sangles du lit.

– Je vais la tenir par le haut, m'a-t-il expliqué. Toi, tu t'occupes de ses pieds. Allez , viens, grand-mère, on va faire une petite promenade.

Quand on a soulevé le drap, je restai abasourdi devant la nudité de la femme. Je n'avais jamais vu une femme nue de ma vie. Malheureusement, mon temps d'hésitation fut suffisamment long pour qu'elle plonge en avant et m'entame l'avant-bras avec les trois chicots qui lui restaient. Ensuite, elle a secoué la tête puis s'est mise à grogner en tiraillant sur ma chair comme un lynx ou une louve ou quelque bête sauvage habituée à chasser sa proie pour se nourrir. Clarence a levé sa radio en l'air mais, conscient des dégâts inévitables, il s'est déchaussé et lui a alors assené des coups de pied sur la tête jusqu'à ce qu'elle lâche prise et retombe sur l'oreiller. Bien que la morsure fût profonde, Clarence m'a aussitôt rassuré : il avait vu bien pire. Après une piqûre antitétanique et une goutte de teinture d'iode, le tour était joué.

Notre journée s'est poursuivie ainsi, au milieu de tribulations de toutes sortes, d'un adolescent mongolien à un swami d'opérette arborant un turban de serviettes de toilette trempées d'urine. J'aidais Clarence à les accompagner à l'infirmerie et à les ramener ensuite dans leur chambre.

– Emballer, peser, livrer, et à bon port ! Simple comme bonjour, me confiait-il. Pas de panique tant qu'ils n'ont pas de merde sur les mains et qu'ils n'en foutent pas partout sur le brancard.

Les patients, eux, ne cessaient de gémir, de pleurnicher et de hurler. Ils gloussaient, hurlaient de rire ou bavaient dans un état d'hébétude dû aux drogues. Clarence semblait s'accommoder de tout cela tandis que moi, je n'aurais jamais pu imaginer un monde tel que celui-là. C'était bien beau, en effet, de soulager leurs escarres, mais les problèmes beaucoup plus sérieux ? Un hôpital recommandable, doté d'une salle d'attente resplendissante de bouquets fleuris, s'efforçait de susciter une certaine forme d'espoir. Ici, les patients ne recevaient ni cartes ni ballons gonflés à l'hélium pour leur souhaiter un prompt rétablissement. Il ne régnait qu'un sentiment intolérable, tenace, de fin de parcours. Le destin, ou peut-être un accident, avait fait un croche-pied à ces gens-là et les avait esquintés. Je ne pouvais m'empêcher de penser que la même chose risquait de toucher n'importe qui, qu'on ait une belle maison ou non, qu'on soit bien élevé ou non. Il suffisait peut-être de piquer une crise de trop, ou de passer trop de temps à se brosser les cheveux pour que les premiers signes se manifestent. Comme si quelque chose se cachait au fin fond de notre cerveau, tapi là, tranquillement, attendant son heure.

– Épargne-moi les détails inutiles, docteur Freud, m'a répondu Lisa du siège du passager tandis que Maman nous ramenait le soir à la maison.

À la maternité, elle avait passé sa journée à proposer aux parturientes des magazines féminins et des livres de poche.

– Seigneur, je prie le Ciel pour que je ne sois jamais aussi grosse. On aurait cru qu'elles avaient avalé une télé !

Elle avait revêtu un uniforme rayé rouge et blanc et étudiait son reflet dans le rétroviseur, essayant de trouver le sourire parfait dans l'éventualité d'une heureuse rencontre avec un interne séduisant. Lisa ne comprenait rien à ce que je lui disais, mais Maman, si. Tous les soirs, remuant dans un cliquetis les glaçons dans son grand verre de whisky-soda, elle semblait comprendre d'emblée tout ce dont il retournait. La santé, qu'elle fût physique ou mentale, n'avait jamais été un point fort dans sa famille. Les armoiries de la famille Leonard avait été frappées sous le double symbole d'une bouteille de scotch et d'une tumeur.

Après son traitement de choc, mon grand-père était rentré chez lui pour y passer le restant de ses jours à évider des pommes et à mitonner des gâteaux. Ses enfants partis et sa femme devenue hypoglycémique, il n'y avait plus personne pour manger ses tartes, mais cela ne le décourageait pas pour autant. Il cuisinait comme si le corps tout entier des Marines des États-Unis stationnait sur le seuil de sa porte, en train de gueuler à l'unisson en tapant leurs fourchettes sur leurs gamelles en fer : « Un dessert ! Un dessert ! » Même après avoir enfourné quatre énormes tartes à cuire, il pouvait continuer à rouler des couches de pâte à tarte, de la taille d'un drapeau. Dans mon souvenir, les deux visites annuelles que nous rendions à nos grands-parents étaient marquées par ces tartes laissées à refroidir sur la moindre surface disponible de la maison : le rebord des fenêtres, le poste de télévision, et même les chaises de la salle à manger. Mon grand-père restait là sans mot dire, mais jamais plus il ne but la moindre goutte d'alcool. Il tuait le temps à faire de la pâtisserie et, en fin de compte, il succomba à une crise cardiaque due à la tension.

J'ai travaillé à Dix Hill pendant tout l'été, puis l'été suivant, jusqu'à ce que, sonné mes seize ans, je déniche un boulot rémunéré de plongeur dans une cafétéria qui avait coutume d'embaucher des gens qui sortaient de Dix Hill, ou qui y résidaient encore. C'étaient des hommes d'âge mûr, qui se mettaient parfois à pleurer de panique devant un plateau de gratins brûlés. Ils allaient alors se cacher dans la réserve ou, pire encore, dans la chambre froide.

À l'université, je m'inscrivis comme bénévole dans l'hôpital d'à côté car cela me donnait des points d'avance aux examens. À Dix Hill, j'avais bossé comme aide-infirmier sans attribution de clés mais j'avais eu des responsabilités. Ici, j'ai fini comme distributeur automatique de cigarettes. Deux soirs par semaine, je devais me rendre dans un bâtiment à l'odeur fétide et tenace, où je tenais le crachoir à des femmes qui ne me prêtaient aucun intérêt. À l'époque, je prenais des cours d'italien, et j'ai voulu saisir l'occasion pour m'exercer à la conjugaison des verbes avec une Toscane paranoïaque du nom de Paola, une malade qui tirait vers la cinquantaine et qui vous jetait constamment un regard noir derrière sa moustache accentuée. Un soir sur deux, Paola s'avérait très charmante et coopérative, mais sans crier gare, elle devenait possédée, renversait tout à coup la télé, agressait les autres patientes et balançait ses cigarettes allumées sur les infirmières. Parfois, il m'arrivait de passer d'agréables moments avec un patient pour revenir, trois jours plus tard, retrouver la même personne en état d'amnésie avancée. Alors qu'à Dorothea-Dix, je changeais souvent de service, ici je passais mon temps avec les mêmes gens pendant des semaines entières. L'ennui, c'est que personne ne semblait s'améliorer. La Donna restait immuablement assise devant la télé, plastronnant sur ses relations personnelles avec Lee Majors, l'Homme qui valait trois milliards. Charlotte continuait à chuchoter des secrets à son gobelet avant de le poser sur son ventre pour communiquer avec ce qu'elle appelait son « fœtus alien ». À devenir fou. L'envie me tailladait de leur cogner la tête contre le mur en gueulant : « Vous allez arrêter de vous comporter comme des débiles, oui ? Faites donc un effort pour guérir, putain, faites un effort pour guérir ! ! ! » Hélas, un jour, j'ai constaté les ecchymoses sur leur corps et j'ai compris que quelqu'un avant moi avait déjà dû tenter cette approche.

Lors de ma dernière soirée à l'hôpital, une camarade bénévole comme moi fut prise en otage par un patient maniaque, sec et nerveux, qui tenait un couteau contre la gorge de la pauvre fille en demandant qu'on le laisse sortir. On fit appel à la police, qui rassembla ses troupes dans la cour enneigée pour négocier la libération de ma collègue.

– J'ai envie d'une fille ! glapissait le type. Une fille mieux foutue que celle-là. Je veux la plus belle fille que vous trouverez, et qu'elle s'amène en bikini. Ensuite, je veux que vous nous réserviez une chambre dans un motel à Akron pour... Bon, je vous ferai savoir pourquoi dès que nous serons sur le point de partir. Ensuite, je veux une caravane avec des rideaux et un matelas d'eau et une camionnette avec quatre roues flambant neuves. Et un manteau avec une fermeture Éclair, pas de boutons. Et un grill de camping, avec une hotte.

Le capitaine s'est plié à toutes ses exigences en faisant signe à quatre officiers de police qui, rampant derrière le patient qui confondait ses désirs avec des réalités, étaient en train de le prendre à revers.

– Ensuite je vais aussi avoir besoin d'un aquarium. Et d'un sèche-cheveux, et d'un service de verres à pied, et des jolies tasses pour mon café.

Les officiers ont bondi sur lui et l'ont traîné vers la voiture de police qui attendait. Le type continuait à poser ses conditions.

10 ans ont passé avant que je ne retourne à Dix Hill. J'avais une amie qui sortait avec un homme qui était devenu fou d'amour. Ils étaient en train de manger à Raleigh, dans un restaurant de fruits de mer très fréquenté, lorsqu'il fut pris de l'envie irrépressible de bombarder la table voisine de beignets de pommes de terre. On appela le gérant et une altercation s'ensuivit. On se rendit alors compte que le pauvre bougre avait déjà été placé en institution par le passé, dans un hôpital du côté de Pittsburgh.

Un gardien nous a entraînés à sa suite à travers une succession familière de portes verrouillées, et le jeune homme a fait son apparition. Son visage était bouffi sous l'effet des drogues, et sa langue pendait hors de sa bouche, épaisse et couverte d'écume comme un pain de savon. Mon amie restait convaincue qu'après une cure de repos et avec de la bonne volonté, il s'en sortirait.

– Le gérant du restaurant n'a eu que ce qu'il méritait, le rassurait-elle en lui prenant la main. Ce fils de pute va nous payer ça tôt ou tard. La seule chose qui nous importe, c'est que ton état s'améliore.

Elle a caressé ses bleus.

– Tu vas mieux maintenant, Danny. Tu m'entends ? Tu vas mieux.

J'aime les garçons

La décision est tombée peu avant notre entrée au lycée : à compter de l'automne, les écoles du comté allaient devoir se soumettre à la nouvelle loi d'intégration raciale et mettre un terme à toute forme de discrimination dans les transports scolaires. La prof d'espagnol nous a annoncé la nouvelle comme si nous la devions à sa beauté et à sa générosité.

– Je m'en souviendrai toujours, dit-elle en exhibant les accroche-cœur autour de son faciès grossier et replet. C'était à la foire. Je faisais la queue devant un marchand de glaces. Soudain, une petite fille de couleur s'est précipitée sur moi et s'est mise à tirer sur ma jupe en me suppliant de lui permettre de toucher mes cheveux. « Rien qu'une fois. Une seule fois, ça me portera bonheur. » D'accord, vous n'avez qu'à penser ce que vous voulez de vos cheveux, mais pour moi, ils sont d'une importance capitale.

Les élèves ont secoué la tête en signe d'approbation : pour eux aussi les cheveux étaient d'une importance capitale. Curieux de connaître le fin mot de l'histoire, tous se penchèrent en avant. La petite Négresse portait-elle un rasoir dissimulé quelque part ? Était-elle de ces fauteurs de troubles à la recherche d'un scalp de femme blanche ?

J'étais médusé par leur naïveté devant les anecdotes que

racontait cette bonne femme ; comme toujours, elles concernaient uniquement sa petite personne.

– Je me suis alors assurée que cette petite fille de couleur n'avait pas les doigts pleins de sucreries, puis je me suis baissée pour la laisser toucher mes cheveux.

Subitement, les yeux de la prof se sont mis à briller de cette lueur à la fois distante et candide qu'elle réservait aux instants à marquer d'une pierre blanche dans nos mémoires.

– Ensuite, la petite fille café-au-lait a posé la main sur ma joue et elle a dit : « J'aimerais bien être blanche et jolie comme vous ! »

Assise sur le bord de son bureau, elle a observé une pause, redressé le dos comme si elle posait pour un portrait commandé par le gouvernement des États-Unis en vue de frapper un timbre à l'effigie de la vaillance.

– Par conséquent, a-t-elle conclu, s'il y a une chose au monde que vous ne devez jamais oublier, c'est que ces gens de couleur aimeraient être blancs.

J'étais sidéré. Quelque temps auparavant, la même prof nous avait annoncé sa grossesse :

– Je prie le Ciel pour que mon premier bébé soit un garçon. Je voudrais un garçon. Par la suite peut-être, j'aurai une fille, parce que si l'on procède dans l'ordre inverse, il y a de fortes chances que le garçon soit un peu bizarre.

– Comment ça, bizarre ? lui ai-je demandé. Vous voulez dire qu'il risque de naître sans bras ni jambes ?

– Ça, ce n'est pas bizarre, c'est tragique, et toi, mon petit monsieur, tu aurais mieux fait de la boucler au lieu d'avancer des choses aussi cruelles et monstrueuses. Non, quand je dis bizarre, je pense aux gens qui... (elle a cassé son poignet en arrière, la main au niveau de l'oreille)... j'entends par bizarre un homme qui se comporte de cette façon bizarre-là.

Puis elle a chaloupé, à petits pas délicats, d'un bout à l'autre de la classe. Malheureusement, elle ne parvint guère à illustrer son propos puisque c'était plus ou moins sa propre démarche qu'elle imitait; avançant à petits pas sautillants, le dos raide, on avait l'impression qu'un objet d'une grande valeur trônait en équilibre au sommet de sa tête vide. Toutefois, le prof de maths réussit à nous présenter une version bien plus remarquable du phénomène. Arrachant un sac à main du dossier de la première chaise à portée de sa main, il a traversé à pas maniérés la salle, battant frénétiquement des cils tout en distribuant de loin des baisers de la bouche aux garçons assis au premier rang :

– Ce que vous êtes chou, si chou ! minaudait-il.

De peur d'attirer l'attention sur moi, je me contentai d'imiter les huées et les braillements des autres élèves. Seulement, l'idée ne cessait de me hanter : C'est de moi qu'il parle. La prochaine fois que je m'aviserais de me moquer de qui que ce soit, je devrais m'attendre à être payé en retour, ce qui me semblait parfaitement légitime. Néanmoins, il me semblait difficile de leur permettre de s'en tirer à si bon compte. En termes de mise en scène, nos profs étaient tous complètement nuls, sans exception. Zéro. Si au moins ils arrivaient à remplir ne serait-ce que leur propre rôle...

– Mais regardez-vous donc ! gueulait le prof de gym par-dessus le crissement de ses baskets sur le parquet du gymnase. Espèces de femmelettes, bande de pédés danseurs de claquettes !

Les garçons se contentaient de hausser les épaules et de sourire, la tête basse. Ces mecs réagissaient comme si on venait de les traiter de vampires ou de bouddhistes ; certes, il y avait là matière à injure, mais qui au juste les aurait jamais pris pour ce qu'on les accusait d'être ? S'ils avaient passé le plus clair de leur temps à psalmodier, en toute discrétion dans leur temple au fond du jardin, ou s'ils avaient dormi toutes les nuits à l'intérieur d'un cercueil, ils auraient pu comprendre quelle torture on pouvait endurer par crainte d'être découvert d'un instant à l'autre.

Jusque-là, je n'avais jamais fait quoi que ce soit de répréhensible avec un autre mec, et je priais littéralement le Ciel pour que cela ne m'arrive pas. J'avais beau donner libre cours à toutes sortes de fantasmes, une chose était sûre : rien ne saurait être plus affreux que de les exposer sur la place publique. D'ailleurs les homosexuels, on les voyait de temps à autre à la télé, notamment dans les talk-shows de l'après-midi. Personne ne se serait jamais avisé de les traiter de pédés, mais n'importe qui aurait pu le deviner au son de leur voix, qui caressait l'animateur dans le sens du poil et témoignait un respect disproportionné aux autres invités sur le plateau. Ces célébrités étaient justement celles à qui on ne demandait jamais de nouvelles de leur vie privée ; c'étaient des acteurs qui portaient des foulards et une moumoute, ou qui aplatissaient leur visage bouffi du plat de la main dans l'espoir d'éliminer leurs cernes. Maman appelait ça « le lifting du pauvre. » En effet, même sapés à quatre épingles, ces types nous donnaient toujours l'impression de crever de chaleur, d'être désespérés, constamment disposés à faire le pitre pour récolter les applaudissements du studio, qu'ils semblaient prendre pour de l'amour et de la tolérance. Je retrouvais quelques-uns de mes plis dans leur élocution empreinte de fausse lassitude, leur façon de croiser les jambes et de rire de leurs propres blagues. J'imaginais leur maison : la disposition savante des tapis et des canapés d'angle, les revues soigneusement étalées en éventail sur les tables basses, sans femme ni gosses pour les déranger. Des revues pornographiques étaient sans doute enfouies au fin fond des placards et je me surpris à penser avec horreur au jour où, impuissants et en larmes, ils seraient appréhendés par la police et emmenés, menottes aux poignets, sous l'œil vengeur du jeune adolescent baignant sous les projecteurs des caméras de télé qui ne cesserait de hurler : « Oui, c'est bien lui ! C'est lui qui m'a caressé les cheveux ! »

Il ne me restait plus qu'un secret espoir : gagner au plus tôt un concours récompensé en argent liquide, avec lequel je pourrais consulter un psychanalyste assez efficace pour me libérer de mes instincts homosexuels. J'étais prêt, s'il le fallait, à payer de ma personne : électrochocs, lobotomie, hypnose, n'importe quoi. Avec le soutien d'un bon médecin, j'étais sûr d'y arriver en y mettant un peu du mien. Du moins, j'en pris l'engagement.

Mes parents connaissaient un couple dont le fils, roulant un jour en état d'ivresse, avait écrasé un pasteur presbytérien. Ils avaient des amis dont la fille aînée avait, quant à elle, arrosé un gâteau Bundt avec du Monsieur Propre, et ils se rappelaient même une fille qui, après s'être défoncée à l'essence de térébenthine, avait immolé par le feu le cocker de ses parents. Mais j'avais beau y gamberger, ils n'avaient jamais fait allusion à un quelconque homosexuel parmi les fils de leurs amis, et la coïncidence me parut plus que frappante ; seulement, le message, si bizarre fût-il, était toujours le même : en clair, la pire des calamités qui puisse atteindre quelqu'un était celle-là et, comme si le poids de cette angoisse quotidienne n'était pas pour moi assez lourd à porter, mes enseignants ne manquaient pas la moindre occasion pour me lancer des piques mesquines. Tout de même, si mon prof de math avait pu réduire la dose d'alcool contenue dans son régime alimentaire, il n'aurait pas été forcé de quitter son équipe de football américain ; quant à ma prof d'espagnol, autant que je sache, la seule référence qu'elle possédait dans son domaine, elle la devait à un week-end prolongé à Tijuana. En conséquence, je résolus de me passer et de leurs examens et de leurs devoirs à la maison, préférant collectionner les zéros plutôt que de les laisser me donner de bonnes notes, ce qui ne servirait qu'à une chose : renforcer leur réputation de professeurs accomplis. Cette stratégie ne causait de tort qu'à moi-même, mais je demeurais persuadé qu'elle était habile et, par conséquent, payante. Les garçons que j'avais déjà identifiés comme homosexuels avaient tous leur méthode personnelle d'autoflagellation. Hormis une minorité d'élèves venant d'autres écoles, je les connaissais pratiquement tous depuis la maternelle. Nous avions passé des années à l'intérieur des mêmes cellules de béton où, à tour de rôle, des orthophonistes tentaient de guérir notre zézaiement. S'il y avait eu aussi un spécialiste de la démarche, nous nous serions certainement retrouvés dans ses séances. C'étaient toujours les mêmes garçons qui récoltaient des notes lamentablement truquées au cours de gym alors qu'en anglais, ils se disputaient la priorité pour lire à haute voix un extrait de *Jody et le Faon* ou encore de *Sa Majesté des Mouches*. Nous nous étions reconnus depuis longtemps ; nous avions compris que, par la faute de tout ce que nous avions en commun, nous ne pourrions jamais devenir amis. Le seul fait de discuter ensemble aurait trop attiré l'attention. Nous faisions partie d'un club secret qui était fondé sur le dégoût de soi. Quand un prof ou un camarade de classe se moquait d'un homosexuel, je veillais bien à rire plus fort que tout le monde. Quand quelqu'un s'amusait à jeter les vêtements d'un membre du club dans les toilettes des vestiaires, j'étais toujours le premier à applaudir. Quand c'étaient mes vêtements, je voyais le visage des amis du club prendre la reconnaissable expression du soulagement. « Pédés », pensais-je. « C'est à vous que ça aurait dû arriver. »

Dès l'ouverture du débat sur le nouveau système d'intégration scolaire, la plupart des professeurs semblaient subitement souffrir de démangeaisons sous les aisselles. Étirant la bouche pour laisser voir des dents qui mâchonnaient du chewing-gum, ils se mettaient alors à produire des bruits à la manière des singes, une litanie inepte de « oooh ! » et de « aaah ! » qui voulaient nous convaincre que notre établissement n'aurait bientôt plus rien à envier à la jungle. Si un vrai singe s'était trouvé dans l'assistance, je parie qu'il aurait pris leurs gesticulations pour des signes de panique. De toute façon, ce qui les contrariait ne pouvait que m'apporter de la joie et, au fond, je doutais qu'ils fussent en mesure de camper sur leur position jusqu'à l'automne. Il me suffisait de regarder la télé pour comprendre que les *Nègres* ne se laisseraient pas rouler dans la farine. C'était un peuple qui avait l'air de se serrer les coudes. Ils savaient se battre et je me frottais déjà les mains à la seule pensée que, le jour de la rentrée, une vraie bataille se déroulerait dans l'arène, avec des gladiateurs, ce qui nous laisserait un peu de répit, à nous autres.

À la fin de l'année scolaire, Lisa et moi fûmes exceptionnellement libérés de nos jobs bénévoles pour un voyage en Grèce. Un camp d'été de jeunes, un mois durant, avec comme argument publicitaire : « Le Joyau de la Couronne de la Mer Ionienne ». Ce camp était exclusivement réservé aux Américains d'origine grecque et proposait des activités qui allaient du « Chant traditionnel » à des trucs du genre « La Prière religieuse et le Drapeau ». Bien que je tienne en horreur les camps de vacances, je me réjouissais à l'avance de la perspective de me vanter d'être allé en Europe. « Ça vous change un homme, c'est moi qui vous le dis », avait déclaré notre voisine. De retour d'un voyage à Saint-Tropez, elle avait jalonné son jardin d'une myriade de minuscules drapeaux de tous les pays. Naguère si réservée et effacée, elle y déambulait désormais avec pour tout vêtement un bikini aux couleurs flamboyantes et des sabots. « L'Europe, c'est la meilleure expérience au monde, surtout si on adore le vin ! »

Pour moi, l'Europe était d'abord et surtout une occasion sans précédent de me réinventer. Certes, je continuerais peut-être par la suite à produire la même impression sur les gens ou bien à parler de la même manière, mais une fois que j'aurai foulé les rues pavées, je serai considéré comme un citoyen du Vieux Continent. On murmurerait dans mon dos : « Il a même un passeport, tu te rends compte ? Grouille, on va se planquer sinon c'est la honte ! »

J'avais caressé l'espoir de rencontrer une copine en Grèce, de préférence une touriste française, venue se balader sur la plage avec une baguette de pain sous le bras. Ainsi, avec Lisette, la preuve serait enfin établie : je ne suis pas homosexuel, seulement j'ai des goûts raffinés. Je nous voyais déjà, debout main dans la main sur fond d'Acropole, la fille me conjurant de garder son accordéon en gage de notre amour, tandis que je la consolais en essuyant ses larmes : « Allons, chérie, ne sois pas stupide. Donne-moi juste ton béret, et ton souvenir restera à jamais vivant dans mon cœur. »

Et si personne ne voulait croire à mon histoire, ma sœur témoignerait pour moi. Certes, Lisa et moi n'étions pas dans les meilleurs termes mais j'étais persuadé que les eaux chaudes de la Méditerranée ferait fondre le glaçon qu'elle semblait confondre avec son thermomètre rectal. Confrontée à un univers étranger, elle n'aurait pas d'autre choix que d'accepter ma compagnie.

Papa nous accompagna jusqu'à New York, où nous rejoignîmes nos camarades du camp de vacances dans la salle d'attente du vol charter pour Athènes. Ils étaient une bonne centaine à faire la fête là-dedans, l'air sûrs d'eux, à se lancer bruyamment à travers la pièce les sacs à dos que les Aegean Airlines leur avaient gracieusement offerts. C'est probablement ainsi que je me comporterais à mon retour du camp, mais rien qu'à ce moment-là, pas avant. Si cela avait été un camp strictement réservé aux jeunes filles, j'aurais pu faire preuve d'un peu plus d'enthousiasme. On m'aurait envoyé extraire des sangsues du dos d'une horde de Pygmées assoiffés de sang que j'aurais manifesté plus de bravoure – non, passer un mois entier dans un dortoir plein de garçons, c'était décidément trop me demander. Je m'efforçais d'éloigner de moi cette idée mais, confronté de force à leur turbulente présence, je me sentis glisser au fur et à mesure dans l'hystérie. Mes tics nerveux franchirent aussitôt toutes les bornes admissibles, et une petite foule se rassembla pour admirer ce qu'ils prenaient pour une danse folklorique de quelque tribu perdue. Si ma sœur éprouvait une certaine appréhension au sujet de notre voyage, elle le dissimulait à la perfection. Se dégageant de l'emprise de mes doigts sur son poignet, elle traversa la salle et fut s'adresser à une fille qui était en train de récupérer des cigarettes à peine entamées dans un cendrier. C'était une fille originaire du Queens qui avait un air de dure et qui devait s'appeler Stefani Criscardiakidès ou Testiculidès, je ne sais plus. Tout ce dont je me souviens, c'est que son nom de famille lui avait assuré un destin chargé de rancœur pour toujours. Stefani portait ces lunettes de soleil en miroir comme les pilotes et un énorme peigne dépassait de la poche arrière de son jean taille basse. De toutes les filles de la salle, c'était la candidate la moins empressée à se lier d'amitié avec ma frangine. Elles s'assirent tout de même côte à côte dans l'avion et, le temps que nous débarquions à Athènes, Lisa avait adopté l'accent abominable des mômes du Queens. Tout au long du vol interminable, alors que je m'étais tapi dans un coin à côté d'un garçon du nom de Spermarin, Lisa avait mis le temps à profit pour passer par une radicale transformation physique et culturelle. Ses cheveux tombant sur les épaules avaient été séparés en deux par une raie sur le côté, et couvraient désormais le côté gauche de son visage comme si elle voulait cacher une cicatrice disgracieuse. Elle n'arrêtait pas de jurer et de cracher, souillant la vitre du bus affrété comme si elle était venue en Grèce avec la seule intention de donner un coup de pied dans la fourmilière.

– T'as vu ce bled pourri ! braillait-elle, putain de bordel, des fois que j'aurais su qu'y ferait si chaud, je serais restée peinarde à la baraque à me foutre la gueule dans le four, hein les filles ?

Bien que mort de honte de voir ma frangine s'efforcer de prendre ainsi un accent qui ne faisait que la déshonorer, je me contentais de la féliciter silencieusement pour son effort. J'entamai mes premiers travaux d'approche dès que nous parvînmes au camp, une grappe de bâtiments blanchis à la chaux agrippés à un coteau désolé, et situés à distance respectable du dernier village connu.

– Écoute-moi bien, crâne de piaf, tant que nous serons ici, t'as intérêt à pas m'adresser la parole, pigé ? Et tu m'as jamais vue, jamais, de toute ta chienne de vie, d'accord ?

On aurait dit que Lisa auditionnait pour un rôle dans la troupe de *West Side Story* : elle gardait une main posée sur sa hanche tandis que l'autre apprêtait son peigne de poche comme garder un canif.

Une de ses nouvelles copines l'a interpellée :

– Hé, Carolina !

– Minute ! a-t-elle gueulé en retour. Bouge pas, je m'amène.

Lisa ne m'a plus jamais adressé la parole au camp. Elle s'adapta avec une facilité remarquable, tandis qu'une voix au fond de mes tripes me susurrait que je ne m'en sortirais pas avec autant de panache. Le camp a duré un mois, au cours duquel mes intestins me fichèrent royalement la paix. Les toilettes chez nous m'avaient habitué à une telle intimité que je ne pus jamais me résoudre à utiliser les boxes des hommes, de crainte que quelqu'un ne reconnaisse mes chaussures ou, pire encore, ne les remarque pas assez tôt et pousse la porte à l'improviste. S'asseoir trois fois par jour pour avaler d'indigestes plats grecs devint un exercice aussi dangereux que de porter un flingue. Bien que je fusse plus d'une fois tenté de m'esquiver discrètement lors d'une excursion à travers la campagne environnante, les gogues m'en dissuadaient : elles se réduisaient à un simple trou dans le plancher, un trou que j'aurais réussi à combler d'un seul coup. J'ai donc envisagé l'hypothèse de la mer Ionienne mais, pour je ne sais quelle mystérieuse raison, le règlement nous interdisait de nous baigner dans ses eaux. Nous disposions d'une piscine olympique au camp, alimentée à l'eau de mer, qui a réveillé très vite nos soupçons en raison des morceaux de méduses qui avaient été pulvérisés par la pompe aspirante. Leurs minuscules tentacules marquaient de zébrures la peau des campeurs. Peu après notre arrivée, nous fûmes par conséquent informés que nous avions le droit de photographier la piscine et la mer, à condition de ne jamais nous baigner ni dans l'une ni dans l'autre. Les Grecs avaient inventé la démocratie et bâti l'Acropole, mais ils avaient dû s'arrêter là. Notre séance de natation fut remplacée par une heure de « Méditation » pour les filles et d'« Entraînement intensif de football » pour les garçons.

– Je pense sincèrement qu'il vaudrait mieux que je me mette à la méditation, ai-je dit à notre entraîneur en massant mon ventre ballonné. J'ai actuellement un problème personnel qui commence sérieusement à me peser.

Comme nous étions les premiers – et pour la plupart des Américains –, le camp rappelait plutôt une annexe de notre école, à la différence que là, tout le monde avait une surcharge de grains de beauté et des sourcils en un seul tenant. Forts de leur avantage, les sportifs invétérés menaient la barque, décrochant les faveurs de l'encadrement et perturbant nos séances hebdomadaires de cinoche en plein air avec leur chahut idiot. De temps à autre, le bus de location nous emmenait visiter l'une des multiples merveilles du pays. Nous faisions alors des razzias sur les boutiques de souvenirs, fauchant tout ce qui n'avait pas été enchaîné aux étalages ou mis sous clé dans une vitrine : bagues bon marché en plaqué d'on ne sait quoi, chopes d'un demi-litre, petits souliers à pompons et tasses à café, sur lesquels on lisait : « SPARTE, LE PARADIS DES AMOUREUX ». Le vol à l'étalage était le seul domaine dans lequel je battais les autres garçons. J'ai fini par jouer les conseillers : « Écoute, tu le tiens comme ceci, ensuite tu te retournes et, par-derrière, tu glisses la statuette de Diane dans ton dos, à l'intérieur de ton short, puis tu la couvres avec ton tee-shirt. N'oublie surtout pas de sortir de la boutique à reculons et, attention, n'oublie pas, dis toujours au revoir. »

Dans le camp, il y avait un seul garçon susceptible de s'entendre avec moi. Il était originaire de Detroit et s'appelait Jason. Il dormait sur la couchette en dessous de la mienne. Jason avait tendance à détourner son regard à chaque fois qu'il s'adressait aux autres garçons et ses yeux se posaient alors çà et là comme s'il se demandait quel temps il faisait. Comme moi, il passait son temps libre recroquevillé en position fœtale, les yeux fixés sur son calendrier de chevet, dont il avait déjà rayé d'une croix tous les jours qu'il avait subis jusque-là. Un matin, nous terminions notre corvée quotidienne de lavage et de rinçage, de 7h15 à 7h45, lorsque notre surveillant de dortoir a débarqué pour sa tournée d'inspection en hurlant :

– Mais qu'est-ce que c'est que ce foutoir? Vous êtes même pas capables de faire vos lits ou quoi? Bande de pédés!

Je n'ai pu retenir un énorme éclat de rire devant sa stupidité. Qui pouvait mieux faire son lit qu'un pédé? Non, ceux qui auraient mérité ses engueulades se trouvaient ailleurs. Aussi, Jason se mit à rigoler à son tour. C'est ainsi que nous prîmes l'habitude, lui et moi, de nous moquer du surveillant, nous traitant mutuellement, dans un premier temps, de «pédé», ensuite, de «sale pédé». Vinrent ensuite les «fainéants de pédés», les «bronzés de pédés» avant de finir par ces «pédales de pédés». Nous ne pouvions pas protester quand on nous traitait de pédés car cela aurait voulu dire que nous nous sentions visés. Le moins que nous puissions faire, c'était de considérer cela comme une grosse blague, c'est tout. Mais pour redonner à ce mot tous ses glorieux clichés, nous nous amusions tous les deux à nous dandiner d'un bout à l'autre de la pièce à petits pas maniérés, en l'absence des autres campeurs. Du jour au lendemain, je me rendis alors compte que ma prestation dans ce domaine surpassait celle de mes professeurs, qui avaient négligé l'aspect à la fois démentiel et téméraire inhérent au rôle. *Tapette*. Les gens désignait par ce terme rude et impitoyable tous ceux qui étaient trop fragiles ou trop idiots pour résister à leurs instincts. Jason et moi utilisions le mot pour plaisanter, puis pour nous accuser, et enfin pour nous mettre au défi. De plus en plus souvent, au beau milieu de la nuit, j'entendais tanguer nos lits superposés : soit Jason se masturbait, soit il battait des œufs pour se faire une omelette. Pensait-il à moi en ce moment? Je me suis alors mis à suivre son exemple et, le lendemain matin au réveil, je constatai que l'armature métallique du lit s'était éloignée du mur de cinquante bons centimètres. Notre foi était donc capable de soulever des lits.

Toutefois, à défaut de volonté, nous ne pouvions nous reposer que sur le hasard pour nous tenir à distance l'un de l'autre. Nous eûmes beau nous dire : « Non, tu ne peux pas faire ça », les ressorts de nos lits persistaient à nous implorer : « Si, rien qu'une fois, juste une toute petite fois ». Arriva enfin un après-midi où, tous deux en retard pour le salut au drapeau, nous nous retrouvâmes seuls dans le dortoir. Ce qui commença par un échange d'insultes se transforma en échange de gifles où nous feignions la colère. Nous nous livrâmes une bagarre sans merci sur la couchette inférieure du lit. Mais contre toute attente, c'était à qui de nous deux prendrait le dessous le premier. « Pauvres gosses, vous croyez avoir inventé le sexe, hein ! », avait coutume de soupirer Maman. Et alors, n'était-ce pas vrai ? Sans le moindre manuel d'explication à portée de la main ni un stage d'entraînement accéléré dans un centre fédéral, ne nous en étions-nous pas tirés avec le sentiment d'avoir mis au jour quelque chose d'un modernisme inégalé à ce jour ? C'est ainsi que l'acte qui avait le don de précipiter les autres dans une hilarité inextinguible produisit en nous une culpabilité mortifiante. Jason et moi finîmes par nous sauver du dortoir comme si, durant nos tripotages, nous avions contracté un virus auquel nous pourrions encore, à condition de courir assez vite, échapper. Si l'un des surveillants ne m'avait surpris en train d'escalader la clôture ce jour-là, je serais sans doute rentré d'une seule traite à Raleigh, rasant les eaux de l'océan comme ces lézards que l'on voit souvent dans les documentaires télé sur la vie des bêtes.

Le jour où ils pincèrent une campeuse de 16 ans qui s'envoyait en l'air avec l'un des chauffeurs d'autocar grecs, ils la mirent au piquet sous le mât du drapeau, en guise de punition, vêtue d'un pantalon et d'un gros pull-over. Tout le monde l'a regardée cuire au soleil brûlant jusqu'à ce que, entièrement rôtie, elle s'effondre sur le trottoir avant de tomber dans les pommes.

– Voilà ce qui arrive aux gens qui passent leur temps à couchailler, a averti le surveillant-chef.

Déjà pour une histoire entre un mec et une nana, cela me semblait cher payé ; alors, s'il s'agissait de deux mecs, la sentence irait assurément jusqu'à l'usage de barbelés, d'un attelage de baudets et, pour le coup de grâce, le volcan le plus proche. Toutefois, rien n'égala la cruauté et les humiliations que Jason et moi ne tardâmes pas à nous infliger. Il répandit une rumeur selon laquelle j'aurais fait main basse sur la coquille dont se servait un gars du camp pour se protéger au football, et que je m'en couvrais la bouche à la manière d'un masque de chirurgien. En représailles, je contre-attaquai en proclamant qu'il m'avait confessé son désir de devenir danseur. « Tu parles ! Vous n'avez encore rien vu ! a-t-il tonné devant la foule assemblée. Regardez ce que j'ai trouvé sur le lit de David ! » Il a fouillé la poche de son short de tennis et en a tiré une feuille d'agenda sur laquelle était écrit : « J'AIME LES GARÇONS. » Présenté comme pièce à conviction, le document me parut à la fois grotesque et lamentable. Dans quel but aurais-je pu rédiger ce mot ? Pour me le rappeler de peur que je ne l'oublie ? Ou peut-être avais-je l'intention de jouer les hommes-sandwiches en le trimballant sur mon dos à longueur de journée, histoire de révéler au grand public mes tendances la prochaine fois que nos autocars de location nous emmèneraient à la campagne pour des jeux amoureux encore plus torrides ?

J'AIME LES GARÇONS.

Il tenait le bout de papier au-dessus de la tête, et le faisait tourner lentement autour de lui pour s'assurer que chacun l'avait bien lu. Je me dis que, à l'origine, il avait sans doute projeté de glisser cette feuille dans mon lit pour que l'un des surveillants la découvre. Seulement, en la dévoilant de son propre chef, il avait foiré l'effet de surprise tant espéré. Au lieu de me flanquer une dérouillée avec des bâtons ou des sabots, les autres mecs se sont seulement dispersés en grommelant. Il leur semblait louche que Jason ait choisi de planquer le truc dans sa poche quand il l'avait découvert. Il avait suscité autant d'indignation que s'il leur avait présenté un étron éclatant de fraîcheur : « Tenez ! Vous avez vu ce qu'il a fait ? » En utilisant le document à des fins aussi malhonnêtes, il est devenu suspect, donc coupable. À force de se rejeter le discrédit l'un sur l'autre, nous n'avions réussi qu'à exacerber l'animosité qui régnait entre nous.

Jason ! Son nom même me paraissait emprunté. Aux heures des repas, je l'observais de loin. J'étais là, à transpirer à grosses gouttes sur mon assiette, l'estomac noué et embarrassé, alors que c'était lui qui était plein de merde. Il m'avait piégé, il avait dû me jeter un sort ou glisser subrepticement quelque chose dans ma bouffe. Je ne le quittais pas des yeux pendant qu'il roucoulait avec une nana du nom de Theodora, lui tenant ostensiblement la main durant la projection de *A Lovely Way to Die*[1], une de ces fresques préhistoriques que le surveillant-chef nous forçait à digérer comme film de la semaine.

Au fond, elle n'était pas si antipathique que ça, la Theodora. Cette nana aurait même pu atteindre un niveau de jugeote et d'entendement à peu près convenable si les médecins avaient découvert le moyen de greffer la cervelle d'un veau dans un crâne humain. Je me mis donc à mon tour à la recherche d'une copine, mais il y avait un hic : la seule candidate au rôle avait été renvoyée chez ses parents après une chute sur les marches du Parthénon qui avait causé de graves dommages à sa chaussure orthopédique.

Quant à Jason, son affection pour sa copine ne désarmait pas. Tous deux ne cessaient de gambader çà et là pendant les visites des ruines, se photographiant à tour de rôle tandis que, seul dans mon coin, je contenais ma rage devant leurs câlins. Ma jalousie était doublement exaspérée par la certitude qu'il était sans doute guéri. À peine avait-il goûté à ma chair que, comme

---

[1] Film de David Lowell Rich de 1968, avec Kirk Douglas. *(N. d. T.)*

par enchantement, tous les symptômes de son mal avaient disparu.

Le camp de vacances terminé, je repris le chemin de retour, le cul serré. Aussitôt rentré, je laissai tomber mon balluchon chargé de souvenirs volés et me précipitai à la salle de bains, où je passais les jours suivants assis sur la cuvette des chiottes, à étudier le reflet de mon visage dans le miroir : J'AIME LES GARÇONS. Les mots étaient profondément marqués dans les traits mêmes de mon visage. Il n'y avait plus le moindre doute : j'étais du métier, et ça se voyait.

J'ai repris mon job bénévole à l'hôpital psychiatrique, offrant en récompense aux patients les plus récalcitrants des cigarettes grecques au goût âpre.

– Pédé ! a crié une bonne femme en plongeant sur ses pommes de pin pour les protéger. Je te préviens, ne pose pas tes sales pattes de pédé sur mes émetteurs radio.

– Ne t'occupe pas de Mary Elizabeth, m'a dit le garçon de salle. Elle est complètement givrée.

Peut-être pas si givrée que ça, pensai-je en portant l'une de ses pommes de pin à mon oreille. Si elle avait pu deviner mon homosexualité, elle était peut-être sur la voie de la guérison.

En embarquant à bord du vol retour de New York à Raleigh, Lisa avait réarrangé sa coiffure, laissé tomber son accent du Queens avant de m'interpeller gaiement :

– Eh, dis-moi, c'était vraiment génial, non ? Qu'est-ce que t'en penses ?

En moins de 5 minutes, elle s'était débarrassée des derniers vestiges de son interlope personnage européen. Pourquoi n'y arriverais-je pas, moi ?

Vers la fin du mois d'août, mon nouvel emploi du temps tomba au même moment qu'une nouvelle fraîche : je n'irais plus au lycée en autocar. À l'exception de Raleigh, où les changements s'accomplissaient dans un climat pacifique, des scènes de violence avaient eu lieu dans d'autres villes et comtés, et les événements avaient fait tache d'huile jusqu'à Boston. Au demeurant, les élèves n'étaient pas les seuls à changer d'établissement, les professeurs aussi. Mon nouveau prof de sciences, un Noir, mettait un point d'honneur à arpenter la salle de classe d'un bout à l'autre en se foutant de la gueule de tout le monde, d'Albert Einstein à l'animateur surfait d'une célèbre émission de télé pour enfants. De même, les autres professeurs, blancs ou noirs, portaient le ridicule à bout de bras comme un rameau d'olivier. « Vous voyez, déclaraient-ils, voilà au moins une chose que nous possédons tous en commun, la preuve que nous sommes tous frères, quelle que soit la couleur de la peau. »

Le virus de la scène

Le type avait été dépêché dans notre classe pour redynamiser les élèves et, personnellement, j'avais été abondamment servi. D'entrée de jeu, après avoir décliné son identité avec une désinvolture confinant au génie, il s'était dirigé vers le fond de la salle, où il ne parvint jamais : à mi-chemin se dressait ce que nous finîmes par nommer « le mur invisible », cette barrière transparente que seuls savent percevoir les psychotiques, les toxicomanes et les stars du showbiz.

Paralysé, je restai muet sous le charme tandis que le type s'arc-boutait et se mettait à tâtonner au hasard, de la paume de la main, le mur fictif, caressant la surface apparemment solide dans l'espoir de découvrir une brèche. Par la suite, ahuris, nous le vîmes tirer sur une corde invisible, avant d'affronter avec témérité de mystérieux éléments déchaînés.

Il est facile de réaliser que l'on vit dans un bled perdu quand on arrive au collège sans jamais avoir vu un spectacle de mime. Mon opinion était arrêtée : cet homme était plus qu'un prophète. Un génie. Un pionnier dans l'art du divertissement. Et dire qu'il était là en chair et en os, sous nos yeux ébahis, à Raleigh, en Caroline du Nord ! Quand il se mettait à imiter notre prof, avec les commissures des lèvres qui s'affaissaient tandis qu'il farfouillait dans son sac à main fantôme à la recherche d'un chewing-gum ou d'un comprimé d'aspirine, c'était à se rouler par terre. Non, le mec était vraiment trop, quoi !

Aussitôt rentré le soir, je m'empressai de démontrer le « mur invisible » à mon petit-frère, qui n'avait alors que deux ans. Écœuré, il a commencé à marteler des poings le vrai mur, poussant des cris et des gémissements à l'intérieur de son parc. Harassée, Maman m'a demandé ce que j'avais bien pu inventer pour le mettre dans cet état. En guise de réponse, j'ai levé les bras au ciel d'un air innocent. Ensuite, les baissant précautionneusement, j'ai posé par terre, à mes pieds, le bébé fantôme, avant de lui tapoter le dos pour qu'il fasse son rot. Comme je me préparais à contrôler sa couche-culotte sale, je me suis aperçu que le visage de Maman avait revêtu le masque qu'elle réservait aux moments d'indicible horreur. De toute mon existence, je ne l'avais vue dans cet état que deux fois : la première fois, quand elle s'était retrouvée sur la trajectoire d'un cochon enragé qui chargeait ; la seconde, quand je lui avais demandé de m'acheter un blazer de velours couleur pêche avec le pantalon assorti.

– Je ne sais pas qui t'a entraîné dans cette galère, dit-elle, mais je t'en donne ma parole : je te crèverai de mes propres mains plutôt que de te laisser devenir clown. Alors si t'as l'intention de passer ta vie à te peinturlurer le visage et à te contorsionner sur la place publique, t'as intérêt à te trouver tout de suite une autre maison parce que je préfère encore mourir que d'accepter de telles conneries sous mon toit.

Elle a tourné les talons avant de préciser :

– Même pas dans mon jardin.

Terrorisé par ces mesures de rétorsion, j'obtempérai. C'est ainsi que, avant même de l'avoir commencée, ma carrière de mime s'acheva dans les larmes au lieu des applaudissements muets que j'escomptais.

À son retour dans notre salle de classe quelques mois plus tard, l'acteur portait sous son manteau un justaucorps noir et une minerve couleur craie, suite à un récent accident de voiture.

L'après-midi étant consacré à la présentation des œuvres de Shakespeare, une fois de plus, je tombai complètement sous le charme de son talent. Lorsque nous nous heurtions à des termes trop compliqués, il nous suffisait de concentrer notre attention sur son visage et ses mains pour en déduire aisément que le personnage en scène manifestait non seulement une rage folle, mais une rancœur tenace. J'adorais l'animosité refoulée qui couvait sous la surface de cette langue d'apparence si belle. À mes yeux, il était simplement honteux que les gens eussent cessé de s'exprimer de la sorte, raison pour laquelle je m'engageai dans une campagne intensive visant à redonner à l'anglais élisabéthain droit de cité auprès des citoyens de Caroline du Nord.

– Si d'aventure, gente dame, vous trouviez inconvenant mon courroux eu égard à l'état pour le moins malgracieux de vos augustes quartiers, déclamai-je à Maman en passant l'aspirateur sur la moquette du salon dont elle était dans l'incapacité chronique de se soucier, toutes ces ignominieuses petites taches, qui ne sont que preuve vivante de ce qui se passe en ces lieux, n'ont pas pour unique défaut d'outrager vos concupiscents tapis mais également votre tempérament. Serait-ce donc que vous eûtes perdu l'esprit, ô femme ? Si de négliger tant vos appartements était aujourd'hui condamnable félonie, votre seigneurie devrait à sa simplicité d'esprit d'être pendue haut et court à l'arbre le plus grand en gage de pénitence pour notre haïssable déshonneur. N'y a-t-il point donc ni linge à battre ni fer prêt à servir ? Seriez-vous aveugle au point d'ignorer les assiettes en porcelaine et les vaillantes chopes qui attendent d'être lavées de tout soupçon ? Ô femme indigne, mettez-vous à l'ouvrage sans tarder plus avant, car voilà les produits de vos entrailles qui lèvent leurs poings amers, l'esprit écumant de rage et d'indignation, contraints de vous amadouer pour que sorte un dernier soupir du fond de l'antichambre suffocante de votre gorge vaine et ostentatoire. Courez, volez-y de ce pas, dépêchez-vous, scélérate !

Maman réagit comme si je l'avais fouettée avec un fil de coton tressé. Bien qu'il ne subsistât pas le moindre doute quant à mon intention, l'arme que j'avais utilisée était en revanche bizarre et inadaptée. Et vu l'état de ma chambre le lendemain, je compris tout de suite que Maman avait passé la journée à fouiller mes tiroirs à la recherche de drogue. Mes vêtements, que je mettais un point d'honneur à plier soigneusement, étaient fourrés à la diable dans leurs tiroirs sans aucun critère de rangement, ni par couleur ni par genre. Je tenais les pièces à conviction : l'odeur de cigarette et les taches rondes laissées sur mon bureau par le fond d'une tasse de café. Par le passé, j'avais accordé plusieurs fois le pardon à ma mère, mais qu'elle eût eu aujourd'hui le toupet de profaner mes tiroirs m'en avait fait une ennemie mortelle. Après avoir attaché une plume au bout de mon stylo bille, je lui dépêchai sur-le-champ une missive : « Le précieux objet de votre convoitise ne saurait point refuge trouver dans l'ordonnancement sans faute de mes quartiers, mais plutôt dans les discutables profondeurs abyssales de votre esprit. » Ensuite, je pliai le mot en deux, le scellai avec la cire des bougies à la lumière desquelles j'éclairais désormais exclusivement ma chambre, puis le glissai dans son sac à main. Je me mis à bouder, fermement déterminé à continuer tant qu'on ne m'aurait pas acheté les œuvres complètes de Shakespeare. Une fois mon souhait comblé, je fus cependant surpris par leur densité et leur complexité. Je réalisai que leur simple lecture me donnait le sentiment d'être bête mais que, pour ressentir leur puissance, il fallait les déclamer à voix haute. Je prenais surtout mon pied quand j'étais libre de vadrouiller de pièce en pièce, le bouquin à la main, notant çà et là les expressions insolites à l'aide desquelles je projetais de parfumer mon vocabulaire de jour en jour plus coloré. Chaque soir, selon mon humeur, notre dîner tournait soit à l'abomination soit au martyre.

– M'est avis, honorable sire, gente dame, chers frère et sœurs, que le poulet ci-devant, élevé à la ferme, a un goût des plus généreux et succulents, ayant mariné dans la suavité de son propre jus aussi longtemps que le vermeil astre du jour à l'heure où, au sommet de sa gloire, il achève sa course dans le ciel lie-de-vin du crépuscule mourant. Quoique croustillant, ce volatile dodu demeure juteux, tout heureux d'avoir rôti en compagnie d'aussi augustes voisins. Oyez, oyez, gens de bien, et bénissez ma parole, car m'est avis qu'il est aussi audacieux que fantasque que je pusse plonger ma fourchette sur ce poulet et en même temps sur ces carottes, dont les jus se confondent en une délicate harmonie qui flatte et réveille assurément mes papilles gustatives dans des réjouissances effrénées ! Ne serait-il pas aussi grand temps, ô père, sœurs et petit frère bienheureux, que nous levassions nos cruches bien haut pour rendre hommage à ces copieuses agapes préparées à notre intention, avec un amour et une grâce infinie, par la probe femme ici présente, et que nous avons l'insigne bonheur de désigner comme épouse, femme ou mère !

Mon enthousiasme avait outrepassé toutes les bornes. Maman se trouva bientôt obligée de me supplier littéralement de l'attendre dans la voiture lorsqu'elle descendait à la banque ou au supermarché.

J'étais en train de maudire toute la corporation des dentistes dans la salle d'attente de l'orthodontiste le jour où l'acteur repassa nous voir à l'école.

– Tu l'as raté, me dit Lois, une copine de classe. Le type avait une puissance d'évocation si extraordinaire que j'ai failli éclater en sanglots, je te dis pas. Éblouissant ! (Elle tendit les mains devant elle comme si elle portait un plateau.) Je ne sais vraiment pas comment t'expliquer ça. Il n'y a pas de mots pour le décrire. Je pourrais te parler des heures entières de la justesse de son ton que tu ne comprendrais pas. Jamais, non, jamais, au grand jamais, répéta-t-elle.

Lois et moi étions amis depuis six mois lorsque soudain notre relation prit une tournure compétitive. Je ne m'étais jamais demandé qui de nous deux récoltait les meilleures notes ou disposait davantage d'argent de poche. Chacun de nous avait ses points forts ; en conséquence, ce qui me semblait le plus important, c'était de rendre hommage à ce qui nous distinguait. Par exemple, Lois supportait mieux le Chablis, et je lui devais du respect en retour. Elle avait un effroyable excès de confiance en elle, ce qui lui permettait de parader devant l'école tout entière coiffée d'une perruque afro de couleur rouille, culot que je soutenais à cent pour cent. Elle avait plus de disques que moi et, étant mon aînée de neuf mois, elle savait également conduire, ce qu'elle faisait comme si elle fonçait éteindre un incendie. Je me disais : « C'est chouette, tant mieux pour elle. » Quant à moi, ma sagesse supérieure ajoutée à ma grande générosité innée m'avaient permis d'être sincèrement content pour Lois, jusqu'à ce qu'elle mette en doute ma capacité de comprendre le jeu de l'acteur. Pourtant, au début des séances, elle n'avait pas eu une réaction différente de celle des autres : elle s'était moquée de la minerve de l'acteur, écarquillant les yeux devant la protubérance suspecte, grosse comme une mandarine, qui distendait son collant. J'avais été le tout premier à saluer son talent, et elle avait le culot de prétendre aujourd'hui que je n'y comprenais absolument rien, moi ? M'est avis que non.

– En toute honnêteté, femme, déclarai-je à Maman en l'accompagnant au pressing, que ce négligeable ver de terre osât me parler de grandeur comme s'il se fût agi là de choses inaccessibles à mon entendement est plus que je n'en puis souffrir. Ses mots m'ont frappé le cœur avec la même violence qu'une gifle administrée en guise de punition, me laissant pantois et, par-dessus tout, hautement outragé. Mais j'en fais le serment devant vous, le temps jouera en ma faveur et, sans tambour ni trompettes, je laverai cet affront au moment où elle s'y attendra le moins. Un tel outrage ne saurait rester impuni, je vous en donne ma parole, gente dame. Ma vengeance aura des baies mûres à point, le goût suave, et de sa saveur je me délecterai longuement.

– Tu t'en remettras, a répondu Maman. En comptant une

petite semaine ou deux, je suis prête à parier que tout rentrera dans l'ordre. Bon, je vais descendre récupérer les chemises de ton père, et je veux que tu m'attendes ici sans bouger, dans la voiture. Fais-moi confiance, et tu verras : sous peu, tout ça ne sera que de l'histoire ancienne.

Elle nous servait désormais cette phrase à toutes les sauces. Après avoir procédé à une petite enquête de voisinage, elle en était arrivée à la conclusion que j'avais été contaminé par ce qu'elle désignait sous le nom de « virus de la scène. » Ma mère était persuadée que ce n'était qu'une crise passagère parmi tant d'autres. Encore quelques semaines, et je laisserais tomber cette palinodie et le showbiz, comme j'avais abandonné autrefois ma guitare ou mon agence de détective privé. Mais j'avais horreur que l'on réduise le sens même de ma vie, toute mon ambition, à un rhume ordinaire. Il ne s'agissait pas en l'occurrence d'une simple crise, mais bel et bien d'une contamination par un virus inextirpable. Il me laisserait peut-être en paix un an ou deux mais ce minuscule microbe ne me lâcherait jamais. Cela n'avait rien à voir ni avec le talent ni avec la détermination. Même si l'on s'appliquait à me décourager, je ne baisserais pas les bras, et le succès le plus fou ne suffirait pas à tarir mon ambition. Une fois le diagnostic posé, les pronostics étaient formels : j'étais en phase terminale de la maladie.

Le virus de la scène semblait frapper, de préférence, dans les rangs des juifs, des homosexuels et des grosses, catégorie dont le visage était en général enduit de masques anti-acné. Ces individus, pour une raison ou une autre, sollicitaient désespérément l'attention de la société. Par la suite, j'allais m'apercevoir qu'il était malavisé de réunir dans un lieu clos plus de deux personnes issues de ces catégories. Car la scène n'avait rien d'un espace physique déterminé. Elle était d'abord – et surtout – un état d'esprit, raison pour laquelle le mot public ne veut rien dire de moins qu'une foule de gens contraints à subir notre jeu. En définitive, nous, acteurs néophytes, n'étions qu'une guirlande d'ampoules électriques allumées vingt-quatre heures sur vingt-quatre qui épuisions non seulement notre propre énergie mais aussi celle des autres avec notre éclat autoproclamé.

J'avais le virus de la scène et Lois avait une voiture. Mettant en balance d'un côté la gravité de son outrage passager et, de l'autre, le profit substantiel que je pouvais tirer de son char à roues personnel, je me résolus, dans le tréfonds de mon cœur, à accorder le pardon à mon irrévérencieuse amie. Une représentation de *Hamlet* était programmée à l'amphithéâtre du Raleigh Rose Garden, mise en scène par le fameux acteur. Je passai un coup de fil à Lois. L'homme avait déjà prévu d'assurer en personne la mise en scène et le rôle principal, mais les autres rôles restaient à pourvoir. Nous passâmes donc des auditions. Seulement, nous étions les plus jeunes et les moins expérimentés, alors nous dûmes nous contenter, Lois et moi, du rôle des comédiens dont Hamlet se servait pour tendre un piège à son oncle Claudius. Bien que ce fût loin du rôle que j'avais espéré, je l'acceptai avec dignité et sérénité. J'avais quelques répliques non négligeables, et je me fis le serment de camper mon personnage au plus juste.

Les personnes présentes au casting frôlaient la vingtaine, voire la trentaine, et avaient déjà mouillé leurs chemises en plein air, dans des spectacles à succès comme *The Lost Colony* ou bien *Tender Is the Lamb*[1]. C'étaient de véritables pros, et je comptais bien m'inspirer de leur expérience, littéralement prosterné à leurs pieds pendant que le metteur en scène arpentait les planches, le poing levé, en sermonnant : « Hélas ! pauvre Yorick. »

Je vénérais ces acteurs. Lois couchait avec eux. Nous n'en étions pas à la deuxième semaine des répétitions qu'elle avait délaissé les bras de Fortinbras pour ceux de Laerte, lequel, m'assurait-elle, avait « une manière unique à lui de manier l'épée ». Contrairement à moi, elle avait été adoptée par les

[1] Spectacles en plein air. *(N. d. T.)*

membres les plus âgés de l'équipe. Elle participait désormais aux beuveries nocturnes avec Polonius et Ophélia et prenait le volant pour les virées au bord du lac avec le metteur en scène pendant que Gertrude et Rosencrantz se payaient du bon temps sur le siège arrière. Pis encore, j'étais littéralement mortifié à l'idée que Lois s'investisse aussi peu dans la pièce. À mon avis, son virus de la scène était plus proche de la grippe, qui n'excéderait sans doute pas vingt-quatre heures, et cependant Lois persistait. Pendant qu'elle allait jouer au billard avec Hamlet, moi, seul dans ma chambre, je me crevais à répéter mon rôle en échafaudant des subterfuges pour voler la vedette à la troupe.

Il fut décidé que les comédiens, c'est-à-dire Lois et moi, entreraient en scène en effectuant un saut périlleux. Le spectacle se déroulait en plein air et très vite, Lois présenta ses doléances : la pelouse lui irritait la peau. Après avoir soigneusement examiné l'éruption de minuscules boutons sur son dos, le metteur en scène rendit aussitôt son verdict : les comédiens exécuteraient un simple saut pour entrer en scène. Pourtant, j'avais tant répété mon saut périlleux que mon cerveau avait fini par rompre les amarres. Je l'entendais souvent ricocher contre les parois de mon crâne. Peine perdue. Sous prétexte que chacun était libre d'exprimer ses griefs, on venait à présent me demander d'effectuer plutôt un simple saut en guise d'entrée en scène ? Non content d'avoir déjà étripé tous mes textes, me laissant pour seule et unique intervention une ligne : « Oui, Seigneur », le type poussait le bouchon un peu loin. Quatre syllabes idiotes, pas plus. Même un éternuement était plus émouvant que l'ensemble de mon rôle dans la pièce. Pendant que les autres acteurs arpentaient la scène du Rose Garden, en répétant leurs soliloques vengeurs, je sautais d'un bout à l'autre du parking et m'entraînais à dire « Oui, Seigneur » d'une voix qui, au fur et à mesure, évoquait à s'y méprendre celle d'un perroquet dressé. Mais je n'étais pas au bout de mes peines. Selon Lois, même le simple saut d'entrée en scène était grotesque. Elle s'en fut discuter avec le metteur en scène, qui bénit sa perspicacité, et annonça aussitôt que les comédiens feraient leur entrée en marchant.

Moins j'en avais à dire, plus les acteurs me prenaient pour leur esclave personnel. Je les aurais volontiers aidés à apprendre leur texte, eux, mais ils n'attendaient manifestement rien de plus qu'un coup de chiffon sur leurs couronnes, ou bien une course jusqu'à la voiture pour retrouver un poignard oublié malencontreusement sur le siège arrière.

– Ah bon ? Tu n'as rien à faire ? s'inquiétait le metteur en scène. Va donc donner un coup de main à Doogan, il lui reste encore à lustrer les accessoires ! Ensuite, tu peux filer à la salle des costumes nous débarrasser de toutes ces toiles d'araignées ou bien – attends voir – tiens, fais un saut au magasin pour nous acheter à boire !

La plupart du temps, Lois restait peinarde à l'ombre, à se tourner les pouces. Non seulement elle refusait catégoriquement de m'aider, mais c'était également la première à me tendre un énorme biffeton pour une minable commande de soda light. Elle farfouillait dans son sac à main, ignorant les petits billets pour me balancer ceux de 10 ou de 20 dollars.

– De toute façon, m'expliquait-elle, j'ai besoin de monnaie. Et attention, s'ils veulent t'obliger à commander des glaçons en plus, tu leur dis d'aller se faire foutre.

Durant les pauses, elle allait papoter dans les gradins avec les membres de l'équipe tandis que je me démenais à porter des échelles aux techniciens.

Quand vint l'heure de jouer notre scène principale, Lois récita sa réplique comme si elle déchiffrait un texte sur un prompteur. Elle plissait les yeux, observant une pause entre chaque syllabe et ponctuant chaque mot d'un point d'interrogation : « ...oui ? Qui eût vu cela ? D'une langue de Fiel ? »

Si sa prestation posait un problème au metteur en scène, toujours est-il qu'il n'en laissa rien paraître. Pour ma part, je reçus des instructions formelles : je devais renoncer au pull que je portais sur les épaules, ralentir ma démarche et abjurer mon accent. S'il avait au moins réparti ses critiques sans aucune discrimination, je les aurais acceptées de bonne grâce. Hélas, cette probabilité me paraissait maigre. Car même si Lois était entrée en scène en mangeant une pizza, le visage caché derrière des lunettes de soleil, son jugement serait resté inébranlable :

« C'est bon, Lois. Super boulot, ma chérie. »

Il était donc temps que je prenne mes dispositions pour rentrer des répétitions par mes propres moyens. Lois ne pouvait plus me déposer. Elle devait constamment courir d'une bringue à l'autre ou bien dîner au restaurant avec ceux-là mêmes qu'elle nommait dorénavant la « Clique d'Elseneur ». Tout en lui faisant croire que j'avais également été invité, je m'esquivais.

– Je ne pourrai pas venir, moi. Tu sais, je dois absolument rentrer à la maison pour me concentrer sur mon rôle. Mais vas-y donc, toi. J'appellerai ma mère. Elle passera me récupérer.

– On est fâchés, on dirait, commença ma mère en garant le break dans le parking.

– Nous sommes fâchés, en effet, répondis-je. Énormément.

– Laisse tomber, me conseilla-t-elle. Dans 10 ans, je t'en fiche mon billet, tu ne te souviendras plus de ces gens. Le temps jouera en ta faveur, tu verras.

Elle fronça les sourcils, étudiant son reflet dans le rétroviseur.

– Il suffit de forcer un peu sur l'alcool, et le tour est joué. Tu sais, les gens arrivent à oublier pas mal de choses. Ne te bile pas pour ça. Quoi qu'il en soit, à force d'aller leur acheter à boire, tu auras au moins compris comment t'en mettre plein les poches.

Je n'ai pu m'empêcher de tiquer devant sa désinvolture, mais cette histoire de monnaie n'était pas tombée dans l'oreille d'un sourd.

– Empoche tout, jusqu'au dernier dollar, a-t-elle poursuivi. Tu leur tends la monnaie en même temps que leurs verres. Ils penseront même pas à la recompter et – attention, ne plie surtout pas les billets, le fric doit se présenter par liasses.

De ce côté-là, Maman avait parfaitement cerné mon ressentiment. Toutefois, je persistais à douter de ses connaissances dans l'art du théâtre.

C'est le jour de la répétition générale que le metteur en scène mit le grappin sur Lois pour lui parler d'un nouveau spectacle qu'il avait l'intention de monter dès l'automne suivant, une comédie musicale sur la vie des gitans.

– Toi, tu seras ma reine, la reine des malandrins.

Pourtant, Lois était absolument nulle en chant. Tout le monde le savait. Et elle avait suffisamment de mal à jouer la comédie pour qu'on lui fasse jouer du tambourin en plus !

– Tu es née avec un cœur de gitane, déclamait-il, à genoux sur la pelouse. Tu portes en toi l'âme vagabonde d'une bohémienne.

Devant mon intérêt manifeste, il a laissé entendre qu'il aurait peut-être quelque chose pour moi en coulisse. C'est-à-dire suspendre les lumières ou trimballer les décors. Un de ces anonymes qui, le pantalon tombant, portaient à la ceinture d'innombrables outils encombrants, des clés à écrous jusqu'aux énormes rouleaux de scotch des électriciens. Celui qui songerait à me faire confiance pour régler des problèmes d'alimentation électrique était un imbécile clinique, et cet homme en était un. C'est en l'observant avec plus de vigilance que je constatai alors à quel point il était ridicule avec son collant qui trahissait ses mollets avachis et son vilain petit bide. L'âme vagabonde d'une bohémienne, en effet. Mais que serait venu faire à Raleigh une star digne de ce nom, hein? Il suffisait de jeter un coup d'œil sur son brushing, ses chaussures bon marché *made in Cuba*, sans oublier ses bretelles rayées arc-en-ciel – quelle imposture ! Pourquoi portait-il des bretelles avec son collant alors que, par définition, celui-ci devait rester forcément tendu et d'ailleurs, n'est-ce pas à cela qu'il devait son nom ? Quant à son jeu, on aurait cru qu'il avait affaire à un public sourdingue. Pourquoi se croyait-il obligé de déclamer son texte en hurlant, le sourire en feu-follet et les bras gesticulant comme s'il avait les manches en feu ? Décidément, son style m'incommodait. On avait le sentiment d'écouter un télégramme chanté derrière une porte entrouverte. Même si, de prime abord, on se divertissait, on ne pouvait durablement se voiler la triste vérité : ce type était persuadé de représenter le rayon de soleil qui manquait cruellement à notre vie. Sa mère était sûrement restée dans un trou perdu, où elle trompait son attente sifflant verre sur verre, contemplant les programmes de théâtre ronéotypés soigneusement conservés dans des boîtes à chaussures. Elle devait sans doute se demander quand son fils se déciderait à revenir à la raison pour avaler du débouche-évier.

Je finis donc par démasquer le véritable Hamlet et découvrir, par la même occasion, ce que j'étais devenu, moi : Yorick, le dindon de la farce, qu'on menait par le bout du nez.

Le soir de la première, Maman vint assister à la représentation. Après avoir prononcé ces fameuses paroles lourdes de sens : «Oui, Monseigneur», je m'écroulai sur la pelouse de la scène tandis que Lois vidait une fiole de faux poison dans mon oreille. Je profitai de mon agonie pour ouvrir imperceptiblement les yeux. Maman était debout sur son dur banc de pierre, se débattant pour échapper aux papillons de nuit qui, accompagnés de quelques douzaines de vieillards, avaient fait le déplacement, attirés par la lumière.

Une fête, destinée aux seuls membres de l'équipe, devait suivre la représentation. Je décidai de l'ignorer. Je me précipitai dans les vestiaires pour me rhabiller. Tous s'y trouvaient rassemblés, se félicitant mutuellement, distribuant à tour de bras des «brillant» et des «dense» comme si l'on parlait d'éclairage. Horatio me demanda de courir au magasin lui acheter des cigarettes, et j'empochai son fric en lui promettant, «Messire», de revenir «à une vitesse éblouissante.»

– Tu étais le meilleur d'entre tous, a déclaré Maman, faisant une halte sur le chemin du retour pour acheter une pizza surgelée. Je ne dis pas ça pour te flatter. C'est vrai, dès ton entrée en scène, tout le monde n'avait d'yeux que pour toi.

J'ai alors réalisé que Maman était la meilleure des actrices et que, quoi que je fasse, je n'arriverais jamais à égaler son jeu. Jouer la comédie, ce n'est pas prendre des poses ni faire semblant. Plus on joue avec précision, plus on se rapproche du mensonge. Une fois privé de ses oripeaux et de sa gestuelle grandiloquente, le jeu se révèle d'une vérité inéluctable. Je n'avais aucune raison de jalouser le talent de Maman ni de le contredire, c'est dire à quel point elle était convaincante. Assis à côté d'elle avec une pizza en train de décongeler sur les genoux, le mieux était encore de me laisser aller et d'apprendre.

DINAH, LA PUTE DE NOËL

Aux dires de mon père, il n'y avait rien de plus efficace que les petits boulots du soir pour tremper le caractère. Dans sa prime jeunesse, lui-même chaussait tous les jours ses patins à roulettes pour aller vendre des journaux dans la rue ou livrer des fruits et légumes. Et dans quel état il était ! Car s'il devait son opiniâtreté à son amour pour le travail, Lisa, ma grande sœur, et moi ne voulions pour rien au monde passer par le même moule. « C'est bien beau, mais de grâce, nous ne mangerons pas de ce pain-là! », lui répondions-nous.

Il a donc décidé d'utiliser les grands moyens. Il nous a coupé les vivres. Une à deux semaines plus tard, nous étions résolus à bosser, Lisa et moi, dans des cafétérias. Je faisais la plonge au « Piccadilly ». Quant à Lisa, elle s'occupait des étuveuses du « K & W ». Située dans le plus grand centre commercial couvert de la ville, cette cafétéria attirait la population âgée de Raleigh qui venait y passer des après-midi entiers autour d'une seule commande de riz au lait. On aurait dit un club. Au fond, le « K & W » avait fait son temps, alors que ma cafétéria, le « Piccadilly », plastronnait dans un centre commercial flambant neuf, le « Crabtree Valley », qui était construit sur un ancien marais et qui évoquait plutôt la grouillante place du marché d'une obscure tribu. Les murs étaient tapissés de velours rouge et la salle de restaurant éclairée par des torches artificielles. Une armure complète agrémentait l'entrée de ce palais de la gastronomie, où les consignes nous rappelaient sans ambages que le client était toujours roi.

Mon boulot de plongeur consistait à débarrasser les plateaux entassés pêle-mêle sur un tapis roulant pour en plonger le chargement dans la gueule béante d'une gigantesque machine qui n'arrêtait pas de gronder et de crachoter, pour ensuite le récupérer tout fumant à la sortie, les graisses et les sauces totalement récurées. Mes lunettes étaient constamment embuées et l'air de la cuisine saturé de l'odeur âcre du chlore.

La chaleur ne m'indisposait guère, le vacarme encore moins. J'aimais bien ce job, et pour cause : non seulement il m'occupait les mains mais il permettait à mon esprit de se concentrer sur des problèmes autrement plus importants. Parfois, je réussissais même à réviser la liste de verbes irréguliers espagnols que j'avais affichée au-dessus de l'évier mais la plupart du temps, je me surprenais à fantasmer sur ma carrière de star du petit écran. Je rêvais de réaliser un feuilleton, qui s'intitulerait *Socrate & Cie*, et dans lequel je tiendrais l'un des rôles vedettes ; j'irais d'aventure en aventure, accompagné de Socrate, un chimpanzé au museau en forme de trompe d'éléphant, à la fois finaud et dévoué. Socrate et moi aurions beau éviter les ennuis, de semaine en semaine, ils nous rattraperaient.

« Les yeux, Socrate ! Arrache-lui les yeux ! » crierais-je pendant l'une des nombreuses scènes de bagarre.

À Santa Fe, quelqu'un m'assènerait peut-être un terrible coup sur la tête avec une grosse cruche, m'occasionnant une perte de mémoire. Dans l'Utah, Socrate découvrirait un sac plein de pièces de monnaie de valeur, ou se lierait d'amitié avec un inconnu enturbanné. Mais la morale de l'histoire demeurerait la même : tout compte fait, le véritable bonheur était là où on l'y attendait le moins. Il pouvait se manifester sous la forme d'une douce brise ou d'une insignifiante poignée de cacahuètes, mais le moment venu nous le saisissions avec cette sagesse populaire qui nous caractérisait. J'avais tout orchestré. Chaque épisode se terminerait par un panoramique sur Socrate et moi, inondés par les rayons d'un éblouissant soleil couchant tandis que je rappelais à mon cher ami, et aux téléspectateurs par la même occasion, les enseignements que j'en avais tirés. « Il m'est soudain venu à l'esprit que bien des choses ici-bas ont largement plus de valeur que l'or », déclamais-je en regardant un faucon planer au-dessous d'une colline violette. Quant à l'intrigue, elle ne présentait pas plus de difficultés que ma corvée de tri des couverts ; cependant, les ennuis commençaient quand il me fallait échafauder la suprême révélation du jour : « Il m'est soudain venu à l'esprit que... » Que quoi ? Il ne me venait jamais rien à l'esprit. Certes, il m'arrivait de temps à autre de m'apercevoir que j'avais par mégarde cassé un verre ou mis trop de détergent dans le lave-vaisselle, mais les enjeux d'envergure avaient tendance à filer sous le nez.

Comme la plupart des cafétérias du coin, le « Piccadilly » avait coutume d'embaucher d'anciens taulards, dont la réinsertion professionnelle était organisée par des contrôleurs judiciaires dans le cadre de régimes de semi-liberté. À l'heure de la pause, j'allais souvent traîner dans le secteur de la cuisine où on les avait affectés, dans l'espoir de tomber sur une révélation de poids en écoutant leurs propos de repris de justice.

« Il m'est soudain venu à l'esprit que, tous autant que nous sommes, nous vivons en captivité dans cette prison à laquelle, par erreur grossière, nous avons attribué le nom de cerveau humain », méditais-je dans le tréfonds de mon cœur.

Ou bien : « Il m'est soudain venu à l'esprit que la liberté était sans doute le plus beau cadeau. »

J'avais une folle envie de fracasser la tête de ces gens-là comme des noix, fouiller leur cervelle de fond en comble pour en récolter une moisson de leçons, accumulées tout au long d'une vie de remords. Malheureusement, pour avoir passé le plus clair de leur temps derrière les barreaux, mes collègues, hommes ou femmes, semblaient n'avoir rien appris d'autre que d'éviter de faire leur travail.

L'eau bouillait jusqu'à évaporation totale, les steaks carbonisaient. Pendant ce temps-là, mes camarades rampaient discrètement en direction de la réserve pour fumer et jouer aux cartes ou, parfois même, tirer rapidement un coup. « Il m'est soudain venu à l'esprit que ces gens-là sont extrêmement paresseux », résonnait sur ton méditatif ma voix télégénique. L'information n'était pas capitale, et si j'en faisais la morale de l'histoire, elle ne réussirait en aucun cas à réchauffer le cœur des téléspectateurs qui, par définition, n'étaient sans doute guère actifs. Non, il me fallait un message plus optimiste, plus gratifiant pour l'esprit.

« La joie, oui, c'est ça qu'il faut ! » exultais-je en frappant les assiettes sales contre le rebord de la poubelle pour les vider. « Mais comment leur donner de la joie, à ces gens ? »

À l'approche de Noël, je me rendis compte que le temps que je consacrais à mes fantasmes chéris se réduisait au fur et à mesure comme peau de chagrin. La folie régnait à présent dans le centre commercial, qui grouillait de clients affamés. Toutes les trois minutes, le directeur adjoint me tombait sur le dos, gueulant qu'il manquait encore des tasses à café ou des saladiers propres. Les vacanciers formaient une queue turbulente, kilométrique, qui se poursuivait par-delà les armoiries jusqu'à l'armure complète qui ornait notre entrée. Ils portaient d'innombrables broches, certaines à l'effigie du Père Noël, épinglées sur leur pull, et trimballaient des sacs pleins à craquer d'outillage électrique, sans compter les assortiments de fromages destinés aux parents et amis. J'étais affligé, consterné devant le spectacle de cette foule anonyme dont le nombre impressionnant grignotait proportionnellement le sentiment d'importance que je m'attachais si laborieusement à bâtir autour des choses. Mais d'où venaient donc tous ces gens, et pourquoi ne rentraient-ils pas tranquillement chez eux ? Je débarrassais leurs plateaux du tapis roulant sans m'inquiéter le moins du monde de savoir qui ils étaient ou pourquoi ils n'avaient même pas pris la peine de terminer leurs filets panés. Ils m'étaient indifférents, et rien qu'à les regarder poursuivre leur chemin jusqu'à la caisse, je devinais que ce sentiment était réciproque. Ils ne se souviendraient même pas de ce qu'ils avaient mangé et encore moins de la personne qui leur avait tendu leur plateau tout chaud et fumant. Comment se faisait-il que je fusse important et qu'eux ne le fussent pas ? Non, décidément, il devait y avoir quelque chose qui nous séparait.

En général, à l'approche de Noël, l'excitation s'emparait de moi mais cette fois, je découvris que mon enthousiasme était en réalité banal et surfait. En quittant la cafétéria après le boulot, je ne pouvais éviter cette foule qui ne cessait de se déverser des magasins et des restaurants comme des abeilles hors d'une ruche en flammes. Ici, on voyait de jeunes couples coiffés de bonnets de tricot. Là, des familles entières agglutinées autour de la fontaine, chacun tenant à la main sa liste d'achats et des enveloppes d'argent qui portaient des indications. Rien d'étonnant à ce que les Chinois trouvent qu'ils se ressemblent tous. Des moutons, rien que des moutons, du bétail grossier, programmé génétiquement à copuler en broutant et bêlant à voix basse leurs désirs dans l'oreille de l'obèse proviseur en retraite qui trônait dans le sinistre « Pôle Nord » du centre commercial.

Mon animosité à leur endroit commençait à me miner, jusqu'à ce que je voie dans leur comportement une solution à la crise d'identité profonde que je traversais. Ils pouvaient se vautrer dans leurs emballages de papiers-cadeaux et préparer leurs bottes de Noël aux couleurs voyantes, si cela avait un sens pour eux, grand bien leur fasse, mais moi je voulais rester en dehors de tout cela. Cette année-là, j'avais décidé d'entrer dans la résistance, quitte à être le seul à ne pas faire les magasins, à ne pas porter de sacs. Oui, être le seul à m'habiller en noir pour protester contre leur mercantilisme éhonté. En me gardant de cette frénésie générale, je me démarquais, ce qui inciterait ces veaux à se remettre en cause d'une manière qui les peinerait certainement. « Qui sommes-nous au juste ? » se demanderaient-ils tout en arrachant une par une les décorations de leur sapin de Noël. « Que sommes-nous devenus et pourquoi diable n'avons-nous pas pris exemple sur le gars taciturne qui lave les assiettes à la cafétéria du "Piccadilly" ? »

Ma stratégie de boycott avait au moins un côté pratique : je ne m'attendais guère à recevoir quoi que ce fût cette année-là. En effet, notre famille, espérant faire des économies, avait décidé de tenter quelque chose de nouveau et de procéder par tirage au sort pour les cadeaux. Cette loterie inhumaine livra mon sort entre les mains de Lisa, pour qui l'idée la plus approximative d'un cadeau se réduisait à un sachet de six piles pour lampe de poche ou à une bougie parfumée en forme de champignon. Banale de façon joyeuse et évidente – et fière de l'être –, Lisa incarnait tout ce que je trouvais déprimant. Rien ne la distinguait des milliers de filles que je rencontrais chaque jour, mais elle n'en paraissait pas pour autant perturbée. Ma frangine avait réussi de façon éblouissante à être comme les autres. Contrairement à moi, elle n'avait jamais de pensées profondes et n'éprouvait aucune envie d'appareiller pour des cieux lointains en compagnie d'un chimpanzé au museau en trompe d'éléphant. Personne, d'ailleurs. Comme eux tous, elle avait vendu son âme en échange d'un minable cadeau de Noël et, désormais, elle était condamnée à en subir les conséquences.

À mesure que les vacances approchaient, mon impatience grandissait. Quatre jours avant Noël, nous étions dans la salle à manger en train de fêter ses 18 ans lorsque Lisa reçut un coup de fil d'une femme manifestement mûre qui parlait comme si elle avait la gorge pleine de gravillons. Je m'enquis de savoir à qui j'avais l'honneur. La femme hésita un instant, puis se présenta comme « une copine. Dis-lui, putain, une sacrée copine à elle, ouais. Tu veux un dessin ou quoi ? » Cela me mit la puce à l'oreille parce que, autant que je sache, il n'y avait pas une seule adulte parmi les amies de ma frangine, sacrées ou non. Je tendis le combiné à Lisa, la suivant des yeux tandis qu'elle l'emportait au-dehors, sous l'auvent. Le fil était tendu jusqu'au point de rupture. C'était formellement interdit à la maison et, titillé par l'envie de semer la zizanie, je la dénonçai :

– Eh, Papa, Lisa est sortie avec le téléphone et maintenant, on dirait que la prise va se déboîter du mur.

Il se levait de sa chaise lorsque Maman l'interrompit :

– Pour l'amour du Ciel, foutez-lui donc la paix. C'est son anniversaire. Si elle abîme le téléphone, je t'en achète un autre pour Noël.

Elle me dévisagea du regard qu'elle réservait en général aux créatures à huit pattes que l'on découvre souvent nichées sous l'évier de la cuisine.

– Il faut toujours que tu foutes la merde, toi, hein ?

– Mais elle parle à une femme, tu te rends compte ? Une femme ! m'écriai-je.

– Et alors ? Toi aussi.

Maman écrasa sa cigarette dans son assiette.

Quand Lisa revint à table, elle ne tenait plus en place. Impatiente, elle demanda à nos parents la permission de prendre le break.

– David et moi n'en avons pas pour longtemps, juste une petite heure ou deux ! promit-elle en décrochant les manteaux du placard de l'entrée.

– David ? Quel David ? m'exclamai-je. Ce David-là ne sort pas d'ici.

J'avais l'intention de passer une soirée tranquille dans ma chambre, à travailler sur le portrait au pastel de « Socrate » que j'avais soigneusement projeté de m'offrir comme anti-cadeau le jour de Noël. Nous passâmes quelque temps dans l'obscurité de l'allée à négocier : j'acceptai de l'accompagner en échange de trois dollars, assortis de l'emprunt illimité de son nouveau sèche-cheveux. Aussitôt parvenus à cet accord, nous sommes montés dans la voiture et elle a mis pleins gaz parmi les maisons somptueusement décorées de Raleigh-Nord. En temps normal, Lisa se réservait toujours le monopole d'utilisation de l'autoradio. Dès qu'elle voyait mes doigts se diriger vers le bouton, elle me tapait sur la main en menaçant de me jeter hors de la bagnole. Pourtant, ce soir-là, elle ne manifesta aucun ressentiment, et continua même de la boucler quand je sélectionnai une chaîne locale pour écouter une émission consacrée au championnat lycéen de basket-ball. Personnellement, j'avais horreur du basket, et je m'étais branché sur l'émission uniquement pour la faire chier.

– Eh, dis-moi, qu'est-ce que t'en penses des Spartans, hein ? la provoquais-je en lui balançant un petit coup sur l'épaule. Tu crois qu'ils ont assez de couilles pour battre les Imps et disputer le prochain championnat ?

– Qu'est-ce que tu veux que je te dise ? Je ne sais pas, moi. Ouais, peut-être bien.

Selon toute vraisemblance, quelque chose avait dû la recouvrir d'une carapace étanche. Je devenais dingue, j'éprouvais un sentiment qui ressemblait à s'y méprendre à de la jalousie.

– Mais que se passe-t-il donc ? Ton petit ami va nous présenter à sa mère ce soir ou quoi ? Tu la payes combien pour qu'elle l'autorise à sortir avec toi, hein ? Parce que c'est ça, non ? Tu as un mec, c'est sûr !

Elle restait sourde à mes questions, se contentant de maugréer tout bas en passant devant le Capitole pour pénétrer dans un quartier ravagé où les terrasses tombaient en ruines et la plupart des fenêtres arboraient des draps et des serviettes à la place des rideaux. On risquait de se faire larder de coups de poignard dans un endroit pareil. Tout au moins, c'est ce que j'entendais raconter à longueur de journée dans les émissions de radio. Si Papa avait conduit à ce moment-là, nous aurions déjà verrouillé toutes les portières. Comme toute personne en pleine possession de ses moyens, il aurait grillé tous les feux rouges, roulant à tombeau ouvert pour abandonner au plus tôt le secteur.

– Bien, nous y voilà.

Lisa a braqué pour se garer derrière un camion dont le propriétaire examinait la roue à plat à la lumière d'une lampe de poche.

« Ça va peut-être chauffer un peu, là-haut. Alors, fais exactement ce que je te dis et, avec un peu de bol, il ne nous arrivera rien. »

Elle a rejeté ses cheveux sur une épaule et est descendue de la bagnole en envoyant un coup de pied rageur dans les canettes et les bouteilles alignées sur le trottoir. Ma frangine préparait sans doute un coup fumant ou quelque chose comme ça mais cette nuit-là, en dépit de son côté mata-hari, son imbécillité risquait de nous être fatale. Le lendemain, on lirait à la une de tous les journaux :

DÉNOUEMENT TRAGIQUE DU RÉVEILLON DE NOËL : DEUX FÊTARDS TUÉS.

– Il vaudrait peut-être mieux que l'un d'entre nous attende dans la voiture ? ai-je chuchoté.

Trop tard. Elle avait perdu la raison. Elle montait la rue au pas de charge, la démarche gauche mais déterminée. Sans perdre une seconde à rechercher un numéro de rue ou s'attarder devant une sonnette, Lisa avançait, l'air de savoir exactement où elle allait. Je cavalais à sa suite dans un vestibule plongé dans le noir pour monter quatre à quatre quelques marches d'escalier où, sans prendre la peine de frapper, elle a ouvert une porte à la volée et fait irruption dans une chambre surchauffée et dégueulasse qui puait le tabac froid, le lait tourné et le linge abominablement sale, trois odeurs qui, une fois mélangées, pouvaient décaper la peinture des murs.

C'est dans ce genre d'endroits que les gens subissaient les

pires atrocités, et force était d'admettre qu'ils les avaient amplement méritées. La moquette couverte de taches était jonchée de mégots de cigarettes ; des bandes de papier tue-mouches grumeleuses et chargées de poussière pendouillaient du plafond comme un rideau de perles. À l'autre bout de la pièce, à la lumière d'une lampe sans abat-jour, un homme se tenait debout à côté d'une table basse renversée ; son ombre démesurée et inquiétante se projetait sur le mur crasseux. Il était sommairement habillé d'un slip et d'un T-shirt crade et ses jambes glabres rappelaient, par leur couleur et leur grain moucheté, celles d'un poulet aux hormones.

De toute évidence, nous avions perturbé un malheureux rituel qui consistait sans doute en un chapelet d'obscénités lâchées à cor et à cri en martelant une porte résolument fermée avec un mocassin blanc, et cette activité absorbait le type à tel point qu'il lui fallut quelque temps pour prendre conscience de notre présence. Il a alors regardé dans notre direction en plissant les yeux, puis laissé tomber la chaussure avant de se cramponner à la cheminée.

– Ça par exemple ! Mais c'est cette garce de Lisa Sedaris ! J'aurais dû me douter qu'elle t'appellerait, sale connasse.

Une otarie aurait traité ma frangine de tous les noms que j'en aurais été moins choqué. Où et comment avait-elle pu faire la connaissance d'un mec aussi louche, ce sosie de Popeye qui, ivre mort, les membres atrophiés, tenait à peine sur ses jambes ? Seulement, l'ordure a chargé dans notre direction et Lisa s'est aussitôt jetée sur lui. Mort de peur, je la vis l'attraper par le collet avant de l'envoyer valdinguer contre la table basse. Ensuite, serrant les poings, elle se mit à décrire des cercles autour de lui, savamment préparée à encaisser des coups. On eût dit qu'elle avait passé sa vie en kimono à casser des briques à main nue en prévision de ce moment. Pas une fois elle ne perdit les pédales, pas une fois elle n'appela à l'aide. Elle se contentait de lui travailler les côtes, résolue à mener à bien sa mission.

– Mais j'ai rien fait, moi, gémissait le type en tournant vers moi ses yeux injectés de sang. Eh toi là, dis-lui, à cette salope, que j'ai rien fait.

Je reculais discrètement vers la porte.

– Comment ? Qu'est-ce que vous dites ? Mais bon sang de bonsoir, ça ne me regarde pas, moi. Vous savez, je l'ai juste accompagnée, moi, c'est tout.

– Surveille-le ! a hurlé Lisa.

Le surveiller ? Mais comment ? Elle se croyait où, au juste ?

– Tu ne vas pas me laisser ici, hein ? ai-je protesté.

Trop tard. Elle avait déjà filé et, soudain, j'ai réalisé que je me retrouvais en tête à tête avec cette loque humaine, qui se massait la poitrine en me suppliant de lui passer ses clopes égarées sous le canapé.

– Allez, sois pas vache, mec, donne-les moi. Les sales pétasses ! Nom d'un chien, qu'est-ce que j'ai mal !

Puis j'ai entendu la voix de ma sœur. Quand j'ai relevé la tête, elle surgissait de la pièce du fond, traînant à sa suite une femme entre deux âges avec une tête de clown. Son maquillage coulait. Elle avait le visage bouffi et marqué. Son teint brouillé et sa corpulence épaisse trahissaient les kilomètres accumulés au compteur mais son accoutrement estival faisait absurdement jeune. Alors que les préférences de Maman allaient vers des jupes longues façon club-Méd et des colliers de fleurs de citrouille en turquoise, la bonne femme avait essayé de compenser les ravages du temps avec un jean moulant et un caraco assorti dont les deux pans étaient assemblés par un mécanisme de lacets entrecroisés en cuir brut, ce qui offrait une vue imprenable sur ses imposants nibards en gants de toilette.

– Dehors ! a glapi Lisa. Allez, grouille, on se casse d'ici !

Tu m'étonnes, j'avais déjà une bonne longueur d'avance.

– Hé ! s'est écriée la nana, j'ai oublié mes chaussures. Et puis... ouais, je ferais peut-être mieux de prendre aussi une veste. Euh... pendant que j'y suis, une...

Sa voix s'est évanouie au lointain à mesure que je dévalais les escaliers. Je passai devant des maisons encore plus sinistres et déglinguées, derrière lesquelles on entendait les gens s'étriper par-dessus le tintamarre des télés. J'attendais dans la rue depuis déjà un bon moment, et je reprenais avec peine mon souffle en imaginant combien de fois ma pauvre frangine se ferait poignarder et matraquer lorsque j'entendis soudain claquer la porte grillagée et Lisa surgit de la maison. Observant un temps d'arrêt sur le seuil, elle attendit que la femme finisse d'enfiler une veste avant de se fourrer les pieds dans des chaussures qui, par leur volume et leur couleur, rappelaient plutôt une paire de pots de peinture. Comme Lisa insistait de nouveau pour qu'elle coure, sa copine entreprit alors de descendre la rue au petit trot, comme si elle était juchée sur des échasses. Sa démarche était bizarre et invraisemblable ; à chaque pas, elle remuait les doigts dans les airs comme pour jouer du piano.

Deux jeunes hommes passaient dans la rue en transportant un matelas. L'un d'eux s'est retourné pour l'interpeller : « Hé, débarrassez donc le trottoir de cette morue ! »

Dans un quartier plus huppé, ou même plus modeste, j'aurais sans doute remué ciel et terre pour mettre la main sur un ustensile de jardinage, de crainte de buter dessus par mégarde et de me retrouver affalé au sol, la lèvre fendue par le manche. *Morue*. Ouais, j'avais plus d'une fois entendu les cuisiniers employer le mot au boulot avec le même regard concupiscent, le même ricanement que les deux jeunes qui charriaient leur matelas. Il me fallut quelque temps pour réaliser qu'ils faisaient allusion soit à Lisa, soit à sa copine, laquelle, entre-temps, avait pris racine et examinait ses bas résille filés. C'était donc une pute... Des deux personnes sélectionnées pour le prix, la copine me paraissait la meilleure candidate. Du reste, en entendant le mot, elle avait aussitôt levé la tête pour faire un signe de la main. Non, cette femme était vraiment fantastique ! Je me mis donc à l'étudier tandis que mon souffle, encore court, se transformait en vapeur dans la pénombre de l'air glacial. Comme les accros à l'héroïne ou les assassins récidivistes, les prostituées représentaient à mes yeux des personnages singuliers, plus exotiques mêmes que les stars. On en voyait au centre-ville, à la faveur de la nuit noire, le visage taillé à la serpe tendu vers les vitres des chauffeurs en maraude : «Eh dis donc, princesse, combien tu prends pour une pipe?» criait Papa. Je voulais toujours qu'il s'arrête pour qu'on regarde de plus près mais, après avoir fait son petit commentaire, il remontait la vitre et redémarrait sur les chapeaux de roues en s'esclaffant.

Une fois installés à l'intérieur de la voiture, Lisa a fait les présentations.

– Dinah, je te présente David. David, voici Dinah.

De toute évidence, elles se connaissaient déjà de longue date. Elles bossaient ensemble au «K & W».

– Oh la vache! Quel tête de nœud, ce Gene! a fulminé Dinah. Je te l'avais dit, il est possessif. Mais il ne peut pas s'empêcher de m'adorer. Écoute, on ferait peut-être mieux de traîner encore un petit moment dans le coin, histoire qu'il se calme un peu.

Elle a allumé une cigarette, mais l'a lâchée par mégarde. Penchant sa tête couverte de boucles emmêlées, elle a soupiré :

– Bof, après tout, ce ne sera pas la première fois que j'aurai mis le feu à une bagnole.

– Trouvé! a exulté Lisa.

Elle a approché la cigarette de ses lèvres et a tiré de profondes bouffées, rejetant la fumée par les narines. Un débutant aurait toussé, mais elle a recraché la fumée comme une vieille pro revenue de tout. Je commençais à m'inquiéter : quelles innombrables autres surprises me réservait encore ma sœur? Un sachet d'héroïne planqué dans sa poche? Elle avait suivi un stage de lancer de couteau ou de billard pendant que le reste de la famille dormait à poings fermés?

D'un air méditatif, elle a contemplé longuement la rue :

– Dis-moi, Dinah, t'es bourrée ?

– Ouais, a répondu la nana. T'as raison, ma p'tite dame. Je suis pétée.

– Et Gene ? Il était bourré aussi, c'est ça ?

– Oh, pas tant que ça, a expliqué Dinah. Mais bon, il est comme ça, quoi. C'est la faute à l'hiver. On arrête pas de picoler pasqu'y a rien d'autre à faire.

– Et à ton avis, c'est un bon point pour ta liberté conditionnelle ? Dis-moi, à force de te saouler la gueule et te bagarrer, tu crois que tu tiendras longtemps sans t'attirer des emmerdes ?

– Mais écoute, y'avait rien de grave, tu sais. On a juste fait un peu les cons, c'est tout. D'accord, je reconnais que j'ai eu la main un peu lourde.

Ça ne semblait pas déranger Lisa le moins du monde de mettre cette femme dans l'embarras.

– Tu m'as raconté des histoires hier, en cuisine, quand tu m'as juré que tu voulais plaquer ce pauvre gars et que tu voulais faire carrière dans la boucherie. Mais tu sais, quand on a la tremblote, on ne peut pas passer ses journées à découper de la viande, t'es au courant ?

Dinah s'est rebiffée :

– Mais comment veux-tu que je me souvienne de tout ce que je t'ai raconté dans cette putain de cuisine ! Merde alors, je t'aurais jamais appelée si j'avais su que tu allais me bassiner à mort. Fais demi-tour, ma cocotte, je veux rentrer chez moi.

– Ah non, pas question, je t'emmène à la maison, a répliqué Lisa.

Les dernières ombres du quartier désolé s'éloignèrent derrière nous. Dinah s'est recroquevillée dans son siège, a plissé les yeux, les a fermés et s'est endormie.

– Maman, je te présente Dinah. Dinah, voici ma mère.

– Dieu soit loué ! s'écria Maman en débarrassant notre invitée de sa minable veste en lapin. Je vous avais prise pour une de ces maudites chanteuses de chants de Noël. Je ne pensais pas avoir de la visite, alors excusez mon apparence négligée.

Son apparence négligée ? Le mascara de Dinah, en coulant, lui avait imposé une ressemblance troublante avec un panda affublé d'un déguisement ridicule, et ma mère lui présentait des excuses pour son apparence négligée ? Je l'attirai en aparté :

– Pute, chuchotai-je. Cette dame est une pute.

Je ne savais pas quelle réaction j'attendais de la part de Maman, mais je crois que je me serais contenté d'un air choqué. Au lieu de cela, elle déclara gaiement :

– Ah bon ? Dans ce cas, on devrait peut-être lui offrir un verre.

Elle me planta là, seul dans la salle à manger, et s'en fut sans tarder présenter à la nana une longue liste d'options dans l'ordre alphabétique : « Bière ? Bourbon ? Gin ? Ouzo ? Rhum ? Scotch ? Vin ? Vodka ? Whiskey ? Ou préféreriez-vous cette sorte de truc jaune et sirupeux qu'un inconnu a planqué au fond du bar dans une bouteille sans étiquette ? »

Quand Dinah renversa son cocktail sur la nappe de Noël toute propre, Maman se répandit en excuses comme si c'était de sa faute, parce qu'elle avait trop rempli le verre.

– Ça m'arrive de temps en temps, c'est vrai. Ne bougez pas, je vais vous en servir un autre.

Dès qu'ils entendirent graillonner une voix inconnue dans la maison, mon frère et mes sœurs rappliquèrent de leurs chambres, formant un attroupement pour admirer de plus près la copine de Lisa, qui était contente, manifestement, de monopoliser leur attention.

– Vous êtes des anges, bon Dieu, a décrété Dinah.

Submergée par ses fans, elle avait les yeux qui brillaient un peu plus à chaque nouvelle question, chaque nouvelle remarque.

– Dans tout ça, dites-moi ce qui vous plaît le plus, lui demandait Amy. Vous préférez passer la nuit avec des mecs bizarres ou bien bosser à la cafétéria ? Et les gardiens de prison : vous pouvez me les décrire ? Est-ce qu'il vous arrive de porter une arme ? Dites, combien ça coûte si un client veut par exemple une fessée, ouais, rien qu'une fessée ?

– Pas tous à la fois, chacun son tour, répétait Maman. Laissez-lui le temps de répondre.

Tiffany essaya les chaussures de Dinah tandis que Gretchen défilait avec sa veste. On lui offrit du gâteau d'anniversaire. On alluma des bougies. Mon petit-frère, âgé alors de six ans, débarrassa les plateaux, rougissant d'orgueil chaque fois que Dinah le complimentait pour son efficacité.

– Ce garçon-là devrait venir bosser avec nous à la cafétéria, suggéra-t-elle. Il a des bras de chauffeur de bus et des yeux de directeur adjoint. Rien ne t'échappe, n'est-ce pas, mon petit chou ? Alors, voyons voir si t'es capable de resservir un coup à une vieille dame sans défense.

Réveillé par le chahut, Papa a jailli du sous-sol où il était descendu en sous-vêtements piquer du nez devant la télé. En général, la fête prenait fin dès qu'il arrivait car il se mettait à gueuler aussitôt : « Mais qu'est-ce que vous foutez encore debout à 2 heures du matin, bordel de Dieu ? » Il faut dire que Papa prenait un étrange plaisir à toujours ajouter, au hasard, trois à quatre heures à l'heure qu'il était, car cela constituait des circonstances aggravantes supplémentaires pour ses chefs d'accusation. Le soleil avait beau briller haut dans le ciel, il nous signalait qu'il était minuit passé. Et même si on pointait du doigt sur l'horloge pour en témoigner, il persistait, levant les bras au ciel en hurlant : « Foutaises ! Allez ouste, au lit ! »

Il était d'humeur particulièrement exécrable cette nuit-là, et son arrivée fut annoncée bien avant son apparition dans la salle à manger.

– Mais qu'est-ce qu'ils foutent ? Ils s'entraînent aux claquettes ou quoi ? Alors ? Vous préparez un spectacle ? Bon, ça suffit, vous allez m'écouter : la salle est fermée pour ce soir, point final. On fait relâche. Ensuite, c'est le départ en tournée, compris ? Il est 4 heures du matin, bordel de merde !

Nous nous sommes instinctivement retournés vers Maman.

– Tu n'as pas le droit d'entrer dans la cuisine ! lui a-t-elle crié. Il ne faut pas que tu voies ton... cadeau de Noël !

– Mon cadeau ? Pas possible !

Sa voix s'est adoucie jusqu'à devenir un minuscule miaulement :

– Continuez, alors !

Nous avons tendu l'oreille vers ses pas tandis qu'ils s'éloignaient dans le couloir en direction de sa chambre. Au bord des larmes, nous fûmes obligés d'étouffer de la main nos rires. Nous avons repris du gâteau ; nos joues rouge écarlate se reflétaient sur les vitres sombres.

Il y a des moments forts dans tout rassemblement. Aujourd'hui, je m'amuse encore à les identifier, redoutant l'inévitable retombée qui s'ensuit, au moment où les invités se mettent alors à répéter leurs blagues une fois de trop, où le manque de dope ou d'alcool commence à se faire sentir et où, justement, les gens réalisent que leur unique centre d'intérêt se trouve là. Cependant, sur le coup, je persistais à croire que cette sensation chaleureuse et grisante durerait à jamais et que, en la saisissant à pleines mains, je pourrais m'approcher au plus près d'une autre, celle de l'égarement, la même que les adultes éprouvaient au bout de leur deuxième tournée d'alcool. J'en avais voulu à Lisa, j'avais été jaloux de sa vie secrète mais là, après ma tasse de chocolat chaud, je débordais de fierté pour elle. D'un bout à l'autre de la rue, les maisons avaient été décorées d'anges en contre-plaqué et de crèches rayonnantes d'ampoules de couleurs. De l'autre côté, sur Coronado, quelqu'un était allé jusqu'à suspendre des haut-parleurs sur les arbres pour diffuser des chants de Noël parmi la forêt de sucres d'orge qu'il avait plantée le long de son allée. Nos voisins se levaient de bonne heure pour aller faire les magasins, s'arrachant papiers-cadeaux et chaussettes à pompons, les mêmes qui servaient à protéger le manche des clubs de golf. Noël était là et nous, les gens du pays, allions nous réunir autour des mêmes arbres, laissant éclater notre plaisir sous la forme de clichés usés. Les dindes rôtiraient, dorées et croustillantes. Quant aux jambons, on les tailladerait en y dessinant des X, avant de les glacer avec des fruits – et moi, je serais aux anges. On pouvait toujours m'offrir une moto-aspirateur ou un singe tout ratatiné avec une trompe d'éléphant, rien ne pouvait me faire plus plaisir que la conscience d'appartenir à la seule et unique famille du voisinage à accueillir une prostituée. À partir de ce moment-là, le terme de « morue » commença à revêtir un sens tout particulier : il m'est soudain venu à l'esprit que je ne pourrais jamais plus manger de poisson sans penser à Dinah.

La planète des singes

Il faudrait remonter à une séance de cinéma qui avait eu lieu à deux kilomètres environ de la maison de mes parents : on projetait alors, dans une petite salle pas chère, *La Planète des singes*. Je l'avais déjà vu à neuf reprises, mais j'attendais toujours avec la même impatience la réplique de Zira : « À votre avis, docteur Zaïus, que croyez-vous donc qu'il va découvrir dans la Zone interdite? » Il faut dire que la zone en question, un désert sans fin, avait été interdite aux chimpanzés savants et aux gorilles belliqueux, seuls survivants dans un univers définitivement livré au chaos. Seulement, Charlton Heston, spationaute téméraire échoué sur ladite planète, échappe à la garde de ses geôliers. Le voilà qui galope à bride abattue pour aller se réfugier dans la Zone interdite, en compagnie de la virago humanoïde sur laquelle il a jeté son dévolu. Leur cheval les transporte de déserts en plages de sable jusqu'aux ruines à moitié ensevelies de la Statue de la Liberté. Charlton Heston met alors pied à terre et tombe à genoux sur le sable car il comprend tout à coup qu'en réalité, depuis le début du film, il n'a jamais quitté la planète Terre. Fou de colère, il hurle en défiant du poing le soleil implacable : « Au diable ! Allez tous au diable ! »

J'étais entré dans la petite salle par une matinée gaie et humide. Lorsque j'en ressortis hébété et repu de sucreries, la nuit était tombée et il pleuvait. Je fus tenté de téléphoner à ma mère pour qu'elle vienne me chercher mais elle avait été réquisitionnée par les copines Éclaireuses de ma sœur Amy pour emballer des pommes de terre dans du papier alu. Il ne me restait plus qu'une solution : mon père.

– J'arrive dans 5 minutes, a-t-il promis.

J'ai cru un instant percevoir, en arrière-fond, le mot «trois huitièmes». Selon toute vraisemblance, Papa était en train de regarder les cotations boursières, ce qui voulait dire qu'il avait déjà enfilé son pyjama.

Je l'ai rappelé une heure plus tard.

– Tiens, j'arrive, j'étais sur le pas de la porte, a-t-il répondu.

À l'autre bout du fil, j'ai discerné des éclats de rire et des sifflements. Les sitcoms venaient de commencer. Il dormait donc déjà dans son fauteuil. Il pouvait y ronfler des heures et des heures, jusqu'à ce que l'envie nous prenne de changer de chaîne.

– Mais qu'est-ce que vous foutez, là? braillait-il. Vous ne voyez pas que je suis en train de suivre cette émission?

Passe encore. Mais les après-midi de week-end s'avéraient dix fois plus compliqués. Quand on lui demandait de venir nous chercher, un silence nous répondait au bout du fil. Alors là, il n'y avait pas le moindre doute : il regardait le golf à la télé. Des heures et des heures de silence, entrecoupées çà et là par les chuchotements du reporter : «Un bogey, oui un bogey, un double bogey pour Hogan! Il a fait 9 au-dessus du par et il amorce le trou n°4 ici à Oakland Hills.»

S'il nous fallait à tout prix attendre Papa, nous courions le risque, tant nous avions grandi entre-temps, de ne même plus pouvoir rentrer dans nos vêtements. Je lui ai passé un troisième coup de fil, auquel il a répondu d'une voix endormie, complètement abrutie :

– David qui? Quel film? Un cinéma? Mais où ça?

J'ai décidé de sortir du centre commercial. J'ai traversé la rue et j'ai levé mon pouce. C'était aussi simple que ça. Après tout, Papa passait son temps à embarquer des auto-stoppeurs. Même si on se rendait à la piscine ou au supermarché, le résultat était le même : on se retrouvait serrés les uns contre les autres au fond du break, tandis qu'il redémarrait peinard en nous ordonnant de nous pousser pour faire encore plus de place. Cela dit, nous adorions avoir des inconnus à bord, surtout des jeunes puisque nous pouvions alors nous livrer à notre exercice favori : l'interrogatoire en règle. Papa ne lâchait pas son verre de cocktail, dont les glaçons continuaient à carillonner entre ses genoux. Mais, quoique toujours sur le qui-vive, il demeurait d'une affabilité extrême. Il aimait faire tourner ces passagers en bourrique, les apostrophant comme si leurs histoires ne tenaient pas debout et qu'elles n'étaient que des fables qu'ils avaient inventées de toutes pièces en cours de route.

– Parfait, Rudy, tu ne peux pas savoir à quel point je me réjouis de te déposer chez ta mémé pour que tu récupères ton linge.

« Tu sais, ricanait-il en secouant la tête, ça a toujours été un plaisir pour moi de donner un petit coup de main à de braves garçons comme toi.

– Non mais vraiment, protestait notre passager, je vous jure que c'est ma grand-mère !

– Ta grand-mère, tu parles ! coupait Papa. Et moi je te parie vingt dollars que ta bouche c'est une bouche d'égoût. »

Tant qu'il avait affaire à des jeunes, il jubilait littéralement à l'idée de les prendre à bord ; mais les vieux – pas question. À chaque fois qu'on repérait un papy debout au bord de la route, sa valise éventrée à ses côtés, on se mettait à crier : « En voilà un, Papa, arrête-toi, s'il te plaît ! » Irrémédiablement sourd à nos supplications, Papa accélérait comme si les pauvres bougres faisaient de la pub du genre « Clodo & Cie » ou « SDF Frères ».

Je fis donc du stop, persuadé qu'un individu du genre de mon père allait s'arrêter. Hélas, ce fut une femme d'un certain âge dont la chevelure en forme de casque était coiffée d'un bonnet en plastique. Elle baissa la vitre et me cria dessus comme si nous avions tous les deux un contentieux de longue date :

– Nom de Dieu, tu vas te dépêcher de rentrer ton sale petit cul de taré dans cette bagnole ou quoi ?

Elle portait un de ces uniformes bleu ciel des caissiers d'une chaîne locale de supermarchés.

– T'as quel âge, toi ? Quatorze, quinze ans ? Tu sais, j'ai un petit-fils du même âge à peu près et, crois-moi, si je le chope à faire du stop un jour, je lui foutrai un bon coup de pied au cul, quitte à y laisser ma chaussure ! Mais tu t'imagines quoi, hein, putain de merde ? Regarde-moi ça, monsieur fait du stop, avec des inconnus ! Et si j'avais un flingue ou un couteau à cran d'arrêt, hein ? Toi t'es même pas capable de foutre la trouille à un chat, alors le reste, j'ose pas y penser. Tu sais, je les connais bien, les petits mecs de ton espèce ; tu te crois futé, hein ? Ouais, j'ai déjà vu ça, moi. Et ta mère, elle va en penser quoi, de tes conneries, hein ? Ils sont où, tes parents, d'abord ?

– Mes parents ?

J'ai hésité un moment. Dévoiler la vérité à cette bonne femme ? Pas la peine ! D'ailleurs, avec un peu de chance, elle n'allait plus jamais me revoir et même, dans le cas contraire, qui pouvait jurer qu'elle me reconnaîtrait ? Je lui ai répondu que mon père avait dû se rendre à une conférence de paix à Stockholm, en Allemagne, et que ma mère, qui exerçait le dur métier de chauffeur routier, était en déplacement sur la côte Ouest pour y livrer un chargement de... collants.

– Ah bon, d'accord, a finalement déclaré la bonne femme en tapotant sa cigarette contre le cendrier plein à ras bord. Je vais t'avouer un truc, entre nous : j'élève des bébés chameaux dans mon arrière-cour, je leur donne la tétée moi-même, au sein ; tu sais, j'adore ça. Alors, dis-moi juste où t'habites, Pinocchio, et épargne-moi toutes tes salades.

Juste au moment où elle se garait devant chez moi, Papa démarrait.

– Camionneur, mon cul, ouais ! dit-elle. Écoute-moi bien. Tu vas rentrer tranquillement dans votre sale baraque de snobinards et te planquer là-bas vite fait bien fait avant que quelqu'un aille te tatouer le crâne avec ses initiales. T'as eu de la veine cette fois, mais la prochaine fois que je te chope à traîner par là, je t'écrase, juste pour t'éviter le pire.

À partir de ce temps-là, je me mis à faire du stop régulièrement. En dehors de l'agrément que cela me procurait, j'adorais la compagnie de gens qui ignoraient tout de moi. Ainsi, j'avais les coudées franches pour broder et rebroder ma propre histoire, endossant à tour de rôle les multiples personnages qui me plaisaient, et au gré de mon humeur. Un jour, j'étais un acteur de Broadway venu en ville pour étudier l'accent régional en prévision d'un nouveau spectacle, le lendemain un lycéen californien à la recherche de son père inconnu. « Les gens racontent qu'il se fait appeler Rumsteak. C'est ma seule et unique piste pour l'instant. »

Certains tombaient sur moi comme si j'étais leur chance inespérée tandis que d'autres, tout en ralentissant, m'étudiaient longuement avant de prendre leur décision. Pasteurs noirs, serruriers à la retraite, maîtres nageurs, professeurs de danse, et même des rénovateurs de parquets ; la plupart du temps, ils étaient seuls. Raleigh n'était pas si grand que ça, et les gens n'hésitaient guère à rallonger leur trajet d'un kilomètre ou deux pour déposer un inconnu. « Tu devrais prolonger ton séjour dans le coin, Maurice, me conseillaient-ils. C'est un patelin sympa avec plein d'opportunités pour un pianiste aussi talentueux que toi. »

Je n'avais jamais franchi en stop les limites de la ville. C'est à la fac que je commençai. J'y avais fait la connaissance d'une fille, Veronica, dont la vie rappelait étrangement une de ces fables que j'aurais écrite moi-même. Sa mère était passée de vie à trépas dans leur salle à manger, où elle était branchée à un poumon artificiel. À l'époque, Veronica venait d'avoir 14 ans. Les nouvelles de sa mort lui étaient parvenues en pleine défonce à l'acide, la toute première.

– Crois-moi si tu veux, me dit-elle, mais il n'existe pas de meilleur moyen pour foirer un trip, même le plus prodigieux.

Après, son père s'était remarié deux fois en quatre ans ; aussi, elle avait dû subir, tour à tour, deux belles-familles. L'expérience lui avait appris à lutter pour sa propre survie. Elle avait une telle témérité, une telle indépendance que j'en restais bouche bée : elle maîtrisait parfaitement la technique du camping, roulait elle-même ses cigarettes et excellait dans l'art de se faufiler par la fenêtre du deuxième étage. Le campus universitaire s'élevait dans une région montagneuse et désertique à l'ouest de la Caroline du Nord, loin des fameuses curiosités touristiques. Ainsi, nous avions commencé par de petites virées d'un jour ou deux, d'abord à Gatlinburg pour voir les Peaux-Rouges bidon, puis à Cherokee pour approcher les vrais.

Elle avait un sens de l'initiative hors du commun et, très vite, nos équipées débordèrent des frontières de la Caroline du Nord pour atteindre Nashville, et même Washington, D.C. L'année scolaire terminée, je partis pour l'université de Kent et Veronica plia bagages pour San Francisco, où son frère lui avait refilé un job dans un ciné. En lisant ses lettres, j'avais l'impression de tourner désespérément en rond dans un monde sans intérêt. « On pourrait te monter le même plan, si tu veux, m'écrivait-elle. Comme ça, tu passeras tes journées à te farcir plein de pop-corn et de bonbons à l'œil. En plus, tu ne payes pas le ciné et tu as des chiottes propres – le pied, quoi ! »

Il m'a fallu un an pour me décider à la rejoindre. Je me suis donc lancé dans l'aventure en compagnie de Randolph Feathers, un étudiant de deuxième année que j'avais connu à une fête. Randolph s'appliquait à créer une nouvelle matière à l'université de Kent, la littérature beatnik, qui à mon humble avis n'allait pas révolutionner la science de la connaissance. Il trimballait toute une collection de livres de poche, des premières éditions crasseuses qui, à l'en croire, transformeraient notre voyage en une expérience spirituelle inédite gouvernée par les mannes bienveillantes de ses idoles et leurs accords de bongos. Enfin, pour parfaire son attirail, il s'était laissé pousser une barbiche, et s'était même payé un chapeau de brousse australien qu'il avait décoré de toutes sortes de pins' et de macarons en hommage aux nombreuses causes politiques chères à son cœur. Veronica m'avait prévenu : pour arracher à un chauffeur un détour de quelques kilomètres, il valait mieux ne pas polémiquer ni le contrarier. Par exemple, si le type croyait en la nécessité de mettre sur pied un programme radical de lutte contre la fécondité chez les Peaux-Rouges, le plus sage était de dire : « Ah... euh, je n'y avais encore jamais pensé, mais il doit y avoir du vrai là-dedans. » Seulement, le chapeau de Randolph décourageait d'office les propriétaires de Cadillac climatisées. Et, pour ne rien arranger, il s'était encombré de sa guitare. Avant même que le premier automobiliste daigne s'arrêter à notre hauteur, il avait tiré la guitare de son étui et égrenait ses marches funèbres de prédilection :

Sur le bord de l'autoroute
J'ai beau lever haut mon pouce
Les gens passent sans s'arrêter
Passent comme si de rien n'était.

Moi, à la place des automobilistes, j'aurais préféré un type armé d'un pistolet plutôt que d'une guitare. Allongé pieds nus sur le bas-côté, la tête calée contre son sac à dos, il passait son temps à tendre puis détendre les orteils, en se demandant pourquoi personne ne s'arrêtait.

Ô monde sans cœur et sans pitié, tirez-moi
De ce trou à rats froid et inhospitalier
Car mon seul espoir est d'arriver à Frisco
Avant d'y laisser mes cheveux et dépérir.

Sur les contreforts d'Indianapolis, deux jeunes nous ont embarqués dans une jeep; ils ont prétendu s'appeler Starsky et Hutch, comme les deux grandes gueules maniaques de la gâchette du célèbre feuilleton télé. Totalement défoncés, ils n'arrêtaient pas de délirer en lessivant leurs amphéts à grandes lampées d'un whisky tiédasse. Lorsque nous leur avons demandé d'où ils venaient, Starsky, à titre d'information, a lâché un rot.

– C'est l'abréviation du Delaware, nous a expliqué Hutch.

Starsky a ensuite fait un bras d'honneur au conducteur d'une voiture orange.

– Quel péquenot ! a approuvé Hutch.

Il a avalé une rasade de whisky et a éructé à son tour, prétendant que c'était aussi la devise du Delaware.

La jauge d'essence était presque à sec. Ils se sont arrêtésdans une station-service, où j'ai proposé de payer une partie de l'essence, dans l'espoir qu'ils verraient dans ce geste prévenant une participation aux frais suffisante. Starsky a refusé net : c'était bien gentil de ma part, mais si je pouvais lui offrir plutôt du caramel... « Pas de chocolat, du caramel. Tiens, tu pourrais par exemple faire un tour au centre commercial-là ? Je suis prêt à jurer qu'ils en ont. »

La prudence exigeait que l'un de nous reste en faction dans la bagnole, au cas où l'envie prendrait soudain au chauffeur de se barrer avec nos bagages. J'ai donc abandonné Randolph et je suis parti en reconnaissance sur le terrain morne et étale afin de combler les vœux de Starsky.

J'ai acheté un paquet de chips et un truc qui ressemblait à du caramel ; à mon retour, Starsky finissait de revisser le bouchon du réservoir à essence.

– Grimpe vite, chef !

Il a jeté un coup d'œil au pompiste qui se dirigeait vers nous pour encaisser. Juste au moment où le type s'arrêtait devant la pompe, Starsky a démarré sur les chapeaux de roues, giclé de la station et franchi le terre-plein en béton avant de s'engager sur l'autoroute.

– C'est pas très honnête ce qu'on a fait là, a observé Randolph. Et si on avait les flics au cul ?

Starsky s'est retourné vers lui :

– Les poulets ? Eh ho, mon pote, *no problemo*, merde ! Et puis quoi encore ? Elle pourra jamais nous rattraper, la flicaille !

Il a appuyé à fond sur la pédale de l'accélérateur et la jeep a vrombi comme un avion sur le point de décoller. Au passage, on avait la curieuse impression que les autres voitures étaient à l'arrêt. Starsky se cramponnait au volant comme un pilote de bombardier pilonnant un village de paysans innocents. Au bout d'un moment, il a crié à Hutch de tenir le volant pendant qu'il ouvrait le sachet de caramel, alors la jeep s'est élancée soudain sur l'autre voie, ratant d'un cheveu un camion-citerne plein de diesel. Des klaxons retentissaient, des freins crissaient. Pour la première fois de ma vie, je me suis surpris à penser : c'est comme ça qu'on meurt, c'est exactement comme ça que ça arrive. Le chapeau de Randolph s'est envolé par la vitre, et si le vent avait aussi emporté sa guitare je ne suis même pas sûr que je n'aurais pas sauté de joie. Pourtant, le moment était mal choisi pour se gausser des malheurs d'autrui. On était tous les deux dans de sales draps. Soit on crevait ensemble soit on passait le restant de nos jours au fin fond d'un hôpital, où les infirmières viendraient régulièrement masser nos membres comateux en nous murmurant des paroles d'encouragement. Malgré sa barbiche de matamore et son tee-shirt délavé, Randolph était désormais mon frère en larmes ; on tremblotait tous les deux de trouille, cherchant frénétiquement les ceintures de sécurité inexistantes sous nos sièges tout en nous agrippant l'un à l'autre pour nous remonter le moral. Le spectacle pathétique de notre affolement semblait amuser Starsky et Hutch, qui jonglaient du volant et faisaient des queues de poisson aux autres voitures juste pour nous voir trembler et demander grâce. Nous avons ainsi couvert une distance interminable avant que Starsky ne s'arrête pour aller se soulager derrière un panneau d'affichage. À ce moment-là, il m'a paru étrange que ce mec, qui mettait un point d'honneur à se cacher soigneusement pour pisser, soit en même temps capable d'escroquer un pompiste et, par-dessus le marché, d'attenter à la vie d'un nombre incroyable de gens. Il a disparu au fin fond des broussailles, et Randolph et moi avons profité de l'occasion pour nous échapper de ce piège mortel. À force de trembler, nos mains étaient à peine capables d'agripper nos sacs.

– C'est parfait, ai-je déclaré. Nous sommes arrivés, ouais, c'est ici qu'on descend.

Starsky a alors remonté sa braguette avant de laisser le volant à Hutch. Ce dernier, après avoir avancé d'une vingtaine de mètres, a reculé jusqu'à l'endroit où nous étions restés.

– J'ai oublié de te dire un truc, a lancé son pote, ton caramel c'est de la merde.

Hutch a manœuvré de nouveau en marche arrière mais cette fois en fonçant droit sur nous, mais il s'est ravisé, a réaccéléré brutalement en direction de l'autoroute dans un nuage de fumée et de gravillons. On a vu le caramel rebondir sur le panneau d'affichage avant de retomber sur la route, où Randolph a couru le ramasser. Après l'avoir épousseté, il a mordu dedans à plusieurs reprises avant de rendre son verdict : délicieux.

Le Colorado ressemblait aux photos qu'on en voyait dans les calendriers : ciels bleus sans nuages et montagnes épiques parsemées de sapins. Les mêmes images de calendriers, sans un chat ni la moindre voiture ou maison dans le panorama immaculé. Randolph a profité du temps de répit pour composer une nouvelle chanson de son cru :

Ouais on est bien au Delaware
Je te le dis, ç'en a tout l'air.

Pendant un moment, le risque de la catastrophe nous avait rapprochés l'un de l'autre. Nous ne cessions de raconter notre mésaventure aux automobilistes qui nous prenaient en stop, comme un vieux couple, l'un finissant les phrases de l'autre. Notre expérience parut conforter Randolph dans ses thèses beatnik, car il s'est mis à parler de plus en plus souvent de karma et de rédemption. Par un après-midi chaud et ensoleillé, nous marchions le long d'un fleuve. Ses eaux cristallines et tumultueuses coulaient sur un lit pavé de pierres polies. Comme il n'y avait pas de voiture en perspective, nous nous sommes déshabillés et jetés dans l'eau tandis que des poissons aux reflets argentés se faufilaient entre nos pieds, épuisés à force de naviguer à contre-courant. Des aiguilles de pin à l'odeur suave tapissaient la berge, et des lapins couraient se réfugier à l'ombre dans les prés. Le moment parfait, un de ces moments où les metteurs en scène, perchés sur leur échelle mobile, tournoyaient dans le vide en beuglant : « Là... c'est parfait ! Repos, les gars, c'est dans la boîte ! » Tandis que je m'émerveillais devant toute cette beauté, Randolph, imperturbable, hochait simplement la tête en citant la page et le chapitre du passage d'un bouquin qu'il avait emporté. Il me donnait l'impression d'avoir tout prévu, comme le touriste qui tient à bout de bras son guide Michelin et qui opine du chef en apercevant le London Bridge. C'est ce jour-là que je commençai à tempérer mon affection fraternelle à son égard. Mais celle-ci s'évanouit définitivement le jour où, après avoir sifflé la dernière goutte de nos réserves d'eau potable, il émit un rot sonore en me demandant à brûle-pourpoint si je connaissais un mot qui rimait avec Utah. Je n'en dormis pas plusieurs jours d'affilée.

À la frontière de la Californie, nous fûmes obligés de laisser les fruits et légumes que nous avions dans nos bagages, de crainte, disait-on, qu'ils n'introduisent de nouvelles espèces de mouches ou de charançons au cœur des plants secs, couleur ocre, qui poussaient autour du poste de contrôle. Pour ma part, je n'ai jamais fait partie de ces gens de la côte Est qui fantasment sur le charme romantique de la Californie. Néanmoins, je me sentis libéré à l'idée de poser le pied dans une région inconnue de tous les membres de ma famille. Randolph a pincé tendrement les cordes de sa guitare et, le cœur serré, je me suis séparé de mes trois prunes pourries comme si je me rendais coupable de trahison vis-à-vis de ma mère patrie. Enfin, nous avons passé la frontière à bord d'une Mustang de couleur pêche dont le propriétaire était orthophoniste à Barstow, et je n'ai pu m'empêcher de me retourner une fraction de seconde puis je me suis promis de ne plus jamais regarder en arrière.

San Francisco, vue de près, n'avait rien à voir avec la vie de bohème décrite dans les livres abîmés de Randolph. Quant aux rues, elles ne grouillaient pas de poètes en veine d'inspiration, mais d'hommes en chemise à col boutonné et pantalon de cuir étroit. Ce n'était pas la capitale des beatniks mais plutôt celle des débris[1]. Veronica nous avait dégotté des chambres dans une résidence gérée par un homme café au lait que ses curieuses croyances orientales obligeaient à porter exclusivement des robes orange vif et des anneaux aux bras, et à chanter d'incessantes mélopées. Après avoir tenu une dizaine de jours, Randolph dut reprendre le chemin du retour après qu'un voisin l'eut coincé dans le hall d'entrée pour lui demander s'il ne voyait pas d'objection à participer au jeu de la vérité. Seulement, le jeu en question consistait à lui sucer la bite. Trois mois plus tard, Veronica et moi prenions à notre tour la route pour l'Oregon, où nous avions bon espoir de nous en mettre plein les poches en cueillant des pommes et des poires. À défaut de s'en mettre plein les poches, on en avait plein le dos et, la saison terminée, nous avions traîné nos courbatures jusqu'au Canada avant de rejoindre la Californie, pour retraverser le pays de part en part en faisant des haltes au gré de nos humeurs. Enfin, même si Veronica ne ressemblait guère à un singe avec une trompe, une chose demeurait certaine : j'avais réalisé tous mes fantasmes d'étudiant. En tout cas, c'était une compagne de voyage

---

[1] Jeu de mots entre la culture *beat* (beatnik) et l'épithète *beat-off*, rejeté.*(N.d.T.)*

idéale, d'une tranquille assurance et d'une humeur toujours égale. Les automobilistes s'arrêtaient plus facilement pour prendre un couple que deux garçons. La plupart du temps, nous avions affaire à des dames seules ou à des camionneurs ; mais ces gens-là avaient beau rechercher de la compagnie, eux-mêmes n'étaient guère causants. Parfois, ils nous invitaient à passer la nuit chez eux et nous proposaient leur canapé en nous recommandant : « La salle de bains se trouve au bout du couloir. Je vous ai sorti des serviettes propres. De grâce, évitez d'emporter la télé ou la chaîne hi-fi en partant, ce serait sympa. Sinon, servez-vous, le reste n'a aucune valeur. »

Il nous arrivait également, certaines nuits, de dormir dans des maisons abandonnées ou à la belle étoile, ou encore sous les ponts ou dans des dépendances, et même – une fois – dans le parking d'un casino à Las Vegas. Nous avions mis le cap sur le Texas dans l'unique but d'admirer des tatous, mais nous continuâmes à cingler plein nord pour arriver à l'ouest de la Caroline du Nord à la mi-novembre. La prochaine étape, c'était fatalement Raleigh. Reculant autant que possible l'échéance, je racontai à Veronica que je filais voir des copains de fac dans l'Ohio. Or, c'était la plus longue distance que j'osais entreprendre seul mais, ayant déjà accumulé un nombre de kilomètres non négligeable au compteur, j'étais persuadé de pouvoir relever le défi. Après tout, le temps m'avait aguerri. Quoique sans modèle défini, j'avais trouvé le moyen de m'inventer un passé de héros intrépide et sans commune mesure avec les amuseurs de galerie décrits dans les poèmes et les romans beatnik de Randolph. Mes copains de fac me considéreraient comme un authentique prophète, et rien qu'à me voir en chair et en os, ils s'interrogeraient sur leur vie pantouflarde et inepte. Ils ne se lasseraient pas de me poser la même question trente-six mille fois : « Raconte-nous encore tes trois jours dans le désert Mojave. Dis, c'est vrai que le serpent à sonnette est aussi délicieux que le poulet ? Et le crochet, tu l'as mangé ?

Je n'étais pas du genre à affabuler mais j'estimais qu'il n'y avait aucun mal à enjoliver un peu les choses, en retouchant et en délayant l'histoire. Debout au bord de la route, je me mis à réfléchir. Au fond, que je doive relâcher des étalons sauvages ou bien attraper des truites à mains nues, une seule chose comptait : je fonçais tête baissée sans me soucier des conséquences.

C'est ainsi que j'entrepris un interminable périple aux côtés d'un type qui faisait du porte à porte pour vendre des fenêtres. Je passai six bonnes heures à m'entendre répéter : « Toi, tu fais rien d'autre que prendre, tu prends et t'arrêtes pas de prendre. Je me goure pas, hein ? T'es toujours là, au bon moment, le pouce en l'air – t'as absolument rien à foutre de ce qu'en pense le monde, tu prends tout ce qui te tombe sous la main. Oui, c'est ça, tu te sers, c'est tout ; t'arrêtes pas de te servir, jusqu'à en crever, pas vrai ? Mais donner, hein, donner ? Tu crois que t'en seras capable, ou bien l'idée ne t'a même jamais effleuré l'esprit ? Espèce de rigolo, je vais te dire, moi. Je suis sûr et certain que tu pourras pas. Et tu sais pourquoi ? Parce que t'es trop occupé à prendre, monsieur La-Main-tendue, s'il vous plaît, M'sieur, s'il vous plaît, M'sieur, s'il vous plaît, M'sieur. Tu sais, moi, je suis de ceux qu'on appelle les "vaches à lait du fisc". Les impôts, c'est... une douloureuse que les gens qui bossent sont obligés de payer pour que des rigolos comme toi puissent se la couler douce les doigts dans le nez. Je raque, moi, j'arrête pas de raquer, jusqu'au jour où il me restera plus rien ! Je me retournerai et ce sera pour raquer encore. Je raque et je raque et je raque pour tous les petits pourceaux chéris d'Oncle Sam, du premier jusqu'au dernier. Mais il y a un hic, tu sais, c'est que j'ai rien à y gagner, moi, tu piges ? D'ailleurs, j'étais en train de me dire qu'il serait peut-être temps que moi aussi je prenne ma part en retour. Ouais, je t'assure, m'est avis qu'il est peut-être temps d'inverser les rôles, pour voir. Et justement, mon petit pote, tu vas m'aider. Tu vas laver ma bagnole, tu vas me la nettoyer, à l'intérieur comme à l'extérieur. Et attention, tu vas me payer pour le faire ! »

Il sortit de l'autoroute en direction d'une station de lavage où on voyait trois phoques sur le toit en train de lustrer une limousine avec leurs nageoires automatiques. Le chauffeur ne décollait pas du pare-chocs, me tenant à l'œil pendant que je lavais sa tire à grande eau avant de l'astiquer.

– Très bien, mon petit gars, vas-y, un peu plus de nerf ! C'est parfait. Ensuite, tu vas me faire le plaisir de vider tous ces cendriers puis tu me passeras un coup d'aspirateur là-dedans, de fond en comble ! Magne-toi un peu le train, plus vite, y'a pas une seconde à perdre !

Si la corvée en soi ne me posait pas le moindre problème, sa façon de m'aboyer des ordres, elle, me mettait hors de moi.

« Alors, ça fait quel effet d'être à la place de celui qui raque ? Pas drôle, hein ? Alors, grouille-toi, mec, et astique-moi ces enjoliveurs, et que ça brille ! Astique, mec, du nerf, putain de merde ! »

Mais oui, j'astique, et je ne fais que ça, astiquer. Tu vas me lâcher un peu les baskets, oui ? J'en avais ras le bol. Les feux avant reflétaient son crâne chauve et étincelant tandis que je ponçais avec le chiffon comme si c'était du papier de verre. Je dus polir tous les accessoires, de l'antenne à la plaque d'immatriculation avant qu'il ne me rende enfin mon sac à dos et reprenne la route en se frayant un chemin dans la circulation à grands coups de klaxon. Une voiture me reprit en stop, puis une deuxième me largua à une quarantaine de kilomètres après Charleston en Virginie de l'Ouest. Le soleil se couchait. J'espérais que quelqu'un me prendrait pour une longue distance avant la tombée de la nuit, un bon plan qui m'emmènerait peut-être d'une seule traite dans l'Ohio. Il commençait à geler, j'avais les mains couvertes de gerçures pour avoir nettoyé la voiture de l'autre malade, et la peau toute rugueuse malgré les ongles brillant sous l'effet de la cire.

Je dus attendre une bonne vingtaine de minutes pour qu'un routier ralentisse avant de s'arrêter à quinze mètres plus loin. Son camion faisait de la réclame pour un spécialiste du froid et de l'air conditionné. Des petits plaisantins me jouaient souvent des tours du même acabit : ils faisaient mine de s'arrêter au loin puis, après m'avoir laissé parcourir à grandes enjambées la distance qui me séparaient de leur bagnole, ils redémarraient en éclatant de rire. Par mesure de précaution, j'avais décidé d'adopter un trot décontracté et un air indifférent.

La chemise du chauffeur suffit aux présentations : « T.W. » Ses doigts étaient maculés de graisse et la cabine de son camion était jonchée de papiers de bonbons et de canettes de soda. Je m'enquis de savoir ce que « T.W. » voulait dire. Il me répondit que ça voulait dire « T.W. », c'est tout. Il m'expliqua que son nom de famille commençait par un A, alors « quand on met les trois initiales bout à bout, ça fait bien ». Son visage poupin était franc et ouvert, et ses traits, constamment figés dans une expression de béatitude. On aurait dit qu'il avait passé les dix dernières années dans un coma avancé avant de se réveiller devant le spectacle d'un monde inconnu, nouveau et fantastique. Je lui racontai que j'étais étudiant en médecine en année d'internat et que, dans quelques mois, j'obtiendrais mon diplôme parmi les premiers de ma promotion.

– Non c'est pas vrai ! Un toubib, toi ? Et tu vas opérer des gens ? Mais tu dois être vachement calé ! Un toubib, tu te rends compte ! Tu vas opérer les gens au cerveau, tu dis ?

Je lui répondis qu'en effet je n'avais fait que ça depuis des années et que, du reste, ce n'était pas aussi compliqué que ça en avait l'air. Comme il pouvait paraître bizarre qu'un chirurgien du cerveau de vingt ans à peine s'abaisse à faire du stop, je préférai lui expliquer que j'avais fait un pari avec un de mes camarades de fac.

– J'ai parié cinquante dollars que j'irais de l'université de Duke jusqu'à celle de Kent en stop et que j'arriverais demain avant la conférence sur le lobe frontal. En fait, je n'avais pas plus besoin de ce pognon que d'autre chose mais vous savez, nous autres toubibs on fait souvent plein de trucs juste pour s'aérer un peu la tête, quoi.

– Ah ouais ? Eh bien, je vais prendre les dispositions nécessaires pour que tu gagnes ce pari, me promit T.W.

Il m'a expliqué qu'il allait bientôt finir sa tournée et que ce serait un immense plaisir pour lui de m'accompagner jusque dans l'Ohio, car non seulement lui-même était couche-tard mais il n'avait pas passé plus d'un quart d'heure avec un toubib depuis qu'il s'était fait broyer le pied par un climatiseur quelques années auparavant. « Ma parole, personne ne va me croire ! » meuglait-il. « Un chirurgien du cerveau ! Dans mon camion ! » Le temps de déposer vite fait des papiers chez un de ses potes, et le tour était joué. Il est sorti de l'autoroute, s'est engagé dans une série de quatre voies et de routes de campagne tortueuses avant de se garer devant une taverne, un bâtiment trapu dont l'ossature en parpaings était éclairée par des publicités de bière et une enseigne lumineuse indiquant qu'il y avait un billard. Il m'a invité à descendre, mais j'étais loin d'avoir l'âge requis et, par ailleurs, je ne m'étais pas encore trouvé d'affinités avec l'alcool.

– Ne vous gênez pas pour moi, allez-y, lui ai-je dit. Moi, je vais rester tranquillement ici. De toute façon, il faut que je révise mon cours de lobotomie pour la semaine prochaine.

Que T.W. me prenne pour un véritable médecin me laissait sans voix. Je me jurai que, une fois arrivé à Kent, je lui demanderais de me déposer devant l'infirmerie de la fac et je poursuivrais ma route à pied jusqu'à la résidence universitaire. Cependant, je ne cessais de redouter la grosse tuile : tomber en chemin sur un accident de la route qui m'obligerait à soigner des blessés. Mais le cas échéant, je n'aurais qu'à lui dire qu'il me manquait l'autorisation d'exercer dans cet État.

C'est au crépuscule que T.W. s'engouffra dans le bar. Je suis resté dans le camion à contempler les rayons du soleil qui s'estompaient derrière les montagnes alentour. Une, deux ou trois heures s'écoulèrent ainsi à attendre et, le temps que je me décide à récupérer mon sac à dos pour reprendre la route, il faisait nuit noire. Je n'avais pas la moindre idée de l'endroit où je me trouvais, et la circulation sur la route était quasi inexistante. Pas un réverbère. Dans le lointain, des aboiements. Des chiens. Lorsque les premières gouttes de pluie se sont mises à tomber, j'ai pris mon sac resté sur la plate-forme du camion pour y chercher un pull et une paire de chaussettes afin de me couvrir les mains. Une voiture est venue se garer sur le parking. J'ai observé le chauffeur. Sans se gêner le moins du monde, le type a vidé son cendrier sur le gravier avant de se diriger vers le bar, un comportement somme toute banal, à mes yeux, dans ce genre d'endroit. Le regard braqué sur les lumières de la taverne, j'ai fini par me demander quelle sorte de gens pouvaient élire domicile dans un patelin aussi mort et paumé. D'après ce que j'avais pu voir, c'était juste un lotissement de pavillons construits autour d'un magasin. Pourtant, la vue était saisissante ; on pouvait même admirer les montagnes en passant, mais pourquoi rester là ? Le voyage est censé ouvrir l'esprit, mais sans la compagnie de Veronica, ça me déprimait plus qu'autre chose. Plus je parcourais de kilomètres, plus je comprenais que je ne comptais pour personne d'autre que ma famille, que j'avais cru bon de quitter ; mais qui connaissait ma famille, à part nos amis et nos voisins, habitants d'un trou aussi pourri que celui-ci ? D'accord, Raleigh représentait un point un peu plus gros sur les cartes géographiques. Mais, d'une façon générale, il persistait un nombre troublant de bleds perdus et de patelins étranges qui militaient pour annuler le mythe, déjà gravement affaibli, de mon amour-propre. Comme cette idée me déprimait, j'ai allumé la radio pour suivre une émission du type « S.V.P. – J'écoute ». Le sujet de ce soir-là allait de la découverte récente d'un nouveau système de traction pour les tracteurs aux dangers insoupçonnés des appareils calorifères mal entretenus. Le chauffage. Autant lire le menu d'un grand restaurant à un prisonnier à la diète. Pendant que les clients ne cessaient de brailler, je restais assis là à me représenter le spectacle de leur retour au foyer douillet, mœlleux et chaud, fasciné par les nuages glacés qui soufflaient en volutes de ma bouche pour s'évanouir doucement dans l'air réfrigérant.

Ce n'est qu'aux alentours de 22 heures que T.W. jaillit du bar en titubant, près de six heures après y être entré. D'un bras, il s'appuyait sur un joyeux drille au visage guilleret et oblong et, de l'autre, sur une femme obèse qui tenait son sac à main par-dessus la tête pour se protéger des rafales de pluie.

Elle a prononcé ensuite quelques mots, déchaînant de nouveau l'hilarité des deux hommes qui se tenaient les côtes comme s'ils allaient dégueuler. J'étais à bout de nerfs. Malheureusement, je n'avais pas d'autre choix que de ravaler ma colère, comme à chaque fois que je me trouvais dans l'obligation de compter sur autrui. En effet, quels que soient les avantages du stop, son principal inconvénient était de nous priver d'un droit essentiel que nous tenions de Dieu : celui de râler quand il le fallait. Cette fois encore, je devrais faire comme si je n'avais pas vu passer le temps, ni observé le changement de température. Je leur dirais d'un ton jovial : « Dites donc, c'est déjà fini ? Mais non, enfin, comment ça ? Je suis tout ce qu'il y a de cool ici, moi, et si je me frotte les mains, c'est simplement parce que je trouve cette aventure passionnante, c'est tout. Bon alors, qu'est-ce qu'on fait ? »

N'importe quel idiot aurait pu constater au premier coup d'œil que T.W. était saoul. D'un signe de la main, il dit au revoir à ses âmes damnées et entreprit de remettre en marche le moteur du camion ; il enfonçait la clé à l'aveuglette comme si la serrure avait pu changer de place pendant sa longue absence.

– Ces gens-là, a-t-il proclamé d'un ton sentencieux, c'est mes potes. Je les connais depuis ma plus tendre enfance. C'est des gens bien, des gens super marrants, tu peux pas savoir.

Son visage avait perdu toute trace d'innocence pour se refermer dans un rictus catégorique, péremptoire et définitif. « Mes potes. Mes amis personnels, intimes, des sacrés nom de Dieu de potes. Ouais, ça c'est mes vrais potes, pas du chiqué, mes putain de merde de potes. » Il répéta le mot encore et encore, tapant du poing sur sa poitrine comme pour être sûr de se faire bien comprendre : « Ah, mes potes. Ils m'adorent. Et moi je les adore. Allez, ça suffit, on se casse. »

C'est à ce moment-là que mon petit doigt me dit qu'on n'était pas près de reprendre la route pour l'Ohio. À l'entrée de l'autoroute resplendissante de lumières et grouillante de circulation, je me risquai à lui proposer de me déposer, mais T.W. ne voulait pas en entendre parler.

– Ah non ! Tu vas d'abord m'accompagner à la maison. Chez moi, avec moi. Ma baraque est bien décorée, il y a plein de tapis par terre, des télés partout et toutes sortes de saloperies de ce genre. Pas question que tu restes à glandouiller dehors par une nuit pareille ! Il faut arrêter, quoi. Toutes ces conneries, l'école, la fac, mais ça vaut pas un clou, ces trucs-là !

Je la voyais d'ici, sa maison. La peinture à la finition bâclée, la moquette couleur de fumier. Il ne me restait qu'un seul espoir : qu'elle se trouve près d'une route où il y avait du passage. Une fois rendu sur place, je pourrais peut-être trouver une issue ; mais pour l'instant, j'étais obligé de me plier à ses caprices.

– Alors, qu'est-ce qu'on disait ? Que t'es un grand docteur, toi, hein ? T'aimes ça, hein, foutre tes petits doigts dans la cervelle des gens et tripoter là-dedans, hein ? C'est comme ça que tu prends ton pied ? Je vais te donner quelque chose à tripoter, moi, petit malin.

Je ne l'ai pas vu arriver. J'avais les yeux fixés sur la route. Sans crier gare, il m'a saisi par les cheveux et m'a collé la tête sur le siège en me maintenant d'une main dans cette position tandis que, de l'autre, il fouillait dans la poche de sa veste. Le camion a zigzagué et s'est déporté sur le gravier du bas-côté avant qu'il ne reprenne le contrôle en rattrapant le volant. Je me retrouvais avec un objet froid et contondant contre la mâchoire et, avant même de le distinguer clairement, j'ai su qu'il s'agissait d'un flingue. La présence physique de cet engin a déclenché en moi une panique qu'on ne perçoit généralement pas dans les films et les feuilletons où il joue un rôle si important.

– Dis, ça te plaît ça, non ?

Seul un maniaque multirécidiviste pouvait poser une question aussi inepte. Je me suis repris à imaginer sa maison, sa peinture et sa moquette grotesques, mais cette fois, le décor avait changé : le sol était jonché de cadavres, et c'était exactement le genre d'endroit où des scènes comme ça se produisaient. Peut-être même avait-il dû jouer de ses compétences professionnelles pour se construire une chambre froide spéciale servant à la conservation des macchabées, ou bien il caressait le désir de m'enterrer sous sa remise à outils et les autorités, par la suite, ne pourraient procéder à mon identification qu'après une expertise poussée de mes moulages dentaires. Doux Jésus, mon dossier dentaire ! Mais depuis combien de temps n'avais-je pas consulté un dentiste ? Et d'ailleurs, par quel concours de circonstances ne me trouvais-je pas dans un cabinet en ce moment même avec Maman, en train de fumer dans la salle d'attente en déchirant les recettes des magazines féminins à chaque fois que la secrétaire tournait le dos ? Mais non, si d'aventure on demandait mon dossier à mon dentiste, il répondrait que je l'avais bien cherché, à force de faire du stop. C'est ce que tout le monde dirait, d'ailleurs. Mes parents secoueraient la tête, accablés de honte devant mon imbécillité, tandis que les potes de T.W. et ses voisins défileraient à la télé en protestant : « Mais puisqu'on vous dit qu'il pouvait pas faire de mal à une mouche, je vous assure, comment pouvait-on savoir ? »

J'eus soudain l'impression que le camion ralentissait pour

négocier un virage. Nous sortions de l'autoroute. La bretelle était là. Il a relevé le canon en redressant le volant. J'en ai profité pour me tortiller dans tous les sens avant d'enfoncer la portière et de sauter en revoyant au ralenti les détectives des téléfilms qui, eux, semblaient chaque fois réussir le coup sans trop se fatiguer. Je regrettais à présent mes railleries à l'encontre de ma mère et ma grande sœur et leur engouement ridicule pour le petit écran. Il faut faire un roulé-boulé ! repensai-je. N'était-ce pas ce que criaient ma mère et ma sœur au moment où leur héros se jetait d'un train après avoir fait main basse sur les plans de l'ennemi ? Fais un roulé-boulé, fais un roulé-boulé ! Atterrissant brutalement sur le gravier du bas-côté, je terminai ma course folle dans un caniveau limoneux, gorgé de détritus et de ronces. Mon sac avait touché terre quelques mètres plus loin ; je le ramassai et pris mes jambes à mon cou en me demandant ce qu'il pouvait bien contenir pour peser si lourd. Derrière moi, le camion manœuvrait en marche arrière pour quitter la route. Soudain, la portière a claqué et une silhouette s'est mise à battre précipitamment les fourrés. C'était lui qui se lançait à ma poursuite. J'avais donc pris tant d'importance à ses yeux que jamais il ne me laisserait m'en tirer vivant ? Le type semblait déterminé. J'ai songé à grimper dans un arbre pour me cacher, mais seuls les gens poursuivis par un ours adoptent ce genre de solution. À moins que je ne me trompe... Et puis, il n'y avait que les petits ours – dont le poids s'y prêtait – qui parvenaient peut-être à grimper aux arbres mais de toute façon, comment aurais-je pu y arriver les mains emmitouflées dans des chaussettes ? Peut-être valait-il mieux, avec les gros ours, s'étendre tranquillement par terre et faire le mort ? Mais là, une chose demeurait certaine : j'avais affaire à un homme, alors cela ne rimait à rien de se demander quel comportement adopter face aux ours. Il avait un flingue et était prêt à me coller une balle dans le dos ou peut-être même dans la tête, et ma cervelle volerait en morceaux en éclaboussant la forêt tels les restes d'un melon. Ou bien dans la jambe, ou dans l'épaule, m'arrachant l'avant-bras droit, et ensuite je remercierais le Ciel d'être capable de me masser le moignon et de taper sur les touches du téléphone de la main gauche. Non, ce qu'il me fallait, c'était une arme. Des auto-stoppeurs m'avaient confié qu'ils emportaient toujours un petit truc discret, ne serait-ce qu'un canif ou une bombe lacrymogène, précaution ridicule à mes yeux car j'étais alors persuadé qu'il n'existait rien au monde de plus dissuasif que l'esprit humain. Quel imbécile ! Je n'avais qu'un misérable ouvre-boîtes. Ouais, je devais sûrement avoir fourré quelque part au fond de mon sac un ouvre-boîtes que je pourrais raccorder à une tige de bois pour faire une sorte de flèche rudimentaire, mais oui, une flèche ! J'en avais vu dans les boutiques de souvenirs, ornées de perles et de plumes. Les Indiens eux-mêmes n'en fabriquaient-ils pas ? Ah non, je pensais sans doute aux tomahawks. Oui, ils faisaient bien des tomahawks, mais comment ? Combien de jours ou peut-être même de semaines leur fallait-il pour en terminer un ? Non, il me fallait plutôt une bouteille cassée, une lance, ou un de ces boulets que les chevaliers faisaient virevolter au bout d'une chaîne lors des tournois. Il me fallait à tout prix un objet quelconque – n'importe quoi – dans les mains, dans les bras. Ah oui, Maman ! Parfaitement, c'était de ma mère que j'avais besoin là, tout de suite. Elle mettrait un terme à ce cauchemar. Foutez la paix à mon fils ! Mais où était-elle en ce moment ? Qu'est-ce qu'elle était en train de faire ? Pardonne-moi. J'avais soudain envie de le lui dire et je ne cessais de le lui répéter, encore et encore. Pardonne-moi, je t'en supplie. Je m'étais par mégarde retourné pour jeter un coup d'œil dans mon dos quand j'échouai brusquement au fond d'un buisson épineux. Si je conservais encore une dernière chance pour me relever et m'enfuir, il était malheureusement trop tard. Déjà sa silhouette se dessinait à travers les arbres, à contre-jour dans la lumière des phares.

– Eh ho, docteur Ducon-Trouduc, reviens ici tout de suite !

Il a tourné la tête sur ma droite : il ne me voyait pas, c'était évident.

– Écoute, je veux pas te faire de mal. Secoue-toi un peu et remonte dans le camion. C'était juste pour rigoler, c'est tout. D'ailleurs, il est même pas chargé, regarde. Tu peux vérifier !

Il a appuyé sur la détente et le fusil a émis un petit déclic de rien du tout.

– Allez, c'était juste pour rigoler, quoi. Putain, on a même pas le droit de se marrer ou quoi ?

Il s'en est retourné vers le camion à pas lents en se frayant, à l'aide du canon de sa carabine, un chemin dans les buissons.

– Bon, écoute-moi, connard, c'est à toi que je parle. Amène-toi par ici. Ton cinéma, j'en ai vraiment plein le cul.

Il a allumé une clope puis s'est acharné sur le klaxon comme si j'étais simplement parti pisser un coup et que je n'arrivais pas à retrouver mon chemin.

– Tu veux passer la nuit sous une bûche trempée ? C'est ça que tu veux ?

Il a baissé la vitre et a redémarré lentement, la portière toujours ouverte et les lumières de la cabine allumées, sifflant de temps en temps comme pour appeler un chien perdu.

J'étais dans de beaux draps. Ça puait le traquenard. Il allait sûrement garer le camion un peu plus loin sur la route pour tenter de me prendre à revers aussitôt que je me considérerais hors de danger. Mais oui, s'il lui prenait soudain l'envie de revenir sur ses pas pour me tendre un piège ? Et pire encore, tandis que je restais à couvert, il pouvait gagner du temps pour charger son flingue ou passer un coup de fil à ses acolytes ; qu'ils soient de la même secte ou du même gang, ces derniers allaient organiser sur-le-champ une battue dans la forêt, munis de gourdins, et même d'un sac pour transporter mon cadavre. Je me suis relevé puis j'ai reculé prudemment à croupetons plusieurs fois de suite jusqu'à ce que, mes batteries soudain rechargées, je jaillisse des bois et pique un sprint jusqu'au pied de la colline. Là, j'ai déboulé au beau milieu de l'autoroute, agitant les bras pour faire arrêter les automobilistes. Les deux premières bagnoles me manquèrent d'un cheveu, mais la troisième ralentit. Il s'agissait de trois étudiants, qui rentraient passer le week-end chez eux à Akron. Je me mis à leur détailler ce qui venait de m'arriver. Le souffle encore court, je récapitulais d'une voix de tête :

– Ensuite, j'ai sauté du camion puis j'ai couru à la recherche d'une cachette dans les bois, mais le mec s'est lancé à mes trousses, vous savez, il portait une arme, un fusil, et comme je...

– Sans vouloir te vexer, m'interrompit brutalement le chauffeur, tu serais pas pédé par hasard ?

Ses potes se tordaient à l'unisson, les mains en coupe autour de la bouche. Je n'avais pas obtenu en retour le geste de sympathie auquel je m'attendais. Ils m'avaient pris à bord dans l'unique espoir de me taper de la drogue, calcul qui se révéla juste. Nous fumâmes ensemble quelques joints, puis le chauffeur emprunta un raccourci en forme de grand huit, une véritable roue de la mort, à travers les monts Ozark. Au fond, qui sème le vent récolte la tempête : en guise de remerciements, ils ne m'adressèrent plus la parole jusqu'à l'entrée de l'autoroute du Kent.

J'ai continué à voyager en stop quelques années encore, mais après ma mésaventure avec T.W., on aurait dit que les choses avaient changé. Je ne pouvais m'empêcher de me sentir un peu aigri. M'étant longtemps laissé bercer par l'illusion que les gens ne pouvaient que me faire confiance, c'est moi qui désormais, ne pouvais plus leur accorder ma confiance. Dès qu'un automobiliste se présentait sous le nom de Tony, je me demandais pourquoi il avait choisi justement ce prénom-là et non un autre. Ce n'était qu'une bande de menteurs, tous, du premier jusqu'au dernier. Paradoxalement, cette prudence fonctionnait comme une balise lumineuse destinée à attirer irrésistiblement les personnes mêmes que je voulais éviter. Les conducteurs qui me prenaient à bord semblaient croire que j'avais plus à leur offrir que ma simple gratitude. La drogue, ce n'était pas le pire. J'en avais toujours sur moi et j'en offrais dès qu'on m'en demandait. En revanche, ce qui me laissait comme deux ronds de flan, c'étaient toutes les propositions sans équivoque. En effet, prendre son pied à 80 kilomètres à l'heure me paraissait absurde et, du reste, pourquoi avec moi, un parfait inconnu ? Le sexe m'évoquait plutôt l'image d'un type au bord des larmes qui m'avouerait timidement : « Je t'aime si fort... je ne me reconnais même plus. » Dans mes fantasmes, mon petit ami n'avait pas d'âge précis. Il n'avait pas de race définie, une seule chose comptait : je le rendais dingue. Notre première rencontre se passait dans des circonstances étranges : nous participions à la cérémonie de mise à l'eau d'un bateau ou bien, rescapés d'un ouragan, nous étions réunis sous le même abri de fortune. Je rêvais de nos premiers rendez-vous, puis des nombreux anniversaires de notre rencontre, où nos enfants d'adoption, rassemblés à nos pieds, nous supplieraient à genoux : « Racontez-nous encore l'histoire de votre première rencontre. » Certes, il n'était pas exclu que celle-ci se passe dans une voiture ou bien une camionnette, mais pas en stop. Il fallait que ce soit un peu plus élaboré que ça. Par exemple, un automobiliste généreux succomberait un jour à une crise cardiaque, et mon futur serait membre de l'équipe des urgences. Une seule chose comptait : notre rencontre serait totalement fortuite, ce qui ajouterait une note de romantisme à la situation.

– Ça t'arrive de coucher avec quelqu'un qui te prend en stop ?

La palme de la franchise revenait aux mecs qui arboraient une alliance au doigt et un siège bébé sur la banquette arrière. Afin de couvrir le secret de leur double vie, ils devaient se contenter de rencontres furtives et anonymes. Un jour, il m'est arrivé une mésaventure avec un couple marié du côté d'Atlanta. À 2 heures du matin, ces deux-là sillonnaient la contrée à bord de leur Cadillac, à moitié nus de la taille aux orteils ! Ils m'ont proposé gentiment de passer la nuit chez eux et, à peine arrivé, le mari s'est mis à se masturber l'air de rien tandis que sa femme se recoiffait.

– On va te préparer quelque chose à manger, offrit-elle. Tu vas me goûter ça ; je suis un vrai cordon bleu, tu sais ?

Quelques jours plus tard, à Fayetteville, je terminais ma longue errance au fin fond d'une ruelle sinistre, pourchassé par un type qui se proposait de m'écrabouiller le crâne comme une cacahuète. Les planques dans les buissons étant devenues mon lot quotidien, j'ai fini par comprendre qu'il était temps pour moi de me poser de sérieuses questions. Je me suis farci les 10 kilomètres qui me séparaient de la ville à pied avant de prendre place à bord d'un autocar. Plus jamais je ne fis de stop.

Je ne conduisais pas non plus. Un jour, alors que j'étais en vacances avec mon petit ami du moment, il se gara dans le parking désert d'un restaurant et m'ordonna d'essayer de conduire. Après de vagues explications sur la subtile différence entre l'embrayage et le frein, il me laissa sa place. À peine avais-je fait une embardée sur la route en double sens qu'il se mit à protester vivement. C'était un dimanche et, à vrai dire, la circulation était quasi nulle. Sur mon trajet, je ne dépassai qu'un gamin à vélo et une vieille dame qui poussait une brouette. Comme ça me fichait la trouille de passer si près d'eux, je me déportai vers le milieu de la chaussée, où je me croyais plus en sécurité. Ensuite, j'accélérai comme si j'accompagnais à l'hôpital une femme sur le point d'accoucher puis je ralentis avant de me laisser aller sur les gravillons du bas-côté pour faire croire que je m'étais endormi au volant. Nous continuâmes notre course jusqu'à un ranch aux murs peints à la chaux. Un homme se tenait debout dans la cour. Il portait un tablier et surveillait un barbecue tout fumant. Je martelai le klaxon et lui fis de grands signes de la main en espérant qu'il lâcherait ses pincettes pour courir se mettre à l'abri comme s'il venait d'apercevoir un chimpanzé au volant d'une voiture. Or, au lieu de plonger dans les massifs d'arbustes, l'homme s'est contenté de lever sa main gantée en guise de salut avant de retourner vaquer à ses occupations. Que quelqu'un puisse me prendre pour un chauffeur accompli, que l'espace d'un instant je puisse paraître responsable et digne de confiance, cela dépassait mon entendement. Certes, j'avais adoré ma petite virée, mais je n'allais pas en faire une habitude. La conduite automobile est trop périlleuse et, par-dessus le marché, remplir des formulaires d'assurances n'était pas du tout mon genre. J'eus beau changer de domicile, toutes mes villes d'élection disposaient de transports en commun de qualité, d'abord Chicago, ensuite New York, où la vie est encore plus facilitée par la surabondance de taxis. Là-bas, il suffit de tendre la main pour en arrêter un, à condition de replier son pouce à l'intérieur de la paume. Les chauffeurs ne parlent pas tellement anglais, mais c'est aussi pour ça qu'on paie : pour être au calme.

Il m'arrive encore, de temps à autre, de me retrouver à bord d'une voiture avec un ami et qu'on choisisse d'ignorer les silhouettes debout au bord de la route. On entrevoit les cheveux s'ébouriffer sous les tourbillons soulevés par la circulation démente, les lèvres bouger pour formuler une prière ou, mieux encore, une malédiction. Il me prend alors l'envie de demander au conducteur de s'arrêter mais au lieu de cela je fais mine de régler l'auto-radio et je baisse la tête jusqu'à ce que le fantôme de l'auto-stoppeur ait disparu du rétroviseur.

TÉTRAPLÉGIQUE

J'ai passé toutes mes années de lycée à contempler les pins par la fenêtre de la salle de cours en fantasmant sur mes futurs camarades étudiants dans les universités chics de la côte Est où, une fois installé, je recevrais de discrets mots doux signés par Colgate, mon richissime voisin de chambre : « Rendez-vous à l'esplanade à 5 heures. » À l'époque, le mot esplanade n'avait aucun sens pour moi, mais une chose était sûre et certaine : j'en aurais désespérément besoin. Par ailleurs, je ne compterais parmi mes copains de fac que des propriétaires de chevaux. Jusqu'à leurs chausse-pieds seraient marqués à leurs initiales. J'irais passer les week-ends dans la propriété de mon voisin de chambre, où je me laisserais dorloter par sa mère : « J'ai donné des instructions formelles à Helvetica : elle va enfin vous préparer ces petites crêpes dont vous semblez raffoler ; nonobstant, la pauvre a eu un mal fou à mettre la main sur des groseilles fraîches. » Elle repartirait alors dans un énorme fou rire, dévoilant ses gigantesques dents devant mes inépuisables mots d'esprit. « Quel phénomène vous êtes ! s'exclamerait-elle. De grâce, vous allez au moins me promettre de réfléchir à ma proposition de nous accompagner à Bridle Haven à Noël ; sans vous, la fête n'aura tout simplement pas de sens ! »

Or mes rêves paradisiaques étaient sans cesse mutilés par le même soupçon : il y avait quelque chose qui clochait, un truc que j'avais dû oublier. Au bout d'un moment, je finis par comprendre qu'il s'agissait de mes résultats scolaires. En effet, j'ai soudain réalisé avec un profond sentiment de déception qu'une mention passable ne suffirait jamais à remplir les critères de candidature à Harvard. Élève moyen, voilà le mot qui me chiffonnait. Moyen et passable, les deux termes marchaient la main dans la main.

Au lieu de cela, on m'a envoyé dans une université d'État à l'ouest de la Caroline du Nord, où les immeubles en briques trapus arboraient des plaques signalétiques : DATE DE CONSTRUCTION : 1974, et les mots que me glissait mon voisin de chambre m'accusaient plutôt d'avoir fauché son collier en vrais coquillages ou bien son manuel de rattrapage d'anglais. Je m'attends à lire dans le journal un de ces quatre matins qu'en fait le gouvernement avait utilisé ce campus pour mener à bien une expérience perverse qui consistait à étudier les effets d'une consommation à outrance des albums de Pink Floyd sur le psychisme des étudiants, qui étaient tous capables de fabriquer un narguilé à partir de rien, mais ne parvenaient pas à se faire à l'idée qu'il était impossible de se rendre en Europe en camping-car.

J'ai donc passé l'année à cravacher dur afin d'améliorer mes résultats dans l'espoir de pouvoir aller dans une autre université, n'importe où. En fin de compte, j'ai jeté mon dévolu sur Kent parce que quelques types s'y étaient fait tuer. Au moins ils n'étaient pas morts d'ennui, et pour moi cela suffisait à faire la différence. « À Kent ? s'écriait-on autour de moi. Dis, t'es sûr de pouvoir t'en sortir sain et sauf ? »

J'y arrivai en septembre et fus dirigé droit sur une cité U réservée en priorité aux étudiants handicapés. D'habitude, j'avais tendance à détourner mon regard à chaque fois que je croisais sur mon chemin une personne en fauteuil roulant, mais là, je n'avais pas le choix : il y en avait partout. Ils avaient à peu près le même âge que moi, à la seule différence qu'ils avaient probablement eu la malencontreuse idée de tenter un plongeon dans une piscine pas assez profonde, de sous-estimer la ligne de défense de l'équipe adverse lors d'un match, ou peut-être s'étaient-ils amusés à reprendre le volant totalement bourrés à la fin du bal de fin d'année ou avaient simplement glissé sur le toit de la maison de leurs parents en nettoyant la gouttière ; une petite erreur de rien du tout, qu'ils ne pourraient jamais réparer. Les paraplégiques, par exemple, se rassemblaient dans le hall d'entrée, où ils passaient leur temps à comparer les mérites respectifs de leurs bagnoles et de leurs fauteuils « customizés » tandis que les tétraplégiques les contournaient dans le ronron persistant de leurs voitures électriques, plissant des yeux à cause de la fumée des cigarettes coincées crânement entre leurs lèvres.

Durant le premier trimestre, j'ai partagé une chambre avec un type du nom de Todd, un gars sympa qui venait de Dayton et dont le seul handicap était d'avoir les cheveux roux. Les tétraplégiques excellaient dans les filières de drogue et leurs chambres, en conséquence, grouillaient constamment de monde. Ils disaient sans commentaire : « Le narguilé se trouve sur l'étagère, juste à droite des suppo. » C'est ainsi que je finis par m'habituer au spectacle d'un anus artificiel et, au bout du compte, faire contre mauvaise fortune bon cœur puisque Kent conservait de manifestes points communs avec les universités chics de la côte Est. Comme l'État prenait en charge l'hébergement, à condition de partager une chambre avec un étudiant handicapé, au deuxième trimestre j'ai emménagé avec Dale, 35 kilos, étudiant en deuxième année, qui souffrait de dystrophie musculaire. J'ai appris comment faire sa toilette à Dale, l'installer sur la cuvette des WC. Je lui tournais les pages des bouquins, et maintenais le combiné contre sa bouche pendant qu'il parlait au téléphone. Je l'habillais, le coiffais, lui donnais à manger et lui coupais les ongles des orteils, mais je ne peux pas dire que nous étions très proches.

Au beau milieu du trimestre, Dale est reparti vivre avec ses parents, et j'ai emménagé avec Peg, une nana marrante qui souffrait d'une affection nerveuse dégénérescente. Peg était ce qu'on appelait une « tétraplégique imparfaite » et, au demeurant, elle en tirait prétexte pour clamer qu'elle était loin d'être parfaite, en effet. Au moins, nous avions cela en commun. Elle avait trouvé refuge là pour échapper à ses parents qui lui interdisaient, passé 18 heures, toute boisson, quelle qu'elle soit. Ils déclaraient qu'à la fin d'une longue journée de labeur ils étaient simplement trop fatigués pour la poser sur les toilettes. Dieu l'avait abandonnée entre les mains de ce mal et, en retour, elle n'avait qu'à s'en remettre à Ses mains bénies. Elle souffrait d'une maladie particulièrement ingrate, qui chaque jour rognait sur les dernières ressources du patient en l'invalidant davantage. Les membres de Peg, qui étaient tordus et inutilisables, n'en faisaient qu'à leur tête. Que ce soit une tasse de café brûlant, une cigarette entamée, une fourchette ou même un couteau à steak, tous les objets lui sautaient irrémédiablement des mains sans jamais crier gare. Elle portait des lunettes aux verres épais, constamment attachées par un ruban élastique autour de la tête, et à ses pieds retournés et inutiles, des bottines crasseuses en peau de mouton. Quant à sa voix, elle produisait des sons si confus et mal articulés que les réceptionnistes des entreprises et des pizzerias livraison à domicile lui raccrochaient toujours au nez, convaincues qu'elle était complètement bourrée. Durant les cours, les professeurs se bornaient à approuver ses moindres suggestions, tant ils étaient énervés par le spectacle qu'elle offrait. « C'est une excellente question, hurlaient-ils en guise de réponse. Vous êtes sur la voie. Quelqu'un d'autre aurait-il quelque chose à ajouter à ce qu'elle vient de dire ? » Parfois, alors qu'elle voulait simplement aller aux toilettes, personne ne comprenant quoi que ce soit à ce qu'elle baragouinait, le même enthousiasme se déchaînait indifféremment : « Bravo, c'est bien vu, on continue. »

À la cafétéria, on la servait avec un empressement frénétique. Plutôt que d'avoir l'air bête à essayer de comprendre quelle entrée elle voulait, les serveuses empilaient d'office tout ce qu'elles pouvaient sur son assiette.

Une personne en fauteuil roulant donne souvent l'impression d'être invisible. Mais il en va de même pour celui qui pousse ledit fauteuil. En dehors de la cité U, les gens qui nous adressaient la parole nous parlaient comme si nous étions sourdingues. Ils s'accroupissaient alors aux côtés du fauteuil roulant avant de barrir : « LE PÈRE TONY VA FAIRE UNE MESSE À LA GUITARE DIMANCHE PROCHAIN. ÇA VOUS DIRAIT DE VENIR AVEC NOUS ? »

Peg faisait signe à son interloculeur de s'approcher, puis elle chuchotait :

– Je collectionne des dents de chatons vivants pour faire des colliers à Satan.

– Ah bon ? Mais c'est formidable, lui répondait-on. Raison de plus pour que nous nous entendions à merveille.

Aux yeux de Peg, le fait d'être invisible remuait le couteau dans de longues et vieilles rancœurs alors que pour moi cela recelait, en fin de compte, des potentialités inexploitées jusque-là. C'est ainsi que débutèrent nos aventures criminelles.

Nous commençâmes par les épiceries fruits et légumes. Peg avait un sac fixé derrière son fauteuil roulant, que je remplissais à ras bord d'énormes steaks et de queues de homard surgelées. Nous ne prenions même pas la peine de nous cacher derrière les pyramides de boîtes de conserves pour éviter que le patron nous repère. Nous nous servions sans vergogne, au vu et au su de tout le monde. Peg gardait sur les genoux un sac en toile, dans lequel elle fourrait tout ce qui lui tombait sous la main : des bocaux d'olives, de la sauce teriyaki, des pots de crème dessert – sans aucune commune mesure avec notre appétit à tous deux. Nous n'avions qu'un seul désir : nous venger contre ce monde injuste. Au bout d'un moment, nous ne mangions plus à la cafétéria. Nous préparions nous-mêmes nos repas dans la kitchenette de la résidence, le menton dégoulinant de beurre frais. Par la suite, nous entreprîmes la tournée des libraires et des disquaires, certains que personne ne s'aviserait jamais de s'écrier : « Je crois avoir vu cette handicapée faucher le nouvel album de Joni Mitchell. » Sans jamais avoir les yeux plus gros que le ventre, nous faisions allègrement main basse sur tout ce qui se présentait.

Aux vacances de printemps, nous avons décidé de rendre visite à ma famille à Raleigh. Si le fait d'être invisible représente un atout non négligeable lors des razzias en épiceries, cela avait plutôt tendance à produire l'effet inverse quand nous faisions du stop. Nous nous sommes installés à l'entrée de l'autoroute, et Peg levait de temps à autre, sans grande conviction, son pouce tordu. Bref, il nous a fallu près de trois jours pour parcourir les huit cents kilomètres. Selon notre version, nous étions un couple de jeunes mariés qui descendaient dans le Sud pour commencer une nouvelle vie. Les grenouilles de bénitier ne manquaient pas de s'arrêter et se répandaient en excuses sur l'exiguïté de leur coffre qui, hélas, ne pouvait transporter un fauteuil roulant. Mais comme ils ne pouvaient nous prendre à bord, accepterions-nous un billet de 20 dollars et du poulet frit ?

Un peu, mon neveu !

Pour ma part, je m'assurais de notre avantage en tapotant familièrement l'épaule de Peg :

– Il y a un hôpital du côté de Durham, vous savez ? On espère vraiment qu'ils pourront nous trouver une solution. Vous vous rendez compte ? On vient à peine de se marier, et il a fallu qu'un truc comme ça nous arrive !

Les gens se précipitaient sur leur cibi et des breaks surgissaient comme par enchantement. Les serveuses des restoroutes s'approchaient discrètement de notre table pour murmurer d'un air entendu : « VOTRE ADDITION A DÉJÀ ÉTÉ RÉGLÉE », montrant du doigt un couple au bord des larmes qui attendait sa monnaie devant la caisse. C'était à mourir de rire. Parfois, il nous arrivait même d'imaginer la suite, leur fierté légitime en face du pasteur : « On a vu cette handicapée avec son mari. Alors, que voulez-vous, on s'est dit que, bon, on n'est pas très riches mais on a fait ce qu'on a pu. »

Quelquefois, certains nous réservaient une chambre dans un motel puis nous filaient du blé pour prendre un bus après nous avoir fait jurer de ne jamais plus tenter le stop. Je tirais Peg de son fauteuil, l'allongeais sur le plumard et j'éparpillais les biffetons sur son corps. Certes, ce n'était qu'un pâle remake d'un film dans lequel des spécialistes de l'arnaque se roulaient dans une orgie de billets de 100 dollars – car les nôtres comptaient à la fois moins de zéros et plus de menue monnaie —, mais nous avions néanmoins l'impression de renaître à la vie.

Arrivés en Virginie occidentale, l'une des roues du fauteuil de Peg se détacha. La nuit tombait sur une triste autoroute de cambrousse et il n'y avait pas un bled à mille lieues. Soudain, un vieil homme s'est pointé avec son camion. C'est lui qui nous a conduits d'une seule traite jusqu'au seuil de la porte de mes parents, un détour sans doute imprévu dans son programme. « Tiens donc, vous allez au 5406, North Hills Drive ? Justement, c'est sur mon chemin, il n'y a absolument aucun problème. Mais... à propos, ça se trouve dans quel État, vous avez dit ? »

C'est ainsi que nous débarquâmes chez moi du jour au lendemain, jetant dans la stupéfaction toute ma famille médusée. J'avais caressé un instant l'espoir que la présence de Peg détendrait mes parents, mais devant leur nervosité et leur embarras manifestes, je me dis que c'était encore mieux. Ils allaient forcément constater par eux-mêmes les changements opérés en moi. Non seulement je n'étais plus l'élève moyen qu'ils avaient vu partir, mais j'étais devenu plus responsable qu'ils ne l'auraient jamais espéré. Peg se trouvait sous ma responsabilité, elle m'appartenait à moi, et j'étais le seul à savoir comment la mettre en marche et comment l'arrêter. « C'est très bien, lui susurrais-je en lui essuyant la bouche avec une serviette de table, je crois que c'est l'heure du bain, maintenant. »

Pour mon petit-frère et mes sœurs, c'était comme si j'avais ramené une otarie à la maison. Ils invitaient sans cesse leurs potes à venir voir, de la terrasse, comment je m'y prenais pour allonger Peg sur une couverture de pique-nique dans le jardin. Papa répara le fauteuil roulant et quand Peg le remercia, il quitta la table et lui ramena une deuxième fourchette.

– Mais elle ne t'a pas demandé une fourchette ! lui expliquai-je. C'est ta montre qu'elle veut.

– Ma montre ? s'écria-t-il. Elle veut ma montre ? Celle-là ?

Il se tapota le front à deux ou trois reprises, puis sembla se raviser.

– Mince alors, je ne sais pas, moi, je suppose que... si la chose revêt tant d'importance à ses yeux, ma foi, autant lui donner, alors.

Il lui refila sa montre.

– Et ta ceinture, insistai-je. Il lui faut ta ceinture aussi. Magnetoi un peu, quoi, elle est handicapée.

Maman s'en alla fouiner du côté de sa cachette secrète et revint avec une liasse de billets pour payer notre bus retour à l'Ohio. Après m'avoir demandé de la suivre dans la cuisine, elle me fourra le fric entre les pattes, et soupira :

– Je ne sais pas à quoi tu joues, mon petit vieux, mais tu devrais avoir honte.

Bon, ce n'était rien qu'une confidence qui devait rester strictement entre nous.

Le trajet de retour en bus vers l'Ohio fut long et pénible. La deuxième fois que Peg manifesta le désir d'aller aux toilettes, je ne pus me retenir de râler :

– Mais ça fait à peine trois heures que tu y es allée, aux gogues ! Mon Dieu, c'est quoi, ton problème, Il faut que je m'occupe de tout ou quoi ?

Cette manie qu'elle avait de compter sur moi commençait à

me les casser. Notre voyage ne lui avait-il pas plu ? Ne s'était-elle pas bien marrée ? Mais qu'est-ce qu'elle voulait de plus ? Comment se faisait-il que, à peine partis de chez mes parents, ce soit justement moi que l'on prenne pour le handicapé, et non elle, pourquoi moi et non elle, moi qui me défonçais à m'occuper de tout pendant qu'elle passait son temps à épousseter la cendre des clopes tombée sur son tee-shirt ?

Mon humeur se dégradait de jour en jour. Pour ne rien arranger, à la rentrée, Peg crut bon de relater nos aventures devant un parterre de copains. Je ne pouvais m'empêcher d'écouter, tout en corrigeant silencieusement tous les « nous » par des « je ». Faux, ce n'est pas nous qui avons réussi à soutirer trente dollars et un fer à friser flambant neuf à un camionneur, c'est moi, et moi seul. Comment osait-elle revendiquer la moitié de cet exploit ? « Elle a vraiment l'étoffe d'un héros, commentaient nos camarades de cours. Je n'aurais pas le courage de faire la moitié de ce qu'elle fait, et moi je peux marcher ! »

Le trimestre de printemps débuta mais la deuxième semaine était à peine terminée que je séchais tous les cours, décidé à m'instruire plutôt dans le domaine des drogues pour devenir aventurier solitaire. Je m'inscrivis à un stage de chute libre organisé par l'aéro-club des environs. Les exercices pratiques étaient faciles à en pleurer, mais quand vint le moment de sauter de l'avion, on dut s'y mettre à plusieurs pour décrocher mes doigts livides de l'aile de l'appareil. Je priai et suppliai à genoux, et tout au long de la chute je m'imaginai en fauteuil roulant, espérant que la personne qui s'occuperait de moi ne me ressemblerait en rien. La terre se réduisait à un espace quadrillé, un patchwork que des gens intelligents et travailleurs avaient confectionné et où tout intrus était considéré comme un Christ déguisé. Mon parachute s'ouvrit enfin et je jurai à Dieu que, si d'aventure je m'en sortais vivant, je changerais de vie. Je prendrais la mappemonde, la ferais tourner et, là où mon doigt se poserait, j'irais. Même s'il s'agissait d'un de ces pays où les gens vivaient accroupis dans la boue en mangeant de la bouillie dans leurs mains couvertes de merde. Je chasserais les mouches de leurs visages couleur purin et, si besoin était, je les porterais à califourchon sur mon dos pour traverser des eaux infestées de crocodiles afin de laver l'opprobre de mon nom. Le harnais du parachute avait beau me causer une douleur insupportable au niveau de l'entrejambes, je serrais les dents : ce n'était que ma première épreuve de robustesse et d'endurance. Le Seigneur n'avait qu'à me reprendre mes testicules. S'il le fallait, j'étais prêt à jeter également dans la balance un ou deux doigts, ainsi qu'une paire de dents, à condition qu'Il n'exige pas en sus le sacrifice de ma colonne vertébrale. Je touchai brutalement terre en courant pour ne m'arrêter qu'à quelque huit cents mètres de là. Quand l'instructeur arriva pour récupérer le parachute, je lui tendis mon joint allumé d'un air bravache :

– C'était vraiment pas la peine d'en faire tout un plat. C'était rien du tout.

L'année scolaire terminée, je partis en stop jusqu'à San Francisco, tout heureux à l'idée d'y mener enfin une vie d'adulte, entouré pour une fois de gens capables de se laver les cheveux sans l'aide d'autrui. Ma copine Veronica m'avait trouvé une piaule dans un hôtel, et je décrochai un job de coursier à vélo. Les eucalyptus de mon quartier embaumaient les rues et je croyais deviner, en chaque passant, celui qui m'offrirait la chance de dénicher un boulot super cool ou un appartement de douze pièces. J'étais loin de ma famille et, souvent, il m'arrivait de penser au vide que mon absence ne manquerait pas de provoquer durant leurs vacances. En dépit de leur méchanceté à mon égard, je m'en étais tiré la tête haute parce que, au fond, je faisais partie d'une certaine catégorie de gens : les fortes têtes, les indépendants. Un vrai battant.

Une nuit, je cuisinais des spaghettis avec du ketchup dans ma petite poêle lorsque j'entendis le téléphone sonner dans la cabine à pièces du couloir. C'était Peg. Elle m'appelait pour m'informer qu'elle avait décidé de se tirer de chez elle.

– Mes félicitations, lui ai-je répondu. C'est la meilleure idée que tu aies jamais eue de ta vie.

Seulement, quand elle m'apprit qu'elle appelait de l'aéroport de San Francisco, je revins aussitôt sur mes propos et je m'empressai de rectifier :

– Je ne sais pas si tu as bien fait, Peg. Tu es vraiment sûre que tes parents ne vont pas se faire du mauvais sang pour toi ? Et tes études, qu'est-ce tu vas devenir ?

La réponse à la question ne se fit guère attendre. J'appris très vite, à mes dépens, la différence fondamentale entre la vie à l'école et la vie dans le civil. Rien que pour sortir de l'immeuble chaque jour, il me fallait monter et descendre les 5 étages en portant Peg à bout de bras avant de repartir chercher le fauteuil roulant. Le propriétaire me factura un double loyer pour avoir sous-loué ma chambre et, comble de malheur, le jour où Peg se cogna la tête contre la baignoire – la blessure nécessita 5 points de suture –, je fus viré. Normal : nous vivions dans une métropole, et les gens tenaient à leur bifteck. Que nous soyons un jeune couple marié à la recherche d'une vie meilleure, personne n'en avait rien à cirer. Même les bus ne s'arrêtaient pas pour nous laisser monter. Écœurés, Veronica et moi décidâmes de remonter vers le nord pour aller cueillir des pommes. J'en fis part à Peg, dans l'espoir qu'elle accueillerait bien la nouvelle et qu'elle rentrerait aussitôt chez elle, mais elle tint bon. Armée d'un annuaire, elle se mit à téléphoner en PCV à des organismes du gouvernement, dont les agents gardaient patiemment l'écoute lorsque le combiné lui échappait ou qu'elle mettait vingt minutes à trouver un stylo. Des volontaires se proposaient pour la conduire à des meetings organisés dans des bureaux au rez-de-chaussée, où des paraplégiques levaient le poing pour saluer son énergie et sa persévérance. Elle finit par obtenir un appartement dans un immeuble en briques du côté de Berkeley. Une aide-soignante passait deux fois par jour pour lui préparer à manger et la porter jusqu'aux toilettes. Quand une crise la projetait à terre, elle restait patiemment étendue à même le sol en attendant que les secours arrivent pour panser ses blessures. Lorsque ses parents lui passaient un coup de fil, elle raccrochait ou se mettait à les injurier, selon son humeur du jour. En vérité, le grand rêve de Peg avait toujours été de vivre le plus loin possible de ses parents pour jouir d'une vie sexuelle épanouie. Je reçus enfin une carte postale qui racontait par le menu l'heureux événement. Des trois fauteuils roulants qui cernaient un jour son matelas d'eau, le troisième appartenait à un paraplégique bisexuel dont le travail consistait à mettre les amants dans la bonne position. Au bout d'un an, la santé de Peg s'était dégradée à tel point qu'on ne pouvait plus la laisser livrée à elle-même douze heures d'affilée. C'est ainsi que nous finîmes tous deux chez nos parents respectifs, mais en gardant néanmoins le contact ; ses lettres, au fil des mois, devenaient de plus en plus difficiles à lire. La dernière fois que je reçus de ses nouvelles, c'était en 1979, peu avant sa mort. Peg avait subi une transmutation religieuse et avait entrepris d'écrire ses mémoires, qu'elle espérait voir publiées par le même éditeur chrétien qui avait réussi un tabac récemment avec *Joni !*, un livre sur la vie d'une jeune tétraplégique qui peignait des natures mortes avec la bouche. Elle m'envoya un chapitre de trois pages sur notre équipée en stop jusqu'en Caroline du Nord. Elle y avait écrit : « Dieu bénisse ces gens fantastiques qui nous ont aidés sur le chemin. Pas un jour, pas une heure ne s'écoule sans que je ne rende grâce au Seigneur pour leur amour et leur bonté. »

Je lui envoyai une lettre en retour pour lui signaler que, si elle se souvenait bien, nous n'avions cessé de nous moquer de ces gens-là. « On n'arrêtait pas de les embobiner et, dès qu'ils avaient le dos tourné, on se fendait la gueule. Et te voilà maintenant qui leur donnes la bénédiction divine. Mais qu'est-ce qui te prend ? »

Quand j'y repense aujourd'hui, je crois avoir compris ce qui avait dû se passer dans la tête de Peg. Après avoir épuisé les rares instants d'indépendance qu'elle réclamait à cor et à cris, elle avait dû se rendre compte que les gens n'étaient pas, en fin de compte, plus idiots qu'ils n'étaient gentils. Seulement, elle l'avait compris relativement tôt, alors qu'il m'avait fallu des années.

Jon l'enfant de Dieu

Pour se rendre de la Caroline du Nord à l'Oregon, le bus met quatre jours, qui finissent par compter presque soixante-quinze mille heures pour les imprudents qui au départ n'ont pas prévu un calmant au moins aussi puissant que les traitements destinés aux animaux. Moi par exemple, la fatalité voulut que tous les déserteurs des Marines, les fugueurs éplorés ou les ex-taulards alcooliques libérés sur parole s'écroulent rétamés sur le siège à côté de moi, à baver sur le col de ma chemise. Pour faire diversion, j'entreprenais de dévorer des bouquins et des magazines : peine perdue. Alors qu'ils auraient dû me servir de bouclier contre les autres passagers, ils s'acharnaient au contraire, par leur attitude, à m'attirer les réactions les plus contrastées, de la curiosité compatissante à l'animosité ouverte.

– Qu'est-ce que tu crois, hein ? Que tu vas apprendre quelque chose dans un bouquin ? grommela un type en martelant mon appuie-tête de ses mains tatouées. Laisse-moi te dire un truc, espèce de rat de bibliothèque. Si tu tiens vraiment à connaître la vérité, y'a qu'une seule adresse : c'est l'Institut pénitentiaire de Chatham. Putain, c'est la meilleure école de tout ce foutu pays. C'est là-dedans que j'ai appris tout ce que je sais, moi. Et je te dis pas tout. Bordel, t'en apprendras plus dans ce bus que dans toute ta fichue… (il observa un temps d'arrêt, s'efforçant de se remémorer le nom qu'on donnait à ce type d'endroits)… que dans toute une pyramide de livres ! Même si t'arrives à remplir un champ de courses avec les bouquins que t'as lus, c'est ici que t'auras tout pigé. Ici.

De toute ma vie, je n'avais hélas jamais vu un champ de courses couvert de livres. Par mesure de prudence, j'ai donc préféré attendre avant de contester la pertinence du propos. Sans quitter des yeux les cicatrices qui barraient son visage basané et meurtri, j'ai abondé dans son sens :

– Vous avez sans doute raison. Mais dites-moi, vous êtes bientôt arrivé, non ? Vous savez, je peux changer de place si vous voulez, et m'installer de l'autre côté de l'allée pour que vous puissiez allonger vos jambes.

Ensuite, il y eut la fille qui, à peine installée sur le siège d'à côté :

– Alors j'y ai dit : « Mais ouais, tu parles si je vais pas le garder, ce putain de bébé, merde. » J'y ai dit que j'allais accoucher de cette sale petite tache de merde et que j'en avais rien à cirer qu'il le reconnaisse ou non.

Elle s'arrêta une minute, le temps d'essuyer la morve qui coulait de son nez à l'aide d'une chaussette qu'elle avait exclusivement prévue à cette intention.

– J'y ai dit : « Déjà que j'ai supporté cette chierie quatre ans avec le gros T, tu penses. Alors si tu crois que je vais rester là à fermer ma gueule, tu peux te mettre à genoux à mes pieds et lécher mon trou du cul merdeux, enculé d'ta mère ! » Je lui ai dit : « J'en ai vraiment ras le cul de me faire sauter par un sale nègre à peau blanche, toujours à cavaler après les chattes de ces bamboulas qui schlinguent au lieu de magner son gros cul de gigolo pour se dégotter un bon Dieu de boulot de merde », que j'y ai ajouté. J'y en ai mis, ma parole, j'y en ai vraiment mis.

« J'y ai dit : "Eh, enculé d'ta mère, si t'avais au moins les pauvres couilles molles que le bon Dieu a même filées au rat d'église le plus ringard ! Depuis que t'es sorti de la vieille craquette ridée de ta mère et que t'as tété du lait de ses mamelles crasseuses, t'as jamais été foutu d'être un peu reconnaissant, enfoiré." J'y ai dit : "Si tu veux pas d'ce gniard, je me taperai le premier fils de pute qu'en voudra, c'est tout, tu sais, le genre de mec qui regarde le monde entier par le bout de sa bite, sa minuscule saloperie de vermicelle de pédé." J'y ai dit : "D'accord, il se pourrait que mon têtard devienne un bâtard, mais je t'en fiche mon foutu billet qu'il sera pas plus bâtard que son fils de pute de père, enculé de ta race ! Tu peux même aller tailler une pipe à la vieille bite racornie et suintante de pas mal de choses que mon grand-père trimballe que jamais – je dis bien jamais – je te permettrai de t'approcher de ce putain de petit morveux, espèce de branleur à la mords-moi-le-nœud." Ma parole, c'est exactement ce que j'y ai dit mot pour mot parce que j'en ai plus rien à cirer, absolument plus rien à cirer. »

Après avoir enfin livré ces informations pour le moins confidentielles à un parfait inconnu, la jeune femme se mit à farfouiller dans le sac à main qui trônait sur son ventre ballonné. Elle en tira une brosse à cheveux avant de lâcher un juron en arrachant les cheveux qui y étaient restés prisonniers, pour les balancer d'une pichenette sur le plancher du bus.

« J'y ai dit, eh, tu sais, j'ai dit : "Encore une chose, petite tache de foutre. Quand il naîtra, ce bébé, c'est décidé, je m'en vais le mater de près, de bien près, pour voir si sa petite gueule pleine de merde ne te ressemble pas un peu et là, je t'assure, j'obligerai le docteur à lui scier la tête pour qu'elle aille servir d'appât. Je jure devant Dieu que je le ferai, et je peux te garantir que tu pourras rien contre moi, absolument rien !" Après tout ce que ce merdeux m'a fait subir, tu sais qu'il a eu le culot de me demander quel nom je comptais lui donner à ce bébé ? C'est hallucinant, non ? Vraiment, j'arrive pas à y croire. J'y ai dit : "J'peux pas croire à tes foutaises, trouduc." J'y ai dit : "Fais pas chier, j'y choisirai le premier blaze que je voudrai bien lui donner à cette larve de merde, putain de bordel." J'y ai dit : "J'ai bien envie de l'appeler Michael l'enculé, comme son père, espèce d'enculé." J'y ai dit : "Alors qu'est-ce que t'en penses de ma pomme, hein, tapette, gros tas de merde puante tachée de foutre et de sang ?" »

Finalement, elle essuya une traînée de bave au coin de ses lèvres mais, au moment où elle allait se caler sur son siège, le bébé lui donna un coup de pied et s'agita dans son ventre. Sa réaction ne tarda pas. Poussant un terrible hurlement de douleur, elle se servit du dos de la brosse pour cogner sur son ventre.

– Enculé ! fulmina-t-elle. Essaie encore une fois pour voir, merdeux, et je viens te choper là-dedans avec un cintre. Comme ça t'auras une bonne raison pour t'agiter dans tous les sens !

On aurait cru visionner un film sur une certaine Amérique entr'aperçue par un propagandiste soviétique, avec des reliefs tracés au cordeau et des habitants irrémédiablement seuls, grandes gueules invétérées errant sans rime ni raison d'un bled pourri à un autre encore plus déprimant. Dans le bus, on pouvait même se considérer heureux lorsque les gens vous réveillaient juste pour vous taper une cigarette. Car le voisin assis sur le siège côté fenêtre avait plutôt tendance, en guise d'entrée en matière, à glapir derechef :

– Tu veux ma photo ou quoi ?

Bien entendu, étant donné l'humeur versatile des passagers, les chauffeurs de bus reçoivent une formation dans l'art de gérer les conflits et, souvent, il leur arrive de se ranger sur le bas-côté pour régler un malentendu.

– Mais c'est qu'il arrête pas de me piquer mes bonbons !

– Écoutez, monsieur, veuillez lui rendre immédiatement ses nougats !

Pendant ce temps, le bus se traînait, faisant escale dans des patelins que j'aurais juré avoir dépassés quinze minutes auparavant. Je pestais entre mes dents.

Il ne faut tout de même pas exagérer, quoi. Ces gens s'ac-

cordent plus d'importance qu'ils n'en ont. Ils n'ont qu'à terminer à pied les quarante kilomètres qu'il leur reste à couvrir pour arriver aux Coteaux-en-Ruines, à La Bite-du-Cordonnier, ou sous je ne sais quel cactus rachitique qu'ils se sont choisi.

Contrairement à eux, j'avais plusieurs endroits où aller, de véritables destinations. Des gens m'attendaient impatiemment sur place, et leur avenir dépendait de moi. Était-ce donc si difficile à comprendre ?

Je me surpris à imaginer la voix du chauffeur annonçant soudain au micro : « À partir du prochain arrêt, le bus sera express jusqu'à Odell, dans l'Oregon. Tous ceux qui ne vont pas à Odell sont priés de descendre sur-le-champ et de se mettre en rang au bord de ce désert de cauchemar ! »

Mes voisins de bus se mettraient à renâcler et à rouspéter en fouinant dans la poche du siège avant pour récupérer leurs dentiers sur lesquels étaient restés collés des filaments de coton et leurs flasques d'Old Spaniel à moitié entamées. Quel pied de les voir débarquer ainsi sur l'autoroute poussiéreuse, leurs valises de pacotille à la main, maudissant de leur poing vengeur le soleil torride ! Après l'évacuation du dernier sur la liste des départs, le chauffeur fermerait alors la portière et se tournerait vers moi, la main levée vers la visière de sa casquette en guise de salut : « Vous serez rendu à Odell en moins de rien, monsieur. Veuillez prendre la peine de vous relaxer dans votre siège et de vous mettre à l'aise. »

Au bout de douze heures de sermons sur les inconvénients des programmes pénitentiaires de réinsertion par le travail, mon voisin arriva enfin à destination. Aussitôt, il fut remplacé par une femme sans menton, dotée d'un gabarit hors standard et d'une humeur de chien, fagotée d'un pull à col roulé sans manches gris cendre. Sans jamais engager vraiment la conversation, elle se contentait de me filer de temps à autre un coup de coude en désignant de sa cigarette tout ce qui, à ses yeux, pouvait se révéler d'un intérêt primordial pour moi : « Tiens, un camion réfrigéré », marmonnait-elle. « Ah, une station-service pleine à craquer. » Jamais elle ne se levait pour aller aux toilettes, pas plus qu'elle ne changeait de position, même lors de ses multiples siestes. Le sommeil semblait chaque fois la gagner sans prévenir. À peine murmurait-elle : « Tiens, une benne à ordures immatriculée dans le Dakota du Sud », que j'étais surpris de la découvrir, l'instant d'après, ronflant paisiblement, la cigarette grésillant encore entre les doigts.

C'est à minuit moins une, quelque part en Utah, qu'une jeune femme embarqua dans le bus bondé avec un panier à linge plein de chaussures et de fringues. Après avoir inspecté les deux côtés de l'allée à la recherche d'une place, elle s'arrêta à ma hauteur, l'air déterminé ; elle se dandinait d'un pied sur l'autre en s'éclaircissant la gorge avec une douloureuse régularité. On aurait dit qu'elle attendait que j'interrompe une conversation interminable dans une cabine téléphonique, et que je m'étende sur des futilités alors que son canard attendait impatiemment son reportage sur la fusillade qui venait de ravager l'école maternelle du coin. J'étais piégé.

– Tenez ! lui dis-je, venez donc vous asseoir un moment à ma place.

Elle accepta mon offre sans mot dire. Pour moi, un moment, ça voulait dire quelque chose comme 15 à 20 minutes. Au cas où nous n'aurions pas, d'ici là, atteint le bout de son voyage, peut-être se ferait-elle offrir une place assise par quelqu'un d'autre. Nous aurions pu mettre chacun du nôtre afin de fonder cet unique lien obtenu par le seul sacrifice de tous. Mais deux minutes plus tard, la jeune femme dormait du sommeil du juste, serrant et desserrant alternativement sa mâchoire ballante pour formuler un mot, qui ressemblait beaucoup à « Enculé. »

Je cherchai refuge vers l'avant du bus pour m'installer à même les marches de la portière, mais le chauffeur me vira à coups de pompe en me récitant des circulaires municipales. En réalité, les seuls moments d'intimité dont il pouvait jouir étaient là, et le type comptait fermement en profiter puisque, d'ici le lever du soleil, il se retrouverait avec tous ces vieux croulants dans le dos, qui avaient une propension à assiéger les sièges à l'avant du bus, totalement sourds à l'injonction INTERDIT DE PARLER AU CHAUFFEUR, pour le mitrailler de questions : « Est-ce qu'il vous est déjà arrivé de surprendre un serpent venimeux au fond de votre sèche-linge ? »

Je retournai donc me planter devant mon siège dans l'espoir que quelqu'un descendrait d'un instant à l'autre. Hélas, le bus poursuivait sa route sans observer la moindre halte. Le paysage qui défilait devant mes yeux ne me servait guère de consolation, univers monotone de pierraille, sans relief et sans cœur. Je restai accroupi un long moment avant de m'écrouler, terrassé par des crampes, au pied de ma place perdue. Quant à ma bonne vieille fumeuse en gris, elle avait les jambes étendues devant elle, tandis que ma dernière ennemie mortelle encore en vie devenait de plus en plus malveillante et ne cessait de frétiller, me balançant littéralement des coups de pied aux joyeuses à chaque fois que l'occasion se présentait. Le couple derrière moi prenait ensuite le relais, me travaillant tour à tour la tête et la colonne vertébrale avec des chaussures à bouts pointus que j'identifiai comme des bottes de cow-boy. Même en me disant que j'en avais déjà vu d'autres, j'avais beau fouiller dans ma mémoire, je ne trouvais pourtant rien de comparable. La gigantesque machine assourdissante du moteur grondait sous ma tête, générant suffisamment de chaleur pour coaguler sous mon corps les innombrables restes de bonbons en un lit odoriférant de caramel gluant. Non, il y avait sûrement quelque chose qui clochait, j'en étais convaincu. Par quel mystère en étais-je, moi, le personnage le plus important de ce bus, réduit à passer la nuit recroquevillé sous le siège qui me revenait de droit, et non dedans ? Au fond, ce genre de mésaventure ne me serait jamais arrivée à bord d'un avion. J'avais souvent eu l'occasion de m'en expliquer auprès de mes voisins d'autocar.

– Oh, vous savez, vous devriez essayer un jour, pour voir. C'est chouette, l'avion. Non seulement on vous sert à bouffer et à boire, mais, en plus, vous pouvez même abandonner votre sac sur votre siège pour aller aux toilettes. Sans problème.

– Ah bon ? s'écriaient-ils éberlués. Et personne ne va y toucher, vous êtes sûr ?

C'est l'émerveillement qui se lisait sur leurs visages qui m'avait décidé à choisir le bus. Après avoir passé les neuf derniers mois à jouer les lèche-culs auprès de ces étudiants pleins aux as, je m'étais dit que la clientèle des bus de la Greyhound ne pouvait que me donner un coup de fouet, bien que je ne l'aie pas à l'époque entendu au sens propre. Il devait y avoir un enseignement plus capital à en tirer et, avec un peu de chance, ces indécrottables abrutis finiraient bien un jour par comprendre.

Je restai couché dans l'allée jusqu'à l'aube, quand je fus brutalement réveillé par le fracas d'une bouteille de soda contre mon crâne au moment où le bus entama une descente. Me traînant à quatre pattes au bout de l'allée, je m'engouffrai dans les toilettes pour m'attaquer aux innombrables bouts de chewing-gum restés collés à mon cuir chevelu. L'un après l'autre, les passagers se réveillèrent, à l'exception de la jeune femme au sommeil lourd qui avait confisqué ma place. Lorsqu'elle se réveilla, il était pas loin de 10 heures. Elle m'ordonna alors de garder l'œil sur son siège pendant qu'elle allait se brosser les dents.

Seulement, il ne me fallut guère de temps pour m'assoupir à mon tour. Quelques minutes plus tard, je fus subitement tiré du sommeil par le raclement d'un tube de dentifrice sur mon crâne.

– Hé, toi ! clamait-elle, debout !

Je fis le mort, espérant qu'elle allait finir par se décourager et laisser tomber.

– Hé, dites donc, ce fils de pute m'a piqué ma place ! glapit-elle. Je file aux toilettes me refaire une beauté, et me voilà tout à coup sans place pour m'asseoir.

– Alors t'as qu'à venir t'asseoir sur mes genoux ! gueula une voix du fond du bus. Je te garantis que ce sera la chevauchée de ta vie !

– Allez, ça suffit maintenant ! Assez rigolé !

Un homme tonnait cette fois de l'avant du bus, mais il ne s'agissait pas du chauffeur puisqu'on continuait à rouler.

– Allez, grouille-toi, fesse de rat, rends-lui sa place à la dame !

Une main me saisit par le collet et me souleva sans le moindre effort. Épaisse et boursouflée, elle était à l'image même de son propriétaire. Ce genre de mec ne posait jamais de questions ni ne proférait de menaces. Pas la peine. Une fois le siège libéré, il épousseta les quelques miettes qui traînaient et, d'un geste chevaleresque, invita la femme à prendre ses commodités. Je caressai un instant l'idée de porter sur-le-champ mon cas devant la justice populaire, mais je n'avais vraisemblablement pas affaire à mon peuple. Ils étaient tous penchés en avant à se tordre le cou pour se chuchoter des trucs rigolos tandis que j'étais planté là, seul dans l'allée centrale, jouant à l'étranger qui ignorait totalement les usages en vigueur dans ce merveilleux pays. Certes, j'avais par erreur usurpé la place d'autrui, et alors ? J'étais de bonne foi. Il leur suffisait de constater mon émerveillement face à ces rudes paysages devant lesquels la plupart d'entre eux demeuraient blasés ! Me contorsionnant plus que de raison, je baissais la tête pour regarder par la vitre, les sourcils levés d'ébahissement au spectacle de chaque bloc de rocaille. On pouvait aisément deviner mon émoi : *Regardez ! Celui-là ressemble à un cardinal perché au bord d'une immense crêpe ! Et ça, ça me rappelle, si je ne m'abuse, un sabot retourné sous une sorte de crâne aplati et criblé de petite vérole comme celui de la mijaurée bête et méchante qui m'a piqué mon siège !*

Vers midi, quelqu'un descendit du bus. Je pris sa place, épuisé mais incapable de trouver le sommeil à cause du manège amoureux qui débutait de l'autre côté de l'allée centrale. Comme Madame Panier-à-Linge s'était retournée dix-mille fois pour le remercier de son acte de bravoure, des passagers échangèrent leur place afin qu'elle puisse se retrouver à côté de Monsieur Chair-à-Pâté. Désormais côte à côte, ils avaient tout loisir de faire plus amplement connaissance. En un rien de temps, leurs têtes ont trouvé refuge à l'ombre d'un sweat-shirt, sous lequel ils devaient probablement s'essayer à imiter le cri de l'écureuil ou à suçoter jusqu'à plus soif la crème anti-acné sur leurs visages. Le vacarme de la musique heavy-metal à la radio, les criaillements assourdissants d'un bébé surexcité, les papotages sans fin des vieilles peaux qui radotaient à l'avant : je pouvais tout supporter, sauf ce couple qui se tripotait, s'embrassait et se caressait en poussant des cris de jouissance.

Lorsqu'il arriva à destination, elle fit une crise de larmes. Le son de ses sanglots hoquetants me redonna enfin goût à la vie, et je sombrai dans un sommeil profond et impénétrable qui me berça jusqu'à Reno, dans le Nevada.

Pour la deuxième fois de ma vie, je me rendais dans la vallée de la Hood River. La première occasion avait été purement accidentelle. Nous vivions alors à San Francisco, ma copine Veronica et moi, lorsqu'un beau matin elle referma *Les Raisins de la Colère* pour m'annoncer tout de go que nous abandonnions définitivement la vie urbaine. Elle avait coutume depuis toujours de décider pour nous deux, c'est pourquoi je ne lui opposai pas d'objections. Cela avait au moins un avantage indéniable : j'étais dispensé de prendre moi-même des décisions.

– Tu sais ce qu'on va faire ? Nous allons monter tout droit vers le nord pour rejoindre nos frères et sœurs dans les vergers, déclara-t-elle en rajustant le foulard qu'elle s'était mise à porter ces derniers temps. Travailleur saisonnier : voilà la vie qu'on doit mener dorénavant.

Convaincus que les braves gens de ce pays avaient besoin de notre aide, nous nous réjouissions d'avance à l'idée de passer nos journées croulant sous le poids des meules de foin éclaboussées par les rayons de soleil, dévorant des repas copieux mijotés par une fermière en robe vichy.

– Sans des gens âpres à la tâche comme vous, le monde n'existerait pas, nous remercierait-elle. Tenez, prenez encore un morceau de ce poulet, il a gagné le concours, vous savez ; et n'oubliez surtout pas, les enfants, il faut ménager vos forces.

Après déjeuner, le bon fermier sortirait alors son violon et se mettrait à soulever la poussière en nous interprétant une version endiablée de *Turkey in the Straw* ou de *Polly Wolly Doodle*. Et ce n'est que vers la toute fin d'après-midi que nous reprendrions notre travail, ramassant les pommes tombées par terre pour les entasser dans de mignons cageots sur lesquels étaient inscrits des drôles de noms tels que « Petit Peau-Rouge » ou « Chouchou de Monsieur ». Malgré son côté rustique, notre vie serait héroïque. Comment Veronica avait-elle pu tirer cette idée d'un roman de John Steinbeck ? Allez donc savoir. Cela ne m'empêcha pas pour autant de la suivre parce que, au moins, je tenais là un moyen sûr et certain de rendre mon père fou à lier.

Nous nous sommes rendus en stop jusqu'à l'Oregon, bondissant de l'autocar à la vue des sommets enneigés du mont Hood. À nos yeux, ce relief constituait le symbole même de la majesté sous laquelle s'inscrirait dès lors notre vie future. Toutefois, le premier fermier sollicité déclina nos services sous prétexte que nous manquions d'expérience. Le deuxième et le troisième nous éconduirent ensuite pour les mêmes raisons. Arrivés au quatrième, un petit vieux du nom de Hobbs dont l'équipe de Mexicains venaient d'être expulsés par les services de l'Immigration, nous fûmes alors contraints de mentir.

– Vous savez, au point où j'en suis, je suis même prêt à embaucher des gens incapables de voir le bout de leur fichu nez, soupira-t-il en contemplant ses arbres, dont les branches ployaient sous le poids des fruits. Un moment, j'ai même envisagé de demander à ma femme de m'aider, mais elle est actuellement alitée dans la grande maison, en train de mourir d'un cancer. Tu te rends compte, Ringo ?

Si la femme de Hobbs était à l'agonie, son vieux beagle n'en menait pas plus large. La pauvre bête ne cessait de gémir et de grogner, grattant les plaques blanchâtres qui infestaient la base de sa queue rongée par l'arthrite.

– Putain de merde, Ringo, conclut Hobbs en balançant son mégot de cigarette incandescent dans l'herbe mouillée, tu peux pas savoir combien je suis content que tu sois là.

Il n'y aurait pas de pique-niques sur des meules de foin. Pas de fermière en robe vichy, ni de violon endiablé. Et quant aux rayons de soleil, en sécurité derrière une épaisse couche de nuages tenaces et menaçants, ils se planquaient. Contrairement à ce que nous avions cru, ce n'était pas par terre que l'on ramassait les pommes. On devait les cueillir à même les arbres. Mais ces derniers étaient quasiment impossibles à atteindre et, de surcroît, protégés par des écorces impitoyables qui avaient tendance à retenir d'énormes quantités d'eau, surtout après douze bonnes heures de pluie incessante. Notre semaine de travail durait sept jours, du lever au coucher de soleil, qu'il bruine ou qu'il pleuve à verse. S'il était vrai que sans des gens comme nous, le monde n'existerait pas, alors le secret devait être sérieusement gardé. En tant que cueilleurs, on nous avait logés dans l'une des six cabanes alignées le long d'une allée de gravier. Il n'y avait pas l'électricité et, en dehors de la douche de la grange qui nous était dévolue, notre seule source d'alimentation en eau était un robinet glacial et couvert de rouille. Nous nous faisions à manger sur une cuisinière à bois, et nous dormions sur des matelas fourrés avec des choses bizarres que je ne pus identifier que comme des souliers à talons hauts. Cependant, ces inconvénients jouaient en notre faveur. Penchés sur nos bols fumants de bouillie et emmitouflés dans des sous-vêtements longs, nous contemplions à la lueur des bougies les reflets de nos lugubres pensées dans les fenêtres.

C'était parfait. Nous étions des pionniers authentiques. Les gens comme nous n'avaient nul besoin d'oreillers ni de porte-serviettes. Nous portions nos ecchymoses en guise de médailles, et chaque rhume de poitrine nous fournissait une raison de plus pour démontrer notre force morale. J'étais sur le point de m'acheter un bonnet en peau de raton laveur quand brusquement la saison prit fin. Nous avons repris le chemin du retour vers la Caroline du Nord, où je me réadaptai sans heurt à la civilisation, l'eau chaude et l'électricité. Bien que nous nous soyons promis de remettre ça l'année suivante, Veronica fut obligée, le moment venu, de revenir sur sa décision. Selon toute apparence, elle s'était déniché un copain. Un copain. Le mot m'en restait en travers de la gorge telle une paille de fer. J'essayais de la mettre en garde :

– Ça te passera. Tu verras.

Mais qu'est-ce qu'elle pouvait bien foutre avec un copain ? Je les imaginais tous les deux batifolant à même le parquet de son appartement, des miettes de cochonneries collées à leurs dos nus et leurs fesses livides et trémoussantes. Un copain. Elle ne trouverait jamais personne d'aussi bien que moi, voilà ce que je lui dis. Comme elle me donna raison, je me fâchai encore plus et, sans craindre le ridicule, je sortis en trombe de chez elle en la menaçant : « Ah bon ? C'est tout ce que t'as à dire ? Eh bien, rira bien qui rira le dernier. »

Pour toute explication, je me persuadai que c'était mon destin que de marcher seul, mais ce cliché éculé ne réussit guère à me consoler. Si j'avais eu le choix, j'aurais de loin préféré marcher seul avec quelqu'un qui savait cuisiner, et je commençais à redouter les longues heures que je serais contraint de passer en ma propre compagnie. Mais le reste du parcours en autobus suffit à apaiser mes dernières craintes. Arrivé à Odell, j'étais définitivement persuadé que je n'adresserais pas de sitôt la parole à un être humain.

Le chemin qui mène au verger de Hobbs serpentait le long d'une ferme laitière où plusieurs douzaines de vaches mouchetées ruminaient toute la journée une herbe humide avec leurs dents émoussées. L'année précédente, j'avais tenté de m'en faire des amies, passant le plus clair de mon temps adossé contre l'enclos pour leur proposer des sandwiches, jusqu'au jour où le maître des lieux m'avait expliqué qu'elles ne mangeaient ni poulet ni porc, même sous forme d'en-cas. Elles étaient bêtes, ces vaches. La saison de la cueillette débutait à la mi-septembre et se prolongeait jusqu'à la fin du mois d'octobre. Au bout de deux ou trois semaines, il allait se mettre à geler et, au réveil, nous verrions notre souffle se transformer en nuages sales. J'avais toujours cru que les vaches restaient tout l'hiver dans des sortes de baraquements chauffés ; hélas, je fus étonné de constater que leur destin les contraignait à rester dehors malgré le froid. Ces pauvres bêtes avaient-elles au moins subodoré que l'été tirait définitivement à sa fin ? Pouvaient-elles se souvenir du temps de leur jeunesse, lorsqu'elles n'étaient encore qu'un troupeau de génisses insouciantes ? Espéraient-elles un quelconque événement ? Avaient-elles des regrets ? Je laissai choir mon sac à dos et m'approchai de nouveau de la clôture en fil de fer barbelé, dans l'espoir qu'en guise de reconnaissance elles allaient se ruer vers moi, secouant leurs misérables queues souillées de bouse. Elles se contentèrent de rester là, immobiles, mâchonnant méthodiquement leur pâture.

Même réaction chez Hobbs.

– Tiens donc, regarde-moi qui vient nous rendre visite, Ringo. Mais c'est pas par hasard... euh... Dennis, hein, c'est bien ça ?

Il jeta une cigarette allumée dans l'herbe et s'avança d'un pas sur le seuil de la porte :

– Je t'aurais bien invité, mais ma femme est toujours en train de mourir du cancer. Clifford l'a chopé aussi. Tu te souviens de lui, non ? Un type gros, balèze. C'était mon chef d'équipe à l'époque. Il doit se trouver à Portland maintenant. Les tumeurs l'ont eu, jusqu'au trognon. Aussi grosses que les poires du petit Bartlett.

Comme il se doutait que Clifford n'allait pas revenir de sitôt, Hobbs me proposa de m'installer dans sa caravane. Elle était stationnée entre la grange et une longue rangée de cabanes.

– Le cancer, quel drôle de truc.

Il alluma une cigarette et regarda longuement l'allumette qui s'éteignait. Un coucou des services phytosanitaires survola nos têtes en vrombissant, et Hobbs agita la main en signe de salut :

– Eh oui, mon bon monsieur, c'est un véritable mystère.

Il m'invita à le suivre dans la grange, où un Mexicain attendait son tour pour la douche.

– Oh là, Tooo-mosss ! ! !

Le type refit le nœud de la serviette enroulée autour de ses reins et hocha la tête :

– Hola, señor Hobbs !

– Tu parles un peu mexicain, non, Daniel ? me demanda Hobbs. Nom de Dieu, il faut que je te dise quelque chose. Moi je me débrouille pour apprendre à prononcer un mot ou deux, de temps en temps. C'est très important. Pour rester dans le coup, tu comprends ? Les impératifs du monde moderne, quoi. À ce train-là, tu vas me prendre bientôt pour un vrai *Topo Gigio*, je ne sais pas si tu vois, Ringo.

Le clébard s'accroupit au pied d'un arbre et se tortilla pour lécher son anus boursouflé.

– Nous vivons une autre époque, maintenant, avec une batterie de lois toutes nouvelles. Les mômes du coin sont persuadés que le boulot n'est pas assez bien pour eux. Il ne nous reste plus qu'une solution : soit des traîne-lattes, soit des Mexicains et, je t'assure, je préférerai toujours les Mexicains, trancha-t-il avant de me bourrer les côtes d'un coup de coude. Tiens, regarde, tu vas voir.

– *Bueños Dios*, Miguel.

C'était un bout d'homme aux yeux noirs. Il était en train de fendre du bois et sursauta, l'air paniqué.

– Un peu trouillard, non ? commenta Hobbs.

Rien d'étonnant à cela. Les gens ont tendance à sursauter quand on les prend à revers en gueulant tout à trac : « Bon Dieu ! » Enfin, c'est comme une seconde nature, quoi.

Hobbs déverrouilla les portières de la caravane, une sorte de citerne entreposée sur des parpaings. J'appréhendais le moment où j'en franchirais le seuil, car je redoutais de finir comme un vrai propriétaire de caravanes. Une caravane ! Ce seul mot déclenchait des signaux d'alarme au fond de mon cerveau. De coutume, les gens qui vivaient dans les caravanes avaient recours à la police pour mettre fin à des querelles domestiques d'une extrême violence. Ils pissaient dans leur lavabo et faisaient griller sur des seaux métalliques qu'ils appelaient barbecue des steaks coriaces et violacés sur lesquels on avait pris le soin de marquer : DERNIÈRE PROMO. Pour qui cet homme me prenait-il donc ? Savait-il que j'avais grandi dans une maison équipée d'un lave-vaisselle et d'un système d'air conditionné ? C'était une chose que de jouer au pionnier dans une cabane rustique, mais vivre dans cet endroit qui avait tout le charme d'une bonbonne de gaz d'une taille hors du commun... Je restai en retrait, à regarder Miguel ramasser le bois de chauffage. Mais après avoir pris le dernier bout de bois, il poussa soudain un hurlement avant de lâcher toute la pile qui, en dégringolant, lui lacéra la poitrine. « Grosse araignée, grosse araignée ! » C'est à ce moment-là que je commençai à flipper. Je jetai un coup d'œil sur la rangée de cabanes avant de loucher vers l'intérieur de la caravane, où je repérai une bonbonne de gaz nichée entre un lavabo et un frigo qui ronronnait. Miguel était resté devant la grange, donnant de furieux coups de pied aux bouts de bois avant de les sortir de la gadoue. J'escaladai les marches de ma caravane.

S'il y a un boulot qui ne demande pas réflexion, c'est bien la cueillette des pommes. À l'époque où on faisait ça avec Veronica, on travaillait alors de concert sur les mêmes arbres. On en profitait pour récapituler les noms qui figuraient sur nos calepins imaginaires et papoter ainsi sur nos amis par ordre alphabétique. Les cueilleurs étaient payés au tonneau, c'est-à-dire une énorme barrique en bois qui, une fois pleine, pouvait contenir près d'une tonne de fruits. On montait sur une échelle, avec un sac de toile autour du cou, dont on vidait soigneusement le contenu dans le tonneau. Ensuite, on remontait sur l'échelle et on remettait ça, encore, encore et encore. Mais à deux, le temps passait plus vite. À l'époque, nous commencions nos journées, Veronica et moi, par l'histoire de la fausse grossesse de Beverly April et, le temps qu'on se mette à jaser sur l'obsession de Lucinda Farrell pour les bijoux en turquoise, l'heure du déjeuner avait déjà sonné. J'essayai donc de rejouer le même scénario tout seul, interprétant nos deux rôles à voix haute et distincte. Un jour, Hobbs me surprit en pleine plaidoirie pour Gregory Allison, qui avait été soupçonné de se servir de LSD comme coupe-faim. Je dus arrêter.

Sans le secours de Veronica, il fallait bien admettre que ça ne collait pas. Livré une fois pour toutes à moi-même, j'entrepris, doucement mais sûrement, une longue descente dans la folie.

Dès qu'un tonneau était plein, Hobbs débarquait au volant de son tracteur. Il choisissait au hasard trois pommes. Si aucune pomme n'était abîmée, il me payait 9 dollars. Si une seule avait été touchée, j'en gagnais 8, ensuite 7. Une bonne cueillette, qui provenait de jeunes arbres, était en mesure de remplir jusqu'à huit tonneaux. On ne pouvait pas se fier au lendemain, car il nous arrivait de perdre 10 heures à décrocher les plus négligeables avortons de fruits de l'arbre le plus famélique. Même après une bonne nuit de sommeil, je ne parvenais plus à récupérer. Nuit après nuit, je me retournais dans mon lit, les rêves peuplés de pommes et, au lever, je me sentais vanné, les épaules vermoulues par l'énorme sac de toile. Les vendredis n'étaient guère différents des mardis ou des mercredis ; du reste, sans un seul jour de repos, on ne pouvait rien prévoir comme loisir. Pendant les deux ou trois premières semaines, Hobbs coupait de temps en temps le moteur de son tracteur pour bavarder avec moi un moment, puis il chargeait le tonneau pour l'emporter. Mais le jour où il prit conscience de tout ce que j'avais à raconter, il se ravisa et laissa systématiquement le moteur en marche.

– Il faut que j'aille jeter un coup d'œil sur la bourgeoise, me criait-il. Continue comme ça !

En se rendant à la douche, les Mexicains passaient désormais devant ma caravane au petit trot. Un chat surgit même sur le seuil de ma porte, un mâle de couleur orangée, le cou aussi épais que le ventre. Jusqu'alors, je n'avais jamais prêté attention aux chats roux, car dans mon esprit je les avais toujours associés à Brian O'Shea, mon inénarrable voisin de casier au collège. Je n'avais pas de tendresse particulière non plus pour les matous, qui avaient une fâcheuse tendance à pisser partout et à se ramener au milieu de la nuit en piteux état. Cependant, je n'étais pas en position de juger. Comme ce chat m'offrait gentiment sa compagnie, je lui ouvris ma porte. De toute façon, si quelqu'un devait absolument lui arracher les oreilles, je préférais que ce fût moi. Je lui servis des sardines et le caressai jusqu'à ce qu'il se mette à faire des étincelles. Il s'enfuit.

N'ayant personne à qui parler, je me mis à livrer mes sentiments et autres opinions dans des lettres qui pesaient lourd, non au sens figuré, mais littéral. Je rédigeai ainsi une lettre de 17 pages à ma copine Evelyn pour lui dépeindre mon émoi devant la fuite du chat. Silence. Deux semaines plus tard, je fis une croix sur son nom dans mon calepin. Un à un, je les rayai tous. Ensuite, il y eut les huit pages destinées à Ted Woestendiek pour lui expliquer en quoi consistait une séance de shampooing avec de la lessive. Pas mieux. Puis douze pages et demie à Lisa, pour lui pardonner d'être née. Rien.

Chère Miss Chestnut,

Vous vous demandez probablement ce que j'ai bien pu devenir depuis le cours préparatoire...

Il m'arrivait de passer une soirée entière sur une seule lettre mais, à l'exception de Veronica – « Non, mon copain ne m'a pas encore plaquée, c'est vraiment gentil de ta part » –, personne ne daigna me répondre. Comme on pouvait s'y attendre, je finis par ressentir une extrême contrariété. Je songeai même à rentrer en Caroline du Nord dès la fin de la cueillette, mais quand on attaqua les Golden, je me mis à gamberger. Qui m'attendait là-bas? Comment avais-je d'ailleurs pu considérer ces gens-là comme mes amis alors qu'ils n'étaient même pas fichus de se lever pour prendre un crayon et m'écrire une simple lettre? Pourtant, je leur manquais, j'en étais sûr. Peut-être la meilleure stratégie consistait-elle à veiller à ce que je leur manque encore plus. Non, mieux valait dormir sous les ponts que de retourner là-bas. Oh, ils allaient certainement en faire des gorges chaudes, se demandant où j'étais passé et ce que je devenais. La rumeur se répandrait que je traversais l'Europe en patins à roulettes ou que je partageais un appartement de luxe avec Michael Landon, mais toutes ces informations resteraient sujettes à caution, du moins, j'y veillerais. Après tout, ils avaient eu la chance de leur vie : partager les homériques tribulations de mon existence mais ils l'avaient bousillée tous tant qu'ils étaient, à l'exception de Veronica, à laquelle j'étais finalement décidé à accorder mon pardon, à condition qu'elle rompe avec son troglodyte.

Le dernier tonneau de la saison une fois chargé, Hobbs me demanda si ça m'intéresserait de bosser dans la fabrique d'emballage locale. Ils recherchaient de la main-d'œuvre, et il pouvait en toucher un mot au directeur. Je pourrais continuer à occuper la caravane, pourvu que je règle personnellement les frais d'électricité sans jamais venir frapper à sa porte.

– D'accord, c'est pas tout à fait le genre de machin dans lequel on peut faire carrière, me prévint-il. N'empêche que c'est un bon boulot pour quelques mois, mais après je peux te garantir que tu pourras plus supporter la vue d'une pomme de tout le restant de tes jours.

Il contempla un moment le bout de sa cigarette avant de l'allumer : « Une pêche, peut-être. Mais une pomme, non monsieur, jamais de la vie. »

L'usine se trouvait à mi-chemin entre la ville et la ferme. Le bâtiment, une horreur en tôle ondulée, tombait en ruines. Il abritait un réseau archaïque de trépidants tapis roulants qui fonctionnaient comme propulsés par une escouade d'écureuils actionnant un moulin quelque part dans le sous-sol. Il n'y avait rien de bien folichon dans cet endroit, mais je restais persuadé que les choses s'amélioreraient dès que j'aurais obtenu ma carte syndicale. J'allais faire partie des Compagnons, un titre grâce auquel j'étais sûr de provoquer au moins trois nuits d'insomnie à mon père et de rendre fous de jalousie mes anciens amis. Il était temps que tout ce monde paie l'addition. Inspectant du regard la fabrique en pleine activité, j'imaginais soudain tous ces gens attentivement assis sur des chaises pliantes tandis que je plastronnais sur l'estrade de la salle de réunion :

« Mes chers frères et sœurs, entonnerais-je, agrippant d'une main calleuse un porte-voix et de l'autre une pile de documents. Il est grand temps de prendre notre destin en main ! Sans plus attendre, ici, maintenant ! Avez-vous vu ce qu'ils appellent un contrat ? Eh bien, moi, j'appelle ça un contraste ! En d'autres termes, la différence entre ce que sont les choses et ce qu'elles devraient être ! »

Sur ces mots, j'observerais une légère pause pour calmer les applaudissements assourdissants.

« Qui fait marcher le monde d'aujourd'hui sinon nous, oui, nous, les travailleurs de ce pays ? Non, tant que la direction ne prendra pas conscience de cette réalité, tant que les grosses huiles d'en haut ne gareront pas leur Cadillac pour venir enfin à la table des négociations et nous promettre des salaires convenables, voilà tout ce que j'aurai à dire sur leur fichu contrat. »

Les Compagnons se lèveraient alors de leur siège en applaudissant pour saluer mon courage au moment où je déchirerais le fameux contrat en mille morceaux avant de le jeter par-dessus mon épaule.

Certes, je n'avais jamais rien organisé jusque-là sauf, de temps à autre, un dîner à la maison. Mais je restais persuadé que je n'aurais plus à faire montre d'humilité à partir du jour où mes camarades ouvriers reconnaîtraient mon aisance verbale et mes qualités innées de leader. De toute façon, j'avais toujours su traiter avec les petites gens, mettant un point d'honneur à les ménager sans les écraser du haut de ma superbe devant leur pauvre vie terne et monotone. Par conséquent, si ces gens-là étaient décidés à faire de moi leur meneur, je n'avais d'autre choix que d'accepter, tout en y ajoutant ma particulière touche de sereine dignité.

« DA-VID! DA-VID! DA-VID! »

La terre tremblerait sous les vivats de l'assemblée.

Et au cas où, par malheur, les choses ne se passeraient pas ainsi, j'aurais eu au moins la fierté de prendre part au combat d'autrui. Même s'ils étaient moins perspicaces que moi, j'aurais néanmoins apprécié à sa juste valeur l'occasion qu'ils m'auraient offerte d'adresser la parole à autre chose que tout ce qui portait, de nature, soit une tige soit une queue. Quelque part dans cette salle, il y avait un ami qui m'attendait :

– Je le sais depuis la première fois que je t'ai vu, me confierait cette personne quelques jours plus tard, au sortir d'un dîner. Je n'ai eu qu'à te regarder et, tout de suite, je me suis dit : « Mince, ce type-là, j'aimerais bien le connaître, ouais. »

Je fus embauché dans l'équipe du soir, qui commençait le service à 15 heures et terminait à 23 heures. Mon boulot consistait à rester sur place à ôter les feuilles des pommes qui défilaient devant moi sur le tapis roulant. À moins d'un mètre de moi, il y avait une femme qui surveillait aussi, mais le manège incessant de la chaîne compromettait la moindre tentative de conversation. Dans notre dos grondaient des chariots élévateurs pendant que des hommes ne cessaient de scier et marteler des palettes de bois.

Coincés entre les pulvérisateurs, les tapis roulants et les générateurs, nous étions excédés par le vacarme harassant. Les portes donnant sur le quai de chargement restaient ouvertes, comme ça personne ne risquait de se plaindre de la chaleur. Je balançais par terre les feuilles que je séparais des fruits, et elles formaient au fur et mesure un monticule froid et humide qui finissait par engloutir mes pieds engourdis. Au bout d'une heure à peine, je commis l'erreur de mordre dans une pomme. Tout juste sortie de son bain chimique, elle me brûla les lèvres et entama la chair aux commissures de la bouche, me laissant un arrière-goût amer qui persista longtemps après mon retour des toilettes, où je m'étais précipité pour me nettoyer la bouche avec du savon.

Hobbs avait raison. Jamais plus, de toute ma vie, je ne pourrais supporter la simple vue d'une pomme. Cependant, il s'était gouré sur les délais prévus car il ne me fallut pas plus de 45 minutes pour jurer de les bannir de ma vue pour toujours. vingt-quatre heures sur vingt-quatre, sans pitié ni répit, elles dévalaient sur le tapis roulant, jetant à bas la conception arrêtée que j'avais de la famine dans le monde : était-ce un simple mythe ou, pire encore, une plaisanterie de très mauvais goût? En moins d'une demi-heure j'avais touché plus de pommes que tous les hommes, femmes et enfants de ce monde auraient pu en consommer, crues ou en compote.

C'est alors que l'idée se fit jour en moi : en fait, tout ce que nous achetions dans le monde est emballé par un pauvre loquedu avec une résille autour des cheveux et des tampons d'ouate dans les oreilles. Chaque grain de maïs, chaque raisin sec enrobé de chocolat, chaque lacet de soulier. La petite pince à barbecue, le chapeau en papier ou les moufles dénichées au supermarché : toutes ces denrées parvenaient jusqu'à nous après un interminable circuit profitant de la misère la plus abjecte. Quand je pense que les végétariens, en regardant rôtir un porc, ne peuvent s'empêcher de s'apitoyer sur la pauvre bête... Dès lors, à mon tour, j'aurais une pensée émue pour le lascar qui passait ses journées à emballer des produits sur des plaques de polystyrène. C'était donc ça le véritable drame. Que ce soit les cigarettes, les crackers ou les chewing-gums, je voyais désormais le monde avec l'œil du métier.

« MES CHERS FRÈRES, MES CHÈRES SŒURS, VOUS IGNOREZ QUE VOUS COUREZ UN GRAVE DANGER ! SAUVEZ-VOUS PENDANT QU'IL EN EST ENCORE TEMPS ! »

Mais le temps s'écoulait à l'allure d'un escargot. Parfois, je tirais légèrement sur mon gant de caoutchouc pour essuyer le givre sur ma montre. À mon grand désarroi, je réalisais que ce que j'avais pris pour une heure n'avait pas duré plus de sept minutes. Nous avions droit à une demi-heure de pause pour dîner et à trois pauses de 10 minutes, qui semblaient se terminer avant même que mes doigts aient recouvré assez de mobilité pour tenir une cigarette. Le dîner en question provenait des distributeurs automatiques installés dans un hall jouissant d'une vue panoramique sur la fabrique ; ainsi, nous mastiquions nos sandwiches sans être tentés d'oublier ce qui nous attendait, le moment de la digestion venu. À ma seule exception, le personnel affecté au tapis roulant était composé de femmes d'une quarantaine d'années qui, la phase d'emballage terminée, restaient travailler à l'emboîtage. Dorothy était leur meneuse. C'était une femme trapue et pleine de bon sens qui portait le blouson de football de son fils sous un tablier crasseux sur lequel on pouvait lire : BOUCLEZ-LA ET MANGEZ !

– Je vais te dire un truc à propos de leur syndicat, moi, m'annonça Dorothy. Ils n'ont pas intérêt à se sucrer sur mes bénéfs sinon un de ces jours, je leur foutrai mon poing dans la gueule. Même qu'ils seront obligés de venir récupérer leurs dents plantées dans mes mains. Ce sera sanglant, tu verras. Crois-moi, j'y veillerai personnellement.

Ensuite, elle me dirigea vers un tableau d'information sur lequel était affiché le procès-verbal de la dernière réunion. Chaque phrase consistait en une longue liste d'abréviations et, à force, je finis par me résigner car il était inutile d'en rechercher la signification. Je réalisai soudain que rien, même mon boulot, n'était aussi prodigieusement ennuyeux que ces motions qu'ils votaient au sujet des compensations exigibles en cas de perte d'emploi. D'ici à ce que je puisse me payer une assurance dentaire, je serais si vieux que ce ne serait pas pour me faire rembourser des plombages, mais un dentier.

– Tu ne sais pas ce qui t'attend, me mit en garde Dorothy. C'est fou comme le temps passe vite !

Certes, elle avait raison mais qu'est-ce que ça pouvait bien changer au spectacle que nous avions sous les yeux?

Un soir pendant la pause, je demandai si par hasard quelqu'un parlait italien. « Je l'ai étudié un an. À la fac, expliquai-je. Aujourd'hui, je ne sais même plus comment on dit tragédie. Oh, je connais aussi l'espagnol, et un petit peu de grec. Seulement, l'italien c'est si... euh... *bellissimo*, vous voyez ? »

Tous mes efforts destinés à impressionner les ouvrières échouèrent lamentablement. Elles m'affublèrent du sobriquet d'Einstein.

– Dès que je t'ai vu croquer une pomme sur le tapis roulant, railla Trish, j'ai pigé que tu étais un petit malin. Je me suis dit : enfin, en voilà un qui a la tête sur ses épaules !

Un éclat de rire secoua toute la salle de repos.

– Hé, Einstein, comment on dit « frimeur » en latin ?

– Écoute, Einstein, demanda Dorothy. Question avec bonus de 5 points : c'est l'équipe de football de quel lycée qui a été qualifiée pour la finale ?

– Ah, fichez-lui la paix à ce gosse.

C'était une voix d'homme qui sortait de quelque part derrière moi.

« Tu comprends pas que ce gars a d'autres chats à fouetter que de se préoccuper du gros cul de ton fils et sa compétition avec ces branleurs de l'équipe des Chats Puants ? »

Dorothy vit rouge :

– D'abord, mon fils joue comme arrière. Ensuite, pour ta

gouverne, son équipe s'appelle les Chats Huants, et ils sont champions de leur ligue. Et si ça ne te plaît pas, c'est le même prix !

Le type porta un pouce à son nez puis me fit signe de le rejoindre à sa table.

– Non mais tu as vu ça ? Quelle bande de poules dégénérées ! De toute façon, elles ne perdent rien pour attendre. Le jour où elles seront trop vieilles pour pondre, on les traînera dans l'arrière-cour et on leur tordra le cou vite fait bien fait.

– Tiens-toi à carreau, Tarzan, menaça Dorothy en tirant sur les cordons de son tablier.

L'homme se présenta sous le nom de Timothy, mais précisa aussitôt que tous ses potes, les vrais, l'avaient surnommé Le Frisé, sobriquet intéressant pour un type aux cheveux fins et clairsemés couleur champ de blé.

– Ça doit être vachement dur pour un gars comme toi de vivre dans un trou pareil, c'est sûr. Tu sais, ces tarées ont quelque chose contre les gens qu'ont un cerveau et qu'ont reçu une éducation normale ; ça leur fout les glandes, elles ont l'impression d'être piégées. Oh non, nous ne pouvons pas supporter ça. Grands Dieux ! C'est impossiiiiible !

Il haussa les épaules et se recroquevilla en faisant mine d'être mort de trouille.

– Je peux t'assurer que je comprends parfaitement ce qui t'arrive parce que toi et moi nous nous ressemblons beaucoup, ajouta-t-il. D'accord, je dois avoir au bas mot quinze ans de plus que toi, et je ne suis certainement pas, ni de près ni de loin, aussi futé que toi mais, d'ici le mois de janvier, je m'inscris à des cours du soir de gestion. Il est temps pour moi de remettre ma matière grise en route et de m'attaquer aux choses sérieuses. J'ai déjà perdu assez de temps comme ça.

Le Frisé était sans doute un peu illuminé, mais je n'étais pas en position de refuser une main tendue. C'est ainsi que je finis par apprécier sa compagnie, priant parfois le ciel pour que nous changions de sujet de conversation de temps à autre au lieu de parler uniquement de moi.

– Dis, David, raconte-moi encore un peu ton rêve de la nuit dernière, tu sais, celui où tu découvres au fond d'une boîte à œufs des têtes réduites. Il y a un symbolisme d'une telle puissance là-dedans ! J'aimerais approfondir un peu ça, quoi.

Même si ce type n'avait pas inventé la poudre, il avait au moins du cœur.

Le Frisé conduisait le chariot élévateur dans l'équipe du matin. Aussi, lui arrivait-il souvent de prolonger le service pour toucher des heures supplémentaires. Certaines nuits, il se tapait l'aller-retour à la fabrique juste pour dîner avec moi. Finalement, il me pistonna auprès du chef d'équipe et je fus promu au tri. À présent, j'attendais simplement que les pommes rutilantes, débarrassées de leurs feuilles, roulent jusqu'à ma hauteur pour séparer les fruits « premier choix » des produits dits « de luxe ». Pourtant, nul n'aurait su dire la différence exacte entre ces deux catégories. Je me risquai à poser la question à Gail et à Dorothy, mais comme elles m'en voulaient d'avoir obtenu une promotion sans ancienneté, elles ne m'adressaient plus la parole. Il ne me restait plus qu'à observer et suivre leur exemple : mastiquant mon chewing-gum, je restais toute la journée les fesses sur un tabouret, bras croisés, m'activant de temps à autre aussitôt que je voyais surgir un cadre supérieur. Je me mettais alors à trier à toute vitesse, posant au hasard une pomme sur le tapis réservé aux « premiers choix » et la suivante parmi les « luxe ». Quant aux fruits pourris, ils atterrissaient dans une trappe en attendant leur acheminement vers la fabrication des petits pots pour bébés. En termes d'augmentation, ma promotion m'attribuait 25 *cents* de mieux par heure. Cela dit, même si l'on se mouillait moins au tri, il n'était guère plus passionnant que le poste précédent. Un jour, malgré le ronron de la cafetière, j'entendis Connie chuchoter à Trish :

– Y'en a qui ont réussi à décrocher une promotion à la sueur de leurs fesses. Tu vas voir qu'il va bientôt porter des gants fourrés et mettre un coussin sous son petit popotin.

Je supposai qu'il s'agissait de moi. De toute évidence, la seule personne à Duckwall-Pooley dont le popotin pouvait mériter ce qualificatif, c'était moi. Le Frisé avait eu raison. La médiocrité et la mesquinerie de ces bonnes femmes étaient sans limite. « Décrocher une promotion à la sueur de leurs fesses. » Si j'avais réellement un poil dans la main, aurais-je pu gagner ce poste ?

Le Frisé me l'avait dit :

– Crois-moi, c'est un vrai coupe-gorge ici. Ne te laisse pas embarquer dans des galères. T'as du bol, tu sais, d'avoir au moins quelqu'un pour assurer tes arrières, mon pote. C'est rien qu'un troupeau de moutons bêlants, mais t'inquiète : un de ces jours on va leur régler leur compte.

Trois semaines après mon arrivée à la fabrique, le Frisé m'invita à aller boire un verre dans le double mobile home où il vivait avec sa mère – une femme dont il me parlait souvent – au bord de la Hood River.

– Tu sais, j'ai raconté à Maman ce que t'as dit à propos de la bouche de Dorothy : qu'elle ressemblait à une blessure par balle et, tu sais quoi ? elle s'est marrée à s'en péter l'aorte. Doux Jésus. C'est une drôle de bonne femme, ma vieille. Pour elle, rien ne peut garantir la santé autant qu'une blague, une bonne, bien grosse. Eh dis-moi, t'en as pas une ou deux en réserve, au cas où ?

Dans le désarroi où je me trouvais alors, à la recherche d'une présence pour briser ma solitude, je n'avais pas clairement réalisé que j'avais affaire à un pauvre type sans ambition ; une carrière dans la gestion, oui, c'était parfait pour un gars comme Le Frisé. Je l'imaginais sans peine en manches de chemise blanche, la poche pleine de stylos. Si on lui demandait par exemple de vérifier les feuilles de pointage, il obtempérerait sans tarder en marmonnant une de ces phrases purement débiles du genre : « Okay, chef, ça roule ! » J'eus beau tenter de le secouer un peu, il n'y avait malheureusement pas grand-chose à espérer d'un type qui ignorait complètement que Auschwitz n'avait rien à voir avec une marque de bière.

Son mobile home était stationné sous une rangée de sapins. Il gara sa camionnette dans l'allée. Il faisait froid cette nuit-là, mais l'on y voyait encore assez clair pour distinguer la gueule fumante du berger allemand qui venait à notre rencontre.

– Mais où il est mon Rex, hein ? s'écria Le Frisé en s'agenouillant pour se faire lécher le visage. Ah mais c'est lui ! Le voilà ! C'est le Rex ! T'es bien le Rex, non ? Le Rex, le vrai, le roi de la bière. Dis-moi, c'est qui le roi de la bière, hein ? C'est qui ? Où il est allé, hein ? demanda-t-il en balançant des coups de poing affectueux sur la tête du clébard. Allez, fini de jouer, maintenant. Va-t'en, Rex, allez !

Mais au moment où il introduisait la clé dans la serrure, le chien, impatient de rentrer, revint frotter son museau contre le chambranle de la porte.

– Putain de bordel, j'ai dit NON ! Non, c'est non !

Puis Le Frisé lui colla un coup de pied avec ses bottes à bouts pointus, et la pauvre bête recula.

« J'avais dit non, pas vrai ? Je t'avais bien dit qu'on avait fini de jouer ! »

Il s'agenouilla de nouveau et sa voix, peu à peu, prit un ton plus doux.

« Mon bon Rex. Mais où il est, mon Rex, le roi de la bière, le roi de la route, hein mon vieux Rex ? Il est parti se cacher ? Le Rex s'est barré et il a laissé tomber sa couronne dans la poussière. Qui c'est, qui va lui rendre sa couronne, à Rex, hein ? Il est où, mon Rex ? C'est à qui, la couronne, hein, c'est à qui ? »

La queue entre les pattes, le chien avança jusqu'aux pieds du Frisé, qui l'attrapa par la peau du cou et lui botta l'arrière-train à plusieurs reprises avant de le relâcher. Ensuite, essuyant les mains sur son pantalon, il m'expliqua :

– C'est juste un jeu entre lui et moi. Il aime l'éducation à la dure.

D'emblée, je subodorai que le bonheur ne régnait pas sous le toit du Frisé. Il me suffit de sentir, dès l'entrée, la chaleur insupportable qui planait par-dessus la puanteur qui provenait de toutes les choses les plus nauséabondes possibles, sans oublier celles qu'aucune personne convenable n'irait imaginer. La porte s'ouvrit sur un salon aux murs recouverts de panneaux en imitation noyer, sur lesquels étaient accrochées des estampes encadrées, dédiées à la nostalgie des siècles perdus où la vie était plus simple et où des garçonnets aux pieds nus chapardaient gaiement des pommes dans la charrette du marchand. Les canapés et les fauteuils étaient tapissés de faux velours rouge et protégés par des housses en plastique coupées sur mesure. Sur la table basse aux marbrures dorées trônaient un briquet décoratif et plusieurs exemplaires du magazine l'*Oregonian*, disposés en éventail. Des chérubins potelés s'ébattaient au pied de chaque lampe, et sur la moquette bleu roi étaient dessinés des athlètes en compétition. Dire que l'endroit était sale ou bordélique aurait été injuste. Seulement, il y régnait cette épouvantable puanteur comme si le mobile home avait jadis été un organisme vivant, qui avait rendu son dernier soupir six mois auparavant et se décomposait dans un coin sans que personne ait pris la peine de l'enterrer.

– Maman ? T'es habillée au moins ? C'est moi, ton fils préféré. Je suis rentré !

Au fond du couloir, il entrebâilla une porte et j'aperçus un bout de femme rabougrie qui se levait de la cuvette des toilettes. Je me détournai aussitôt et fis semblant d'être captivé par la photo d'un grand-père d'allure gaillarde qui posait, les bras grands ouverts, pour montrer la taille de la prise qui venait de lui filer sous le nez.

– J'ai cru que c'était le fils Taylor, déclara la femme. Je croyais qu'il venait enfin récupérer leur énorme carton de saucisses. C'est le père qui les a livrées ici, un carton entier, tu te rends compte ? Alors moi je l'ai appelé et je lui ai dit : « Je ne comprends pas ce qu'on peut bien foutre avec autant de saucisses. Envoie un de tes garçons les rechercher. »

Le Frisé baissa soudainement le ton de sa voix. Je ne parvenais pas à saisir les mots, mais il avait l'air contrarié.

– Ah non, mon vieux, lui objecta la femme, je ne t'ai pas envoyé chercher ma canne. Tout ce que je te demande, c'est de virer toutes ces saucisses de mon placard. Passe un coup de fil au petit Taylor pour qu'il vienne les chercher.

Je l'entendis protester pendant qu'il la soulevait. Ensuite, ce fut le bruit de la chasse d'eau, puis de l'eau qui coulait dans le lavabo.

« J'ai même pas de pain à hot-dogs pour faire ces saucisses. Alors tu les appelles et tu leur demandes s'ils ne veulent pas venir. »

La porte s'ouvrit et Le Frisé ressortit en traînant sa mère par la main. Il traversa la cuisine pour la conduire dans une pièce où, pour rien au monde, je n'aurais osé m'aventurer. À des moments comme celui-là, je me maudissais plus que jamais d'avoir négligé mes cours d'auto-école. Et pourtant, avec tout le fric que j'avais touché à la cueillette des pommes, j'avais suffisamment épargné pour m'offrir une bagnole d'occase si ça me chantait. Car si j'avais au moins eu ma propre voiture, j'aurais inventé n'importe quel prétexte pour me tirer de là vite fait, sans problème. D'ailleurs, si j'avais su manœuvrer un tant soit peu, j'aurais pu tout aussi bien prendre sa caisse. C'est maintenant que je comprenais la différence : j'habitais momentanément dans une caravane, alors que Le Frisé, lui, y vivait vraiment ; j'étais horrifié à l'idée qu'il ait pu me confondre avec un gars de son espèce. Devais-je changer mes habitudes vestimentaires ? M'inquiéter de la pâleur de ma peau ? Ou de ma propension à laisser pendre ma lèvre inférieure dès que je commençais à m'ennuyer ? Non, les adeptes de la vie en mobile home étaient soumis à un emboîtage et un étiquetage, tout comme le jus de pommes produit dans notre usine ; la liste des ingrédients était toujours la même : poulet frit, légumes trop cuits, aucune connaissance des cinéastes italiens... et j'en passe.

– Merde alors, elle est fatiguée ou quoi ? commenta le Frisé, qui ressortait de la chambre en secouant la tête d'un air incrédule. Il y a des jours où elle me fait penser à une horloge, sauf que ça fait « toc-toc ». Tu vois ce que je veux dire ?

Il se vrilla le pouce contre la tempe.

« Tu sais comment ça se passe, avec les vieilles. D'un côté, on ne supporte plus de les voir toujours fourrées entre nos pattes et, d'un autre côté, on ne peut pas non plus les mettre dans des sacs poubelle. Eh, attends un peu ! T'as entendu ce que je viens de dire ? »

Il se mit un doigt sur le bout du nez comme s'il appuyait sur la touche retour d'un magnétophone.

« Bon. Alors, on est tout de même pas venus ici pour rien, non ? Allez, on va se payer du bon temps, d'accord ? »

Il se précipita dans la cuisine pour revenir avec un pack de six canettes de bières, en suggérant d'aller nous installer plutôt dans sa chambre parce que sa mère avait le sommeil léger.

« Putain, mec, tant qu'elle a pas piqué son petit roupillon réglementaire, c'est un authentique monstre à trois têtes, ajouta-t-il. Mais t'es pas de ce genre-là, toi, non ? T'es pas de ces vieux loups-garous grincheux quand tu te lèves le matin, hein, dis-moi ? J'espère pas, parce que moi, les monstres, ça me fout la t'ouille. »

Il se mit tout à coup à se ronger les ongles en soutenant ses genoux tremblotants.

« J'ai la t'ouille, tu sais ? J'ai pieur. »

Je saisissais mal la terreur que me jouait le Frisé, mais elle ne pouvait en aucune façon égaler celle qui s'empara de moi après qu'il eût ouvert la porte de sa chambre, véritable hall d'exposition pour son impressionnante collection de pénis artificiels. Il y en avait partout : sur les murs, sur des plaques commémoratives, posés bien droit, méticuleusement rangés sur des étagères et des tables basses. En bois, en plastique ou en caoutchouc imitation chair, ce qu'ils avaient en commun, c'était leur taille imposante.

Certains avaient été représentés avec le détail des veines et des poils frisés autour des testicules, tandis que d'autres avaient en quelque sorte subi un traitement *a minima*. De toute manière, noirs ou blancs, aluminium ou chair, électriques ou manuels, le message était le même.

– Alors qu'est-ce que t'en penses ? demanda le Frisé en se laissant tomber sur le matelas d'eau.

– Tu as un sacré... dessus de lit, là ! m'exclamai-je, dans l'espoir de détourner son attention sur le thème de la couleur. C'est vraiment de l'orange, ça... du pur orange, n'est-ce pas ?

– Ouais, si tu veux, dit-il en tendant la main vers une forme qui rappelait en tous points celle d'un Thermos. Eh, à propos, qu'est-ce que t'en penses, de ma collection de joujoux, hein ? Je me suis dit que t'aimerais vachement. Personne ne pourrait apprécier ça mieux que toi. Dès que je t'ai vu, je me suis dit : « En voilà un qui meurt d'envie d'un camarade de jeux ! » Et voilà, t'as tout ce qu'il faut maintenant. Alors qu'est-ce que t'en dis, Charlie Brown, t'as envie de jouer ?

Je simulai la surprise :

– Ah mince ! C'est vraiment sympa de ta part, tu sais... Le Frisé. Mais c'est que, tu vois, on bosse ensemble et...

– ...Raison de plus pour jouer ensemble ! Allez, viens, Einstein, ne me la fais pas avec ton putain de cinoche. Regarde, j'ai la pine qui se baguenaude comme un train de marchandises.

Il baissa puis remonta la fermeture de sa braguette.

– Il est trop tard pour reculer maintenant. Tu vas tout de même pas jouer à ce jeu-là avec moi.

– Ah non, loin de moi cette idée ! L'ennui, tu sais, c'est que... enfin, je veux dire... ces fichus morpions.

À ce moment-là, je me mis à me gratter furieusement tout en me félicitant silencieusement pour ma présence d'esprit.

– Pour m'en débarrasser, c'est vraiment galère. Tu comprends pourquoi je ne voudrais pas te contaminer toi aussi.

– Ce ne sera pas la première fois en tout cas, répliqua-t-il. Allez, amène-toi, viens poser ton joli petit cul sur ce plumard. Le Frisé va lui-même te débarrasser de ces sales petits morpions et leur filer la déculottée de leur vie.

– Ça me semble... tout à fait... passionnant comme programme, bafouillai-je. D'accord, mais on ne peut pas en dire de même pour... les morpions... je veux dire... je suppose qu'ils considéreront ça comme une mauvaise nouvelle, non ?

Sur ces propos, je me libérai un instant, pour aller aux toilettes. Malheureusement, le Frisé seul savait où il avait rangé ma veste. Je me mis à farfouiller à l'aveuglette dans le placard en espérant la retrouver. Quand il m'appela, je m'emparai d'une veste élimée et fonçai sans demander mon reste vers la sortie. Je continuai à cavaler dans l'allée, jusqu'à la route plongée dans le noir.

C'est quand j'arrivai enfin sous un réverbère que je m'aperçus que je portais une veste de femme. De fait, elle était aussi usée que la mienne, sauf qu'elle était rose et que les poches étaient bourrées de paquets de kleenex. Une bagnole s'engagea dans la rue avant d'accélérer dans ma direction. Parvenu à ma hauteur, le chauffeur sorti abruptement de la route pour grimper sur le bas-côté, et je basculai droit dans le fossé, où une canette de bière me suivit pour atterrir à un poil de mon crâne, puis j'entendis des éclats de rire et de la musique à tue-tête qui s'éloignaient.

Pour un havre de paix et de sécurité, le fossé n'était pas une si mauvaise idée. Parmi les feuilles mortes en décomposition et les monticules de détritus de papier, je commençai à me demander comment j'avais pu me tromper aussi radicalement sur le compte du Frisé. Je m'étais de tout temps persuadé que s'il était célibataire, c'est parce qu'il ne trouvait pas de femme assez désespérée pour supporter sa personnalité immature. Les choses se seraient-elles passées différemment si je l'avais trouvé séduisant ? Si, par exemple, il avait ressemblé à l'acteur William Holden dans *Pique-Nique*, aurais-je mieux vécu la chaleur épouvantable de son mobile home et ses histoires à la con ? Il me suffisait de repenser à sa collection de godemichés et, avec la meilleure volonté du monde, j'étais obligé de répondre non et non. Si j'avais réussi à engloutir une de ces horreurs, il ne me serait plus resté qu'à passer aux lances à incendie lubrifiées. Et en deux temps trois mouvements, je serais devenu un de ces types qui à la quarantaine portent des couches et marchent en boitant. Ce soir-là, je sus donc avec certitude que mon service à la fabrique d'emballage était à jamais terminé. Ce n'était pas vraiment la faute du Frisé, mais il me fallait bien trouver quelqu'un à qui faire porter le chapeau. Du reste, j'aurais même dû lui présenter mes remerciements car il me donnait un bon prétexte pour me barrer. Soudain, je me dis que ce serait une idée géniale de faire mes bagages et de quitter la ville sans plus attendre. Mais avant tout, je devais rester couché encore quelque temps dans le fossé, au chaud dans cette veste de femme, pour essayer de comprendre ce qui ne tournait pas rond.

Les Mexicains partis, le verger de Hobbs était tombé dans la désolation la plus complète. Au lever du soleil, je rentrai cahin-caha vers ma caravane et contemplai longuement les arbres dénudés à travers la fenêtre. On pouvait, sur le moment, prendre la décision de quitter une ville. Seulement, tôt ou tard, il fallait bien qu'on atterrisse dans une autre. Je pris la décision de m'orienter vers un coin un peu insolite, peut-être Portland ou Tacoma, dans l'Etat de Washington, mais dans mon for intérieur je savais pertinemment que, une fois mes bagages faits, je rentrerais droit en Caroline du Nord. Si au moins je restais ici un peu plus longtemps, peut-être aurais-je le temps de m'endurcir assez pour pouvoir laisser le passé en arrière et recommencer une nouvelle vie. J'avais l'impression d'attendre qu'une fièvre se déclare en moi. Ainsi, quelques semaines plus tard, j'aurais peut-être eu la joie d'en être guéri?

Rien, me semble-t-il, ne pouvait autant compromettre une bonne résolution que de passer la nuit dans un fossé.

Je fis du stop jusqu'à Hood River pour rendre les bouquins

empruntés à la bibliothèque, puis je passai à la fabrique pour leur expliquer que j'arrêtais le travail.

– À Yale ! criai-je au chef d'équipe par-dessus le tintamarre du groupe électrogène. Ils m'ont embauché pour enseigner à l'Université de Yale !

– Quoi ? s'écria le type. Qui est-ce qu'on emmène au pénitencier de Yale ?

– Mais non, à l'université !

– Ah bon, d'accord. Seulement, tu fais gaffe à pas te baisser pour ramasser ta savonnette, hein ? Bon, alors à la revoyure !

De même, avant de rendre à la bibliothécaire les cassettes de *La Vallée des Poupées* et de *Rosemary's Baby* – en retard et plutôt en mauvais état, pour tout avouer –, je profitai de l'occasion pour lui chuchoter :

– Je crois qu'il faut que je rentre. Ils m'ont proposé de dispenser deux ou trois cours à Yale et, comme la saison de la cueillette est terminée, je me suis dit : Pourquoi pas ?

– À moins de crever de faim, vous n'aviez pas le choix, je suppose, soupira la femme.

Je ne comprends pas d'où m'était venue cette passion pour la justification. Au fond, à l'exception de la propriétaire légitime de la veste rose que je portais, mon départ n'intéressait personne. Je venais de passer plusieurs mois dans la contrée, qui ne m'avaient strictement avancé à rien. Mais comme je n'étais pas du genre à forcer le destin, je n'avais pas d'autre choix que de laisser venir. D'ailleurs il était venu, sous la forme d'une carte de syndicaliste, accompagnée d'une collection unique de godemichés. Après tout, ce ne serait pas différent en Caroline du Nord que dans l'Oregon. Ça me rappelait mes voisins de bus, qui passaient toute leur vie à courir d'un cul-de-basse-fosse à un autre, dans le vague espoir que, même si rien ne changeait, le paysage au moins serait différent. Dans quelques heures, je serais de nouveau assis parmi eux et, comme tout bon élément, je partagerais avec la communauté mon sachet de chips.

J'étais en route pour Odell lorsque je fus pris en stop dans un break. Le type s'est présenté sous le nom de Jonathan Combs, *alias* EDD.

Lorsque je lui demandai ce que signifiait cette abréviation, il se contenta de me retourner la question. De prime abord, on lui donnait la cinquantaine. C'était un homme d'une pâleur maladive, aux mâchoires carrées, lunettes à épais cadre noir en écaille et une coupe à la brosse.

– Allez, devine, dit-il.

Ennemi Du Dragon ? me demandai-je. Enflure Du Danube ? Ou Élève De Danse ?

– J'avoue qu'il est difficile de se prononcer, reconnus-je.

– Enfant De Dieu ! s'exclama-t-il. Mais t'en es un, toi aussi ! Tu jouis toi-même de ce titre glorieux, et tu ne le savais pas ! Moi j'ai même exigé la mention sur mes chèques. Et maintenant, il suffirait que l'autre là-haut les encaisse pour que les affaires reprennent.

Il s'adressait au toit de sa voiture :

« C'était juste pour rigoler, Seigneur. »

Jonathan me promit de m'accompagner jusqu'à Odell, mais auparavant il devait absolument passer par son atelier. Je lui demandai donc ce qu'il faisait :

– Mais je suis artiste, c'est tout ce que je fais ! Ça t'est jamais arrivé de rencontrer un artiste, hein ? D'accord, c'est vrai qu'on se comporte de temps en temps d'une façon un petit peu bizarre mais t'as pas à t'inquiéter, petit, j'ai eu tous mes vaccins et je n'ai jamais mordu personne.

Il se gara devant une maison d'un quartier résidentiel, encore festonnée des décorations d'Halloween. Des fantômes terrifiants pendaient des arbres, ruisselant de la pluie du matin, et la citrouille avait fini par se ratatiner ; sa figure jadis joviale avait désormais l'air d'une grand-mère édentée et tannée par le soleil.

– T'as vu comment ces gens sont gentils ? Ce sont des fidèles de notre église. Quand je leur ai dit que j'étais à la recherche d'un atelier, ils m'ont aussitôt refilé les clés de leur sous-sol. Aussi simple que ça.

Il sourit puis secoua la tête en repensant à sa chance.

– Tu vois, même dans cette foutue ville, tu rencontreras les gens les plus merveilleux de la terre. Inutile de chercher ailleurs. Enfin, j'espère que tu ne vas pas m'obliger à t'en donner la preuve puisque t'en as un déjà devant toi.

– Qui ça ?

– Mais moi, pauvre andouille !

Il tendit la main vers les deux béquilles en aluminium posées à ses côtés et s'en servit pour supporter son poids tandis qu'il descendait de la voiture. Je le suivis en faisant semblant d'ignorer les bruits fort reconnaissables qui s'échappaient de son pantalon. Soit il souffrait d'une aérophagie extrêmement grave soit il avait planqué dans ses poches arrière un gnome qui avait choisi ce moment pour s'exercer à la trompette.

– Tu vas assister à un truc incroyable, crois-moi. T'es prêt ? T'as intérêt à t'accrocher à tes chaussettes, mon gars.

Il ouvrit la porte du sous-sol, qui était équipé d'une machine à laver et d'un sèche-linge. Au fond de la pièce, il y avait diverses machines, aussi ahurissantes les unes que les autres, dont la fonction m'était inconnue. Il alluma ensuite le plafonnier avant de se frayer un chemin jusqu'à une masse de roche sur un plateau où stagnait une eau couleur de rouille.

– Pan-pan-pan ! ! ! Alors, ça va, tes chaussettes ?

J'avais la très nette impression qu'un truc pour le moins évident était en train de m'échapper.

– Mais c'est du jade ! s'écria le type, les yeux brûlants de mille feux. Et il m'en reste encore des tonnes à l'endroit où j'ai déniché celui-ci. D'accord, c'est peut-être pas le nec plus ultra, mais ça peut suffire à m'enrichir si je ne déconne pas ou si je ne me remets pas à picoler. Enfin, je touche du bois.

Il s'assit et fit claquer les jointures de ses doigts sur ses genoux.

J'hallucinais.

– Tu veux toucher du bois, toi aussi, hein? Allez, vas-y, choisis. Une jambe ou l'autre, c'est pareil.

Je finis par comprendre quand il remonta son pantalon, dévoilant des chevilles faméliques d'un gris cadavérique.

«Bon, c'est pas du vrai bois, je voulais juste te faire marcher! Tiens donc, qu'est-ce que t'en penses de celle-là, hein? Non, mon petit, c'est du plastique, rien que du plastique. Et tu sais, c'est à moi, rien qu'à moi, et je te permettrai jamais d'y toucher, compris?»

Dans un simulacre de protection, il entoura ses genoux de ses bras.

De toute évidence, le type était zinzin. Seulement, à la différence des gens qui m'avaient pris en stop auparavant, une chose était sûre avec lui : le moment venu, je pourrais au moins courir plus vite que lui. C'est ce qui explique peut-être pourquoi je restai tout ce temps à l'écouter patiemment radoter sur ses longues années en Alaska, le genre d'endroit où je n'aurais pour rien au monde rêvé de vivre. Quand j'étais môme, il m'arrivait de rêver d'ours polaires et de sympathiques Esquimaux qui passaient leurs journées à se pourchasser d'un bout à l'autre de la toundra gelée. Mes fantasmes avaient été durement mis à l'épreuve par des articles de magazines illustrés de villes inachevées où des drôles de barbus s'affrontaient au bras de fer sous le lugubre soleil de minuit en misant sur des fiancées commandées sur catalogue. Si c'était ça leur pays de rêve, ils pouvaient se le garder.

Après la rupture de son premier mariage, Jon était allé à Fairbanks pour faire fortune.

– Mais la seule réserve d'or là-bas nageait au fond d'une bouteille.

C'est dans un accident qu'il avait perdu la jambe gauche. Sa voiture avait fait un tonneau avant de le crucifier contre un arbre. Quelques mois plus tard, il avait été amputé de l'autre jambe à cause de la gangrène. Le concert de pets provenait des poches d'air coincées entre ses prothèses et les moignons.

– J'en étais rendu là. Mes jambes n'étaient plus que de l'histoire ancienne mais j'avais toujours mes mains, et cela suffisait largement pour savoir tenir une bouteille. Eh oui, c'est moi qui te le dis, le meilleur médicament au monde a été inventé par un gars du nom de Jim Beam[1]. Une pilule efficace contre la déshydratation. Elle ne servait pas à grand-chose sinon à te saouler la gueule et te faire regretter le jour de ta naissance. Et c'est ce que j'ai passé pas mal de temps à faire, jusqu'au jour où je suis tombé sur un type qui m'a fait comprendre que je pouvais me tenir debout et marcher sans avoir besoin d'une putain de paire de jambes. Un mec que j'avais rencontré par hasard, au beau milieu de la foule qui encombrait constamment les couloirs d'un centre pour handicapés. Il s'appelait Jésus, Jésus-Christ. En fait, c'était un ami très proche de ma femme, et il pensait qu'il fallait qu'on fasse connaissance. C'est vrai, c'était pas tout à fait ma femme à l'époque. Rien qu'une infirmière parmi tant d'autres, avec des lolos tape-à-l'œil et un cul à te rendre fada. Jésus nous a rapprochés l'un de l'autre. Ensuite il nous a conseillé de nous marier et de mettre les voiles aussitôt. Le plus loin possible de l'Alaska, et c'est exactement ce que nous avons fait.

C'est beaucoup plus tard, quelque part dans l'État de Washington, qu'il avait découvert le jade, qu'il apprit à tailler et à polir.

– C'est là qu'on distingue les vrais artistes, m'expliqua-t-il. Jette donc un coup d'œil à ce caillou, et tu verras. N'est-ce pas vrai que ça ne vaut rien ? Et en effet ce n'est rien. Rien qu'une forme grossière, recouverte de poussière.

Jon se dressa sur ses jambes artificielles.

« Et maintenant, regarde-moi ça ! »

Il souleva un drap posé sur une petite table basse, découvrant

[1] Nom d'une marque de gin très consommée aux U.S.A. *(N. d. T.)*

une demi-douzaine de pièces en jade, brillamment polies et façonnées en forme de pendules ; les aiguilles des minutes avançaient sur des points dorés censés représenter les heures.

– Qu'est-ce que c'est ? me demanda-t-il en exhibant l'un des modèles les plus imposants.

– Une pendule ?

– Ouais, bien sûr que c'est une pendule mais encore ? Réfléchis bien. À quoi elle ressemble ?

J'eus beau me creuser la tête, je ne voyais pas à quoi cela pouvait ressembler d'autre qu'à une tranche de pain de mie, dont les coins avaient été grignotés par des fourmis ou des souris...

– Mais c'est l'Oregon, gros bêta ! Qui ne connaît pas la forme de l'Oregon, hein ? D'accord, on te comprend, y'a pas si longtemps que t'as débarqué dans le coin, mais ça ne justifie pas pour autant ton ignorance. Les péquenots du patelin vont se les arracher, ces merveilles, comme des petits pains. Du jamais vu ! Tu sais, je vais leur refiler ça à 10 dollars pièce, une vraie paille, comparé à ce que certains rigolos leur font cracher pour leurs natures mortes à la petite semaine. Tu te rends compte ? C'est bientôt Noël, alors il faut que j'en fabrique à la chaîne, de ces engins ! Et tu sais quoi ? Tu vas m'aider !

Il avait à peine fini de le dire que je savais, avec certitude, qu'il avait raison. Devant une telle occasion, pourquoi la laisser me filer sous le nez ?

Jon avait pour habitude de commencer chaque journée de labeur par une prière. Il entonna son numéro en s'écriant :

– Est-ce que je suis seul dans cette pièce ? Jésus, mon pote, t'es là-haut et tu me mates en te disant : « Tiens, ça c'est Jon, mais l'autre, qui c'est l'autre ? Qui c'est ce crâne de piaf avec un sourire idiot ? » Allez, magne-toi le train, agenouille-toi par terre tant que t'as des genoux pour le faire !

J'obtempérai, et il reprit son numéro.

« Salut, Seigneur. Dis, c'est encore moi, tu sais, Jon, ton vieux pote. Écoute, Seigneur, si c'est pas trop te demander, je te prie de garder l'œil sur ce pauvre débile mal élevé qui travaille avec moi. Apprends-moi à être patient et à faire tous les efforts possibles pour lui enseigner le sens de ta parole et celui du jade précieux que tu m'as confié. Eh, au fait, j'allais oublier. Merci pour le café et, dis, il te resterait pas un peu de sucre des fois ? Hein ? Ah ! »

– On peut plaisanter avec Dieu, déclara-t-il un beau matin en décrochant sa jambe droite pour appliquer un baume sur son moignon couvert de bandages. Eh ho, toi, là-haut ! J'espère que personne me traînera au tribunal, parce qu'il faudrait au moins que j'aie des pieds pour tenir debout ! Ha !

Son cours de catéchisme quotidien était toujours dispensé avec un charme qui s'envolait littéralement aussitôt arrivée l'heure de se mettre au travail. Pour dégrossir le jade, on se servait d'une scie électrique équipée d'un flexible afin d'éviter la surchauffe de la lame. Jon coupait la roche en tranches, et mon rôle consistait à les raboter à l'aide d'une panoplie de disques gradués, fixés sur une roue à meule qui tournait à toute vitesse. Une fois lissées, je polissais ensuite les tranches de sept millimètres en les frottant contre une courroie rotative en cuir. Naturellement, cette friction produisait une dose de chaleur considérable et, malgré mes gants, il m'arrivait de temps en temps de lâcher une pièce déjà façonnée, qui explosait au sol.

– Espèce d'idiot, âne bâté ! gueulait-il en cognant la table avec ses béquilles. Est-ce que tu te rends compte du nombre d'heures que j'ai dû passer sur cette pièce ? Tête-de-nœud !

Après en avoir fini avec moi, il portait le litige devant le tribunal des Cieux.

« Eh, Seigneur, tu peux m'expliquer pourquoi tu me traites si mal ? T'es en train de me mettre à l'épreuve ou quoi ? Pourquoi tu m'as envoyé ce branleur, hein ? Pour me donner une leçon, c'est ça ? Mais qu'est-ce que je t'ai fait, moi, pour mériter toute cette merde ? »

À cet instant précis, la porte qui menait du sous-sol au rez-de-chaussée s'ouvrait à la volée et une bonne femme penchait la tête par-dessus la rambarde.

– Frère Jon ! Il y a un problème ?

– Eh oui, inutile de vous le cacher, j'ai un problème en effet. Ce fils de pute vient tout juste de fracasser au sol quatre heures de dur labeur, bordel. Il est là, mon problème.

– Je suis vraiment désolée pour vous, disait alors la bonne femme en couvrant les oreilles de sa fille de 5 ans.

Ce scénario se répéta jusqu'au jour où la fillette traita sa mère de « salope », et que Jon fut prié de se trouver un atelier ailleurs.

– Va charger le matériel dans la bagnole, m'ordonna-t-il. On se tire de ce trou à rats.

Il trouva un autre atelier, un ancien salon de beauté situé dans les faubourgs de la ville. Nous avons passé une matinée à déménager notre arsenal et, en début d'après-midi, il était de nouveau à pied d'œuvre, recréant la forme de l'Oregon à même les blocs de jade poli avant de les découper avec sa scie à chantourner. Mais la plupart du temps, nous étions interrompus par les membres de l'Église de Jon, qui n'arrêtaient pas de débarquer intempestivement pour s'assurer que tout allait bien.

– Peter, Kimberly, je vais vous dire une chose, moi. Je vous refile une de ces pendules, pour 75 dollars seulement. Non, ne m'en empêchez pas, c'est Dieu qui a fixé la réduction, c'est pas moi. C'est Lui qui brade. Moi, ... comment ? Qu'est-ce que c'est ?

Il leva les yeux au plafond, les mains en cornet derrière les oreilles comme s'il tentait de déchiffrer une information provenant d'un haut-parleur éloigné et grésillant.

« Comment ? D'accord, puisque tu le dis... »

Se tournant de nouveau vers l'assistance, il haussa les épaules :

« Le Seigneur m'a demandé de mettre les piles avec, pendant que j'y suis. Qu'est-ce que vous en dites, hein ? 75 dollars. »

Ils lui donnaient tous la même réponse : Phil et Dotty Frost, Walter et Linda Tuffy, Hank et June Staples, ou bien les Mangum, les Stenzel ou les Clearwater :

– T'es vraiment sympa, frère Jon, mais c'est un peu au-dessus de nos moyens.

– Écoutez, je peux même vous faire crédit, si vous voulez. Qu'est-ce que vous en dites ?

Ses camarades paroissiens gloussaient en évitant de le regarder droit dans les yeux.

– Ouais, d'accord. Nous on aimerait bien conclure le marché avec toi, vraiment, mais déjà qu'on a plus de traites à rembourser qu'on ne peut...

– Quelle bande de radins, putain de merde !

Jon restait debout devant la fenêtre, en faisant au revoir de la main aux visiteurs qui remontaient l'allée en voiture.

« Eh, Seigneur, pourquoi tu m'envoies des amis aussi radins, aussi bons à rien ? »

Jusqu'à l'âge de 17 ans, on m'avait forcé à fréquenter l'église orthodoxe de la Sainte-Trinité, où la messe était célébrée en grec par un prêtre en soutane qui nous assommait avec une série interminable de mouvements : debout, assis, à genoux, debout, assis, à genoux. À intervalles irréguliers, les enfants de chœur arpentaient les allées avec des encensoirs fumants et, un à un, les fidèles de la congrégation tombaient comme des mouches, somnolant de faim. Incapable de comprendre ce qu'on racontait, j'avais fini par imaginer un Dieu dont le principal attribut n'était pas le sens de l'équité mais celui de l'ennui. Quant au Christ, c'était toujours un véritable mystère pour moi, mais Jon et ses amis se dévouaient pour remplir les blancs qui persistaient. Certains jours, je quittais le travail fermement persuadé qu'une récompense de 500 dollars attendrait la première personne prête à me plonger la tête dans la première rivière venue ou dans les fonts baptismaux les plus proches. Je n'étais qu'une masse d'argile brute cernée par une armée de sculpteurs impétueux. Ces gens-là étaient le seul contact que j'avais en dehors des hommes et des femmes qui me prenaient en stop à l'aller et au retour du travail. Arrivé à l'atelier, j'écoutais une radio chrétienne, Jon me bénissait, ses amis de passage et ses voisins me rebénissaient. J'avais l'impression qu'on m'avait expédié dans un pays étranger pour me noyer dans une langue que, d'une manière ou d'une autre, j'aurais faite mienne au bout du compte.

«La paix soit avec vous, mes frères»... «Tu sais ce qui est écrit dans l'Évangile selon Saint-Jean, chapitre XIII : "Le Seigneur va venir!"»... J'essayais bien de lutter contre ce langage, mais la seule alternative qui me restait alors, c'était de ne parler à personne. Je m'étais déjà servi de cette méthode par le passé. Elle s'était terminée par des cours magistraux à des vaches, et le fermier m'avait tancé vertement en m'expliquant que je mettais en péril leur digestion. Non, ce Dieu-là avait plutôt l'air de vouloir me hanter toutes les nuits, sans repos, quand je rentrais dans ma caravane de plus en plus glaciale. En m'offrant cette pitance, voulait-Il me punir ou bien me récompenser? Et même, m'observait-Il sans répit ou se contentait-Il de m'accorder autant d'attention qu'à un poisson que personne ne remarquait jamais jusqu'à ce qu'il flotte à la surface de l'aquarium?

L'esprit revigoré par un sentiment de miséricorde, j'envoyai à mes amis des lettres de 10 à 15 pages qui, une fois de plus, restèrent sans réponse. Ils n'étaient même pas fichus de m'envoyer une carte postale tandis que les gens d'ici – les Halberg, les Cobblestone, Sam et Charlotte Shelton – m'avaient envoyé des invitations pour partager avec eux le dîner de Thanksgiving. Comme je déclinai toutes les invitations, certains poussèrent même le zèle jusqu'à venir me livrer la dinde à ma porte. Malheureusement, l'offrande était décorée de tranches d'ananas en boîte mais au moins ils faisaient un effort. Ce cadeau m'embarrassait plus qu'autre chose, comme les autres, d'ailleurs. C'est pourquoi, plusieurs fois au cours de la journée de Thanksgiving, je me surpris à me terrer dans ma chambre. Dès que je voyais une voiture se garer, je me précipitais dans l'autre pièce pour faire comme si j'étais absent. Leur bonne volonté me faisait honte, et leur cuisine me mortifiait. On aurait dit qu'il y avait une corrélation entre la dévotion à Dieu et un appétit déplacé pour les marshmallows.

– Tu vois ce que je te disais ? s'écria Jon. Mais c'est les plus braves gens de la terre, et ils sont là juste sous ton nez ! Dis-moi, là d'où tu viens, tes potes t'apportaient des paniers de gâteaux faits maison ? Est-ce qu'ils te faisaient des tartes au marshmallow rien que pour toi, ou une assiette de croissants ? Tu parles ! Ils auraient pu mais ils ne l'ont pas fait.

Il alla jusqu'à la fenêtre et se pencha au-dehors pour lancer des imprécations vers le ciel :

« Eh, Seigneur, on ne sait jamais, au cas où ce débile aurait oublié de le faire, je te dis merci pour toutes ces bonnes choses. »

Durant la journée, il arrivait de temps en temps que Jon arrête sa scie et, se tournant vers moi, il déclarait :

– J'ai un copain qui aimerait bien te dire deux mots. Il affirme qu'il a essayé à plusieurs reprises de te joindre mais il paraît que tu ne réponds pas à ses appels.

– Cela ne m'étonne pas, je n'ai pas le téléphone.

– Pas besoin. Ce gars-là te parle directement dans ton cœur. Alors pourquoi tu ne lui réponds pas, hein ? Qu'est-ce que t'as donc à perdre ? Ton bonheur ? Tu n'es pas heureux en ce moment, c'est moi qui te le dis. T'es en train de chercher à cinquante mille lieues d'ici un truc qui se trouve tout juste sous ton sale petit nez morveux. Il faut tendre la main pour saisir ta joie ! Elle va pas te tomber du ciel du jour au lendemain, espèce d'andouille, il faudra que t'ailles la chercher. C'est tout ce que t'auras à faire, d'aller la chercher.

Ma caravane avait l'eau courante, mais froide. Depuis mon arrivée, j'étais obligé de faire bouillir l'eau de mon bain. Mais la dernière semaine de novembre il faisait si froid que l'eau finissait par prendre la même température que la pièce avant même d'atteindre le fond de la baignoire. Mon système de chauffage se réduisait à un radiateur, un four et un grille-pain. Seulement, je devais m'accroupir littéralement dessus pour sentir la chaleur.

En fait, le frigo semblait être le point le plus chaud de la caravane. Je dormais habillé et ne retirais mes gants que pour me laver ou fouiller la monnaie dans mes poches. Comme l'atelier était bien chauffé, je pris l'habitude d'y passer de plus en plus de temps. Jon partait sur le coup de 17 heures. Quant à moi, je m'attardais pour faire le ménage et travailler à mes propres projets. Les pendules ne me disaient rien, mais le jade, si on ne le polissait pas à mort, pouvait être relativement joli. Les bijoux me semblaient trop compliqués et les serre-livres une perte de temps. Ce qu'il fallait faire, décidai-je, c'était des boîtes à pilules. Jon ne cessait de dire que l'avantage de ses pendules, c'est que c'étaient à la fois des objets utiles et des sujets de conversation. Mais à moins d'être stoned, je ne voyais pas trop comment discuter d'une pendule. En toute logique, personne n'allait s'installer confortablement pour se mettre à disserter sur le fait que, à 15 heures, les aiguilles pointaient sur les villes d'Eugene et d'Arlington. Les boîtes à pilules rendraient ces pendules supportables, mais il fallait qu'elles soient simples et en même temps ravissantes. Pas accrocheuses au point que les invités soient tentés de se les mettre dans la poche avant de partir, ni luxueuses au point de rappeler à leurs propriétaires toutes les œuvres d'art qu'ils auraient pu acquérir s'ils n'avaient pas dilapidé tout leur pognon dans la drogue.

Certains soirs, je travaillais jusqu'à minuit et m'endormais dans le lit pliant que Jon avait rangé au fond de l'atelier. Je me réveillais juste avant l'aube, complètement perdu. Je ne reconnaissais pas les lieux. « Va donc te recoucher, m'intimait une voix. Tu te trouves dans un ancien salon de beauté assiégé par des pendules à piles. Tu n'as pas à te faire de mouron. » Peut-être était-ce Dieu.

En vérité, j'avais toujours vécu dans la certitude que la vie n'était qu'une question de chance. Et s'il y avait quelqu'un qui réglait notre destinée ? Et si nos projets ne valaient absolument rien ? Pensez au gars qui passe sa vie à s'entraîner pour les jeux olympiques et, la veille de la compétition, le voilà qui marche sur un clou. Et toutes ces braves gens parfaitement sympathiques, âpres à la tâche, qui perdaient d'un seul coup leur maison dans les inondations ou les incendies ? J'avais entendu une femme à la radio. Elle avait eu le corps brûlé à quatre-vingts pour cent. « Le Seigneur ne nous fait pas souffrir plus qu'on ne pourrait le supporter », avait-elle proclamé. Comme Jon, elle ne semblait nourrir aucune amertume vis-à-vis de son état, loin s'en fallait. Elle vivait manifestement dans une sorte d'extase, et sa voix était si haut perchée et mélodieuse que j'avais cru un instant qu'elle allait entonner une chanson. « Dieu ne ferme jamais une porte sans en ouvrir une autre. » Était-ce donc ça la paix, cette confiance aveugle et cette résignation totale ? Par paresse, j'avais adopté pour principe philosophique que les choses venaient toutes seules. Il m'était ainsi plus facile de rejeter le tort sur les autres que de prendre la moindre initiative. Était-ce un hasard que Jon m'ait pris alors que je songeais à rentrer chez mes parents ? Se pouvait-il qu'une force de nature supérieure m'ait poussé jusqu'à cette petite ville ? Le Seigneur avait-Il décidé que je fabriquerais des boîtes à pilules ?

Un beau matin, j'étais en train de ruminer toutes ces pensées lorsque Jon arriva en déclarant :

– Seigneur, j'ai l'impression que ma journée va être réussie aujourd'hui ! Tu te rends compte ? Hier soir encore j'étais en train de prier pour que ce bougre de fainéant arrive à l'heure ce matin et le voilà en effet en train de m'attendre, le café fin prêt et tout.

Il ne manifesta pas le moindre intérêt pour mes boîtes, mais dénonça la perte de temps et le gaspillage qu'elles avaient occasionnés.

– Qu'est-ce que tu vas bien pouvoir mettre là-dedans, hein ? Trois doigts ? Une douzaine de cotons-tiges ? Elles peuvent même pas suffire à caser un jeu de cartes. Dis-moi au juste : qui pourrait avoir besoin d'un machin comme ça ? Alors qu'une pendule, là oui, tout le monde a besoin d'une pendule ! Un type se pointe devant ta porte en disant : « Est-ce que je suis arrivé trop tôt ? » Comment tu vas faire pour le savoir, hein ? Tu vas regarder une boîte ? Bien sûr que non ! Tu imagines un peu une dame qui dit : « En principe, je dois laisser cuire ce gâteau une demi-heure. Il me suffit de jeter un coup d'œil à la boîte, et je saurai s'il est cuit. » Mais c'est ridicule ! L'important c'est de donner aux gens des choses dont ils ont besoin, espèce d'imbécile. Si ça te chante de rester à bricoler dans le coin après le boulot, vas-y. T'es doué, et j'ai été heureux de te former au métier. Quant à l'habileté, tu l'as aussi. Mais la matière grise ? Je ne mettrais pas ma main à couper. Il faudra peut-être que tu poses la question au type là-haut, il est plus compétent dans ce domaine.

Il fit une pause pour se resservir du café.

« Dis donc, il est vraiment pas mal ce café, hein ? Remercions notre ami Jésus, pour tout le bien qu'il nous fait. Bon, à présent, assez rigolé, on va reprendre le boulot. Le temps nous presse. Ha ! »

En effet, le temps nous pressait pour la prochaine foire artisanale de Portland, où Jon avait juré de faire un tabac. Il avait dépensé pas mal d'argent pour réserver un stand et il comptait bien récupérer sa mise les dix premières minutes de la foire.

– Ici, tous ces loquedus sont si fauchés qu'ils peuvent rien prêter, à commencer par leur attention. Mais à Portland, c'est pas du tout pareil. À Portland, il y a du fric. Si je rentre pas trois mille dollars dès le premier jour, tu peux foutre le feu à mes jambes et me regarder rentrer sur mes mains ! Tu m'as bien entendu, Seigneur ? Qu'est-ce que t'en dis, hein, Grand Chef ? On fait affaire ?

La foire devait avoir lieu sur un marché de plein air un samedi, deux semaines avant Noël. Nous avions passé le vendredi à préparer les étiquettes de prix et à charger soixante-quinze pendules et quatre boîtes à pilules dans le break. Jon était d'humeur excellente. Il me raccompagna jusqu'à la caravane, interrompant son cours sur la vente pour désigner du doigt une jeune femme debout à côté de la cabine téléphonique d'une station-service.

– Ô Christ miséricordieux descendu sur terre pour sauver les malheureux, tu m'as vu ce pare-chocs mais c'est incroyable ! Ô Seigneur Jésus, si on pouvait me les filer, ces roploplots, pour que je te les suce jusqu'à la Sainte-Trinité. De grâce, retiens-moi sinon je fais un malheur ! Retiens-moi !

Par le passé, je l'avais déjà vu se comporter de cette façon-là une ou deux fois mais ce jour-là, les globes de ses yeux jaillissaient tellement de ses orbites qu'ils s'écrasaient pratiquement contre les verres de ses lunettes. Après avoir recouvré son calme, il me déposa devant ma caravane et me dit à quelle heure il passerait me prendre le lendemain matin.

Ce soir-là, un sac en plastique m'attendait sur le seuil de la porte ; il contenait six lettres accompagnées d'un mot de Hobbs s'excusant de n'avoir pu les déposer plus tôt. Il avait pourtant l'habitude, chaque matin, de faire un saut en voiture jusqu'à la boîte postale. À tous les coups il avait oublié mes lettres sur le tableau de bord de son camion pendant plusieurs semaines. Je me penchai prudemment sur mon courrier, à la manière d'un affamé venant s'asseoir à la table d'un banquet. Bien qu'il me parût plus judicieux d'attaquer un tel festin par petites portions, je ne pus m'empêcher de dévorer tout entière chacune des lettres, mes yeux courant à toute vitesse du haut en bas de la page comme si je regardais une image. Je commençais par engloutir la lettre puis, à la seconde lecture, je digérais les mots un à un. Il y avait une lettre de ma sœur Lisa et une autre de Maman, toutes les deux espérant que je serais à la maison pour Noël. Maman, avec son écriture appuyée comme de coutume, me décrivait un accident de voiture dont elle avait été témoin sur l'autoroute. Quant à la lettre de Lisa, soigneusement dactylographiée, elle m'informait qu'elle voulait un fer à friser pour son anniversaire et six bouteilles de shampooing ou de champagne pour Noël. Mon nom avait dû être tiré au sort par contumace et son bonheur reposait donc sur moi pour les fêtes de fin d'année. Suivaient deux lettres de Veronica : la première me racontait sa merveilleuse soirée de Thanksgiving, et la seconde, sa rupture récente avec « le fils de pute que je considérais jusqu'alors comme mon copain ». Il y avait également une lettre de mon ami Ted et une autre d'un vieux camarade de fac. Je les relus toutes à tour de rôle, repassant les doigts sur les mots *Je t'embrasse* jusqu'à ce que je parvienne à en imaginer les auteurs, assis à leur bureau ou à leur table de cuisine. Dire que j'éprouvais un sentiment de chaleur aurait été injuste : c'était comme si, après avoir porté leur deuil et fleuri leurs tombeaux, je voyais soudain, en plein restaurant, mes morts s'approcher de moi pour m'expliquer que tout cela n'avait été qu'une épouvantable méprise.

J'étais assis devant le four, le grille-pain et le radiateur à mes pieds lorsque soudain un rai de lumière vive surgit sur le mur de la caravane et que Le Frisé frappa à ma porte.

– Eh, ça fait un bail, dit-il en me poussant de côté pour se ruer vers le frigo, dont il s'est mis à inspecter le contenu comme s'il était venu là en mission commandée. Je croyais que tu avais quitté la ville, mais Dorothy m'a dit qu'elle t'avait aperçu en train de faire du stop sur la route de Hood River. Alors, elle te va bien la veste de ma mère, Einstein ?

On aurait dit qu'il avait pris un peu d'envergure, mais il n'en était pas plus séduisant pour autant. « J'aurais pu te faire arrêter – tu sais que j'en avais le droit, non ? Voler une veste, c'est un délit dans l'État de l'Oregon. »

Cela ne me faisait ni chaud ni froid d'avoir évité la prison pour la veste d'une vieille folle dont le fils trouvait un godemiché d'un érotisme torride. Je lui tendis donc la veste de sa mère et lui présentai mes excuses pour ce malentendu en espérant qu'on allait s'en tenir là, mais il insistait. Il me bouscula et me donna plusieurs petits coups de poing pour me provoquer.

« Tu sais, on peut se passer des godes si tu préfères, dit-il. J'ai une bonne bouteille dans mon camion, je suis sûr qu'elle fera l'affaire. Allez, viens par ici, Einstein, t'as une dette envers moi.»

J'avais beau le repousser, il revenait à la charge, de plus en plus violemment, me travaillant la tête avec ses poings tout en me poussant vers le lit.

«T'es chatouilleux, hein? T'aimes bien qu'on te bourre comme un oreiller hein ? C'est ça que tu veux, monsieur Pas-Touche ?»

J'avais échappé de justesse à son étreinte mais il était trop rapide pour moi. Pour la première fois depuis des mois, je me surpris en train de transpirer. Il me plaqua au sol et je me mis à hurler :

– Lâche-moi ! Je ne peux pas faire ça avec toi parce que... parce que je suis chrétien !

Mais tout à coup, j'eus la sensation que mon cœur et que toutes les glandes sécrétrices de mucus, de mon nez et de ma bouche, explosaient simultanément. Il y avait tellement de morve sur mes gants que lorsque je joignis les mains en signe de prière elles restèrent collées comme si je les avais enduites de glu. Je pleurai, me lamentai puis hoquetai :

– Je suis chrétien. C'est Jésus que j'aime. Tu ne comprends donc pas?

Mes paroles sonnaient vrai à mes oreilles, alors je suppliai de plus belle :

– Chrétien. Je suis chrétien. Viens à mon secours, Seigneur Jésus, je suis chrétien.

– Arrête ton cinéma, coupa enfin Le Frisé en se dirigeant vers la porte. Inutile de me raconter ta vie, merde, je voulais juste tirer un coup, c'est tout.

Je restai longtemps étendu par terre après son départ. Je me demandais quel tour prendrait ma vie maintenant que j'avais enfin ouvert les vannes de mon cœur. Les cigarettes avaient déjà meilleur goût mais c'était normal après une crise de larmes. Le frigo, le grille-pain, aucun de ces appareils ne semblait transformé. J'étais persuadé que la vie me paraîtrait plus belle avec les yeux d'un fervent chrétien, et je filai droit dans la salle de bains comme si elle était bondée d'amis fidèles. J'étais déchaîné :

– Salut à toi, mon savon ! Et vous aussi, mes toilettes ! T'as l'air en superforme, mon bon vieux tapis de bain.

Ensuite, je passai à la cuisine et au salon – « tiens, l'abat-jour, ça baigne ? » – et je finis la tournée par ma chambre, où je feuilletai de nouveau mon carnet d'adresses avec une pensée attendrie à l'égard de toutes les personnes dont j'avais barré le nom. Il était très tard quand je me mis au lit, et je restai étendu là, incapable de trouver le sommeil, me demandant si Dieu était en train de me surveiller. C'était un sentiment assez embarrassant de se sentir surveillé. Et si j'allais aux toilettes, me regardait-il aussi ? Il avait sûrement accès à tous les lieux où les gens souffraient, ce qui incluait sans doute les toilettes, me dis-je en repensant à mon repas de Thanksgiving. Alors comment Lui interdire de regarder ? Il me fallait absolument une réponse à cette question. Dès la première heure demain matin, je m'informerais auprès de Jon. J'étais si pressé de lui annoncer la nouvelle que j'eus de la peine à fermer l'œil. J'étais désormais chrétien, un vrai chrétien. Avec un peu d'espoir, je serais dispensé de porter d'énormes crucifix et de distribuer des prospectus intitulés *Mme Jones, la possédée* ou bien *La Maison hantée de Satan*. Brûlant les étapes réservées aux simples d'esprit qui formaient le gros des troupes des chorales et de l'assistance aux soupers à l'annexe de l'église, je grimperais les échelons tout droit jusqu'à la position de juge. Les gens me paieraient pour que je leur dise ce qu'ils faisaient de travers et que je critique leurs faits et gestes ; je serais utile à l'humanité tout entière. Avec un peu de chance, je parviendrais à faire cela sans étudier la Bible ni supporter des marshmallows. Bercé par l'image de mon audience auprès du Pape, je réussis à m'endormir au petit matin, sous les piaillements des oiseaux.

– Doux Jésus, t'as une de ces gueules ! s'est écrié Jon en me voyant monter dans la voiture.

J'étais convaincu que mon discours était fin prêt.

Malheureusement, ayant trop dormi, je n'avais pas eu le temps de me préparer du café. Abruti, la langue pâteuse, je commençai par lui raconter ce qui s'était passé plusieurs semaines auparavant dans la caravane du Frisé.

– Alors le type m'a entraîné dans sa chambre et je me suis rendu compte alors que…

– Que le type était homo, c'est bien ça ? devina Jon, les lèvres retroussées dans une mimique de dégoût. Cela m'est arrivé aussi une fois, dans le temps. C'était à l'armée. Il y a des tas de cinglés dans le monde. Le mec m'avait demandé s'il pouvait me tenir, ouais c'est ça qu'il a dit : « Est-ce que je peux te tenir ? » Mais à l'époque, j'avais encore l'usage de mes pieds et je m'en suis servi pour lui botter le cul. Cela dit, toi aussi t'es comme ça, pas vrai ?

J'acquiesçai.

« Je m'en suis douté. Dès que je t'ai vu manipuler une ponceuse. Je me suis dit : « C'est un introverti, ce gars-là." Et c'est vrai, non ? Avoue. »

Il avait adopté un ton compatissant, comme quand on parle à un ami sur un lit d'hôpital avec des tuyaux dans le nez.

« T'es introverti. »

À ce moment-là, j'essayai de reproduire la crise de larmes que j'avais faite devant Le Frisé, mais ça sonnait faux.

– Bou-hou-hou-hou ! Ah-hou-ha-hou-hou !

Pas de mucus. Pis encore, je devais me frotter les yeux avec les poings pour provoquer les larmes.

– Ah-hou-ha-hou-hou-hi-hi !

– Inutile de pleurer à mes pieds, dit-il. Va plutôt te confier à Jésus. Tends-Lui la main. Demande-Lui de te pardonner. Mets-toi à genoux par terre et prie, au nom du Seigneur.

– Mon Dieu, hou-ha-hou-hou, je Te demande pardon d'avoir fréquenté cet homme. Il était tellement bête.

– Et promets-Lui que tu ne recommenceras plus jamais, gueula Jon.

– Je ne le referai plus jamais. Plus de Frisé, plus jamais.

– Ni aucun autre homme. Dis-Lui que plus jamais tu ne coucheras avec un autre homme. Dis-le-Lui. Promets-Lui que tu vas te marier.

– Oh oui, je t'en supplie, Seigneur, fais que je me marie.

– Avec une femme, précisa Jon. Te marier avec une femme !

– … hemme, répétai-je après lui, espérant que si mes paroles parvenaient un jour devant le tribunal divin, je ne pourrais être accusé d'avoir fait des promesses que je n'aurais pas tenues. Hemme !

J'avais dû oublier cet aspect particulier des règles du jeu : ne pouvait-on être ce type de chrétien qui jugeait les gens tout en couchant avec des mecs ?

– Et demande-Lui pardon de prolonger souvent la pause déjeuner et d'être si maladroit.

– Hou-ha-hou-hou, je Te prie de me pardonner pour tout ce que j'ai pu casser. Pardonne-moi, par pitié.

– C'est bon, à présent, dit Jon. Assieds-toi bien. Alors, c'était pas si terrible, non ? Tu vois, je savais bien que tu allais en arriver là un jour, tu avais le meilleur prof qui soit. Maintenant, te voilà portant officiellement le titre d'E.D.D. Qu'est-ce que ça te fait, hein ? C'est pas chouette, ça ? Et à qui tu dois tout ça ?

– Au Frisé ?

– Non, pauvre idiot, à moi.

Jon récapitula ensuite la liste de toutes les concessions qu'il me restait à faire. À notre arrivée dans la bonne ville de Portland, des femmes déambulaient dans les rues en jean moulant et blouson près du corps.

– Baisse voir ta vitre et demande à la blonde s'il y a un concours de Miss Amérique en ville.

Je posai la question. La créature écrasa son mégot :

– Faites pas chier…

– Oh si, elle aurait bien besoin que quelqu'un la fasse chier un peu, celle-là. Constipée, va ! Hé, vise-moi l'autre-là avec sa veste en lapin ! Dieu du ciel, Seigneur Jésus, t'as vu ce cul ? Avec un spectacle comme ça, il n'y a plus de doute : Dieu existe. Avoue, ça te dirait pas de passer tout le restant de ta vie à tripoter ce beau fessier bien rebondi ? T'aimerais pas plonger ton visage en plein dedans pour ne plus en sortir jusqu'à la nuit tombée, hein ?

Je m'efforçai de considérer les femmes en bon chrétien, mais comme je m'y attendais, la chose me parut très bizarre. Bien entendu, j'appréciais leur compagnie. Seulement, j'étais incapable de formuler un jugement à propos de leurs seins ou de leurs fesses, que je voyais du même œil que leurs oreilles ou leurs chevilles. Pour moi, ce n'étaient que des particularités physiques parmi tant d'autres, voyantes ou négligeables, mais pas plus chargées d'érotisme que les arbres ou les boîtes aux lettres le long de la rue.

– Bouge surtout pas, maman ! s'exclama Jon. Papa arrive tout de suite. Baisse donc ta vitre et demande-lui si elle s'est peint son jean au pinceau ou au rouleau !

Il devait vraiment croire aux miracles s'il s'imaginait que j'irais m'adresser à une parfaite inconnue pour lui demander si on pouvait livrer par l'arrière.

Nous nous sommes garés sur la place du marché et je déchargeai le break. Pendant ce temps, appuyé sur ses béquilles, Jon contemplait avec effarement les potières bien roulées et sifflait les artistes en macramé qui portaient les cheveux nattés en de minuscules nœuds compliqués.

– Les pots de fleurs sont archimoches, mais j'aime bien les boîtes à lait. Ha !

Marché aux puces ou foire artisanale, tout fonctionnait sur la base d'une hypothèse générale : ce qui intéressait le vendeur captiverait nécessairement l'acheteur. « C'est ce panda que vous regardez, là ? Eh bien, croyez-moi, il ne s'agit pas d'un simple nounours au crochet, c'est aussi un protège-moulinette et en plus ça peut servir de marionnette ! » Même si j'admirais l'ingéniosité de gens qui avaient pris le temps de fabriquer des carillons éoliens avec deux douzaines de pièces de 5 *cents*, personne ne réussirait à me faire mettre la main au porte-monnaie. J'étais assez grand pour décider tout seul.

Mais cela ne semblait pas être le cas des habitants de Portland.

– Il faut que tu leur parles pour les convaincre, m'encourageait Jon. Use de ton charme et fais-toi un peu de blé ! Tiens, regarde : « Excusez-moi, madame, est-ce que vous auriez l'heure par hasard ? »

La femme jeta un coup d'œil à son poignet et répondit qu'il était 9 heures et quart.

– Pardonnez-moi, monsieur, savez-vous quelle heure il est ? Moi, je le sais, comme je sais aussi qu'il est l'heure que vous achetiez une pendule. Eh oui, vous m'avez bien compris : une pendule ! Vous découvrirez alors à quel point votre temps est précieux parce que, voyez-vous, monsieur, ce n'est pas une pendule ordinaire, elle est en jade ! Eh oui, monsieur, parfaitement ! En jade ! Il est grand temps que vous achetiez enfin une pendule en jade ! Regardez, elle a la forme de l'Oregon ! Il est l'heure, monsieur, achetez-la, aujourd'hui. Et si vous me montrez une photo de votre épouse ou de votre petite amie, je vous fais immédiatement une remise de 25%, car je veux connaître le visage de la femme qui déballera cette pendule le matin de Noël. Et si elle est belle, je vous fais encore 10 dollars de moins et je vous laisse ce trésor pour 100 dollars. Vous croyez sans doute que je débloque, hein ? Mais c'est comme si je vous la donnais gratis ! D'accord, je débloque, mais voilà à quoi ça mène de mener une vie d'artiste, non ? Allez, donnez-moi 100 dollars ! Qu'est-ce que vous en dites ?

Je n'étais pas le seul à halluciner devant son boniment de vente. Les clients battaient en retraite, le visage blême. Persécutés jusqu'au péril de leur vie, ils s'enfuyaient en direction des stands voisins.

– Ils vont revenir, me rassurait Jon. J'ai semé un germe d'intérêt dans leur esprit, et il va pousser d'un instant à l'autre. Laisse courir, et tu verras.

Un homme et une femme en vestes à franges s'approchèrent de notre stand et Jon commença aussitôt à faire son cinéma :

– J'ai peut-être l'air d'un vieux coucou, mais je vois bien qu'il est l'heure que vous achetiez une pendule !

L'homme prit une de mes boîtes et se retourna vers la femme pour lui demander :

– Dis-moi, Nathaniel fume la pipe, non ?

Adjugé ! En fait, mes clients étaient faciles à renifler, même de loin : ils étaient défoncés. Pour mes boîtes, j'avais placé la barre à 25 dollars pièce et, avant midi, elles étaient toutes vendues.

– Eh Boucle-d'Or, ça vous dirait une petite pendule pour aller avec ? Je fais 30% de réduction à toutes celles qui portent des bottes avec des motifs en cachemire.

L'après-midi n'était guère avancée lorsque Jon s'est mis à pourchasser les clients jusqu'aux stands voisins.

– Vous voulez des distributeurs de lave-vitres en papier ? Et vous ne voulez rien d'autre ? Venez donc, je vais vous montrer un truc à vous scier les jambes, promis !

Les gens de Portland grimaçaient de douleur. Ils haussaient les épaules et s'excusaient vivement. Pas un seul ne consentait à acquérir une pendule, eût-elle la forme de leur patrie adorée.

– T'as vu ces radins ? soupirait Jon. Hé, Seigneur, pourquoi tu ne m'as pas prévenu que ces crétins avaient un oursin dans la poche ?

Au moment où les autres artisans commençaient à ranger leurs affaires, Jon me recommanda de ne pas bouger.

– Tu sais, la vie c'est comme ça : les clients de dernière heure, eux au moins, n'ont pas l'embarras du choix. On nous a refoulés au fin fond de la foire et personne ne pouvait nous voir, c'est ça le problème. Le temps qu'ils arrivent jusqu'ici, les clients ont déjà dépensé tout leur fric. Nous tenons maintenant notre chance, mon petit. Notre journée de travail vient juste de commencer.

Tout le monde récupérait son camion ou sa fourgonnette. Je

restais là à regarder nos voisins charger leurs tables pliantes et leurs cloisons amovibles en se félicitant les uns les autres pour les records de vente battus. C'est seulement à la nuit tombée que Jon se résigna à me laisser recharger le break.

Nous avons retraversé la ville en silence et repris l'autoroute accompagnés de la rengaine sourde des pendules : tchok, tchok, tchok. Je n'étais pas retourné dans une ville digne de ce nom depuis longtemps et, tout au long de la journée, il m'était arrivé à plusieurs reprises de bondir de mon siège en croyant reconnaître quelqu'un portant un sac à dos. C'était un sentiment enivrant, très enthousiasmant : « Ah tiens, voilà Veronica ! », ou bien : « Oh mon Dieu, mais c'est Gretchen ! »

Bien que ce fût hautement improbable, je ne pouvais chaque fois m'empêcher de retenir ma respiration et de bondir de mon siège. La déception qui suivait était alors d'autant plus cuisante mais, en fin de compte, elle me ramenait à la triste vérité : les gens que j'avais quittés me manquaient. Les clients achetaient leurs cadeaux de Noël et je me voyais déjà condamné à passer les fêtes seul dans ma caravane, espérant vaguement que des chrétiens doués de bonne volonté viennent déposer sur le seuil de ma porte une tranche de jambon ou un ragoût. Et de fait, ces gens-là étaient profondément bons. Mais bien que doux et attentionnés, ils perdaient leur temps avec moi parce que, quelles que fussent les circonstances, ma reconnaissance ne serait jamais sincère. Sans doute cela n'avait-il aucune importance pour eux, mais pour moi, si. Un poulet, une boîte à pilules, une pendule en jade : la miséricorde qui entourait toutes ces choses était au-dessus de mes forces. J'étais un faux-cul, chronique et indécrottable. C'était ma malédiction, et je ne changerais jamais. M'instruire dans les préceptes de la foi revenait à essayer d'apprendre à un bouc à cuisiner des mets fins – non, je n'y arriverais jamais. J'étais trop gourmand et distrait, et je n'avais jamais la patience d'attendre pour me réjouir de la satisfaction du travail bien fait. Cela dit, je n'avais aucune intention de quitter mon travail, car pour ce faire, il fallait au moins un certain sens des responsabilités, qualité que je n'avais pas. En fait, je préférais de loin attendre que Jon lui-même me décharge de ce poids et me vire au plus tôt. Il m'était quelquefois arrivé de ressentir du mépris à son égard, parfois même une haine passagère, et, aujourd'hui, je me livrais une lutte intérieure pour ne pas le prendre en pitié. Il dut s'en rendre compte car, après s'être éclairci la gorge, il entreprit de me sauver la mise.

– Laisse-moi te dire un truc, déclara-t-il sèchement. Je n'apprécie pas que l'on se serve de moi. Et quand je dis ça, je ne parle pas de tous les cafés que je t'ai offerts ni des aller-retour en bagnole pour te déposer chez toi. Je veux dire : qu'on se serve de moi de cette façon-là.

Par le geste, il avait voulu désigner son cœur meurtri mais, en manœuvrant pour dépasser une autre voiture, sa main a plutôt indiqué son bas-ventre.

« Tu sais, t'es un profiteur. Tu t'es servi de mes outils et de ma patience et, à présent, tu veux en plus que je te tapote la tête en te répétant combien je suis fier de toi, quel brave garçon tu es et tout ça. Mais tu sais quoi ? Tu n'es pas un brave garçon. Tu n'es même pas une brave fille. »

Encore, pensais-je. Encore, encore.

« Tu débarques dans cette ville en espérant que tout le monde va baisser sa culotte et te dérouler le tapis rouge. T'avais raison, il y en a qui l'ont fait. T'as fini de bouffer toutes ces bonnes choses et t'es même revenu pour rafler les restes mais seulement, c'est terminé : le buffet est vide, sale petit cochon. Je t'ai appris un métier et, à présent, une fois n'étant pas coutume, tu vas pouvoir témoigner ta gratitude. Eh oui, c'est la vie, ta chance a tourné ! Pourquoi pas, hein ? Ce n'est que justice. D'abord, avant toute chose, tu vas me payer mes cent dollars de location pour le stand. Pourquoi devrais-je les payer, moi, hein ? C'est bien toi qu'as raflé les bénéfices de la journée, pas moi. Je me suis cassé le cul à t'apprendre un métier, j'ai supporté de t'entendre gémir comme un bébé chaque fois que t'écorchais tes délicates petites menottes. Tu m'as complètement épuisé avec tes histoires mélo et après, t'attends quoi de moi ? Que j'époussette tes habits et que je te dise que papa va arranger tout ça ? Eh bien moi je vais te dire une chose, mon gars. Je ne suis pas ton père. Et j'en ai marre que tu te serves de moi comme si je l'étais. »

Il se rangea sur le bas-côté de la route.

« Je ne suis ni ton père, ni ton chauffeur ni ton Père Noël, putain de merde ! »

Je lui tendis le fric que j'avais gagné et descendis du break.

« Et remercie le ciel que je ne te fasse pas payer pour t'avoir fait rencontrer Dieu ! ajouta-t-il. Celui-là, je te Le donne gratis. »

Je le regardai démarrer puis, après avoir choisi une pierre de bonne taille, je bénis la vitre arrière de sa bagnole. On n'était pas bien loin d'Odell, pas plus d'une quinzaine de kilomètres. Je marchai jusqu'à un carrefour puis sortis mon pouce, pressé de rentrer à la caravane où, si je me dépêchais, je pourrais faire un ménage sommaire et rassembler mes affaires à temps pour attraper l'autocar du matin qui me ramènerait chez mes parents.

À chacun son lot

À l'université, le lendemain de la remise des diplômes, je trouvai 50 dollars dans le hall d'entrée de mon immeuble, à Chicago. Le billet plié en huit était bourré de cocaïne. Je me dis qu'en me débrouillant bien je n'aurais peut-être jamais à chercher du travail. Les gens n'arrêtent pas de perdre des trucs. Ils oublient leurs bagues sur le lavabo dans les toilettes publiques, font tomber leurs boucles d'oreilles ornées de pierres précieuses à la porte de l'opéra... Il me suffirait de rester sur mes gardes pour mettre la main sur ces choses-là. Certes, je n'avais pas l'intention de devenir comme ces imbéciles qui passaient les plages du lac Michigan au peigne fin avec un détecteur à métaux, mais si néanmoins j'ouvrais l'œil, avec un peu de jugeote, je n'aurais peut-être jamais besoin de travailler.

Le lendemain après-midi, encore sonné par la cocaïne, je trouvai 12 *cents* et une boîte de bonbons à la menthe toute neuve. En comptant les 50 dollars de la veille, on arrivait à une moyenne de 25 dollars et 6 *cents* par jour, ce qui constituait un salaire assez décent.

Le surlendemain, je tombai sur 2 *cents* et un peigne plein de cheveux courts et frisés. Et le jour d'après, sur une cacahuète. C'est alors que je commençai à m'inquiéter.

J'ai connu des gens capables de larguer un emploi puis en retrouver un autre en un rien de temps. Quelle que soit leur expérience, le charme et l'assurance qu'ils avaient leur sortaient par tous les pores. Le charme, parce qu'il était inné ou bien ils étaient tombés dedans tout-petits, mais ce qui confortait leur assurance, c'était la conviction qu'un type dans mon genre avait aussi posé sa candidature. Mon histoire est jalonnée d'approximations : même si je sais taper à la machine, c'est avec un seul doigt, et si j'ai jamais touché à un ordinateur, c'était pour le nettoyer ; je ne sais pas conduire, ce qui m'exclut des boulots de chauffeur-livreur et m'oblige à ne chercher du travail qu'à proximité des lignes de bus. Je sais plus ou moins me servir d'un marteau mais j'ai une peur viscérale des scies électriques, des tondeuses à gazon et de tout appareil motorisé à peine plus bruyant ou plus puissant qu'un aspirateur. Bien entendu, j'ai une expérience dans la vente, mais elle est limitée à celle de la marijuana, marchandise qui se vend très bien toute seule. Je n'ai ni la taille ni la corpulence d'un vigile, et encore moins l'agressivité nécessaire pour devenir surveillant de supermarché, contractuel ou instituteur. J'avais bien été serveur, mais c'était dans le genre de restaurant où les clients, en me souhaitant une « Bonne journée » considéraient que c'était là un pourboire convenable. Plus d'une fois, il m'avait fallu décaper du sol la personne du cuisinier pour préparer moi-même les œufs brouillés, mais cela ne me conférait pas pour autant le titre de chef.

Inutile donc d'indiquer ce boulot sur mon curriculum vitae en prétendant disposer de références parce que de toute façon, le patron du restaurant ne répondait jamais au téléphone, de peur d'avoir affaire à quelqu'un qui veuille une livraison à domicile. À Chicago, les serveurs avaient tendance à postuler avec leurs références comme les mannequins, le press-book dans une main et un sac de sport dans l'autre ; je ne pouvais pas tenir tête à la concurrence. Si par bonheur ma chemise était repassée, alors ma braguette était restée ouverte ou quelque chose comme ça.

Quand j'avais la chance avec moi, je faisais une incursion trébuchante dans certains métiers, qui n'étaient pas du genre à figurer dans les déclarations d'impôts sur le revenu à la fin de l'année. Les gens me donnaient de l'argent et je le dépensais. Résultat, j'avais l'impression d'être passé à travers une brèche. Certains acquis sont nécessaires pour trouver un emploi stable, et plus vous attendez, plus il est difficile de convaincre les gens de votre compétence. Pourquoi vous est-il impossible d'utiliser une caisse enregistreuse ou un chariot élévateur ? Comment se fait-il que vous ayez atteint trente ans sans expérience professionnelle vérifiable jusqu'alors ? Pourquoi transpirez-vous tellement, et qu'est-ce qui vous pousse à jouer de manière si compulsive avec votre briquet pendant cet entretien ? Ces questions n'étaient jamais posées directement mais toujours sous-entendues à chaque fois qu'un patron reposait ma candidature côté face sur son bureau.

J'ai feuilleté un agenda périmé des offres d'emploi de l'Art Institute : chaque page était une insulte au diplôme que je venais d'obtenir. Dans la plupart des listes, on recherchait quelqu'un pour réaliser une peinture murale ou, par exemple, reproduire une carte de Normandie sur un médaillon de la taille d'une pièce de 25 *cents*. Je n'avais aucun intérêt à poser ma candidature pour ces postes-là, ni même à poursuivre mes études à l'Art Institute pour commencer, mais un truc me fascinait dans les écoles artistiques : tant que vous payiez vos frais de scolarité, les professeurs n'osaient jamais, même avec la plus grande délicatesse, suggérer que vous n'aviez aucun talent. J'étais sur le point de m'inscrire quand je suis tombé sur le numéro d'une femme qui avait un appartement à repeindre. Bingo. Là, j'avais une sacrée expérience. Le pire qu'on pouvait me reprocher, c'était d'être même un peu trop méticuleux. Je me suis dit : Tant qu'elle fournissait l'échelle et que j'étais capable de transporter la peinture dans le bus, c'était bon.

La femme commença par me dire qu'elle avait toujours repeint son appartement elle-même.

– Mais maintenant je suis vieille. Déjà que j'ai mal aux mains à force de masser les pieds de mon mari, vous imaginez un peu ? Tenir un pinceau au-dessus de ma tête ! Oui, monsieur, je suis vieille. Toute ratatinée, et plus faible qu'un chaton. Je suis une très, très vieille femme.

Elle parlait comme si ça lui était tombé dessus du jour au lendemain.

« Tout à coup j'ai mal au dos, je m'essouffle, et parfois je ne vois pas à plus de vingt centimètres devant moi. »

De mieux en mieux. J'avais appris à me méfier des gens qui se déclaraient contraints de payer quelqu'un pour exécuter une tâche qu'ils avaient l'habitude d'accomplir eux-mêmes auparavant. En règle générale, ils étaient hypercritiques, mais avec celle-là, j'avais l'impression qu'il n'y aurait pas de problème. J'étais convaincu qu'elle n'y voyait pas assez clair pour se plaindre. Il me suffirait sans doute d'ouvrir le pot de peinture et de diffuser les vapeurs dans la pièce pour la satisfaire. Nous sommes convenus que je passerais chez elle le lendemain matin, et je raccrochai en frétillant de joie.

L'appartement se trouvait dans une grande tour sur Lake Shore Drive. Je frappai et la porte s'ouvrit sur une femme mince et énergique qui tenait une raquette de tennis. Elle avait les cheveux blancs mais, hormis quelques ridules sous les yeux, son visage était lisse, son teint, frais. Je demandai à parler à sa mère et elle se mit à glousser en me donnant un coup de raquette dans les côtes.

– Ah, que je suis contente de voir un jeune homme ! s'écria-t-elle en me prenant par la main. Viens voir, Abe : un petit jeune. Mais on dirait un nourrisson !

Son mari arriva d'un bond dans la pièce. Musclé et bronzé, il portait une tenue de body-building en lycra avec un bandeau autour de la tête et des baskets à paillettes.

– Ah, un bon p'tit gars !

– Il est diplômé, dit la femme en s'accroupissant pour exercer son genou. Ce gosse s'imagine qu'il va bientôt peindre notre sarcophage. Il nous regarde et il se dit qu'il vient de découvrir une paire de fossiles qu'il va peut-être pouvoir vendre au musée. D'accord, on est vieux. enfin, on n'est plus de la première jeunesse. À la retraite. Sur la touche.

– J'ai bâti les Grandes Pyramides de mes propres mains, ajouta l'homme. J'ai échangé des idées avec Platon et parcouru les rues pavées de Rome sur un char.

– Regarde les choses en face, chéri. On est finis. Un couple d'antiquités.

– Oh, non, avançai-je. Vous n'êtes pas vieux. En tout cas, vous ne faites même pas 50 ans, ni l'un ni l'autre. Regardez-vous, vous êtes minces, vous avez la pêche, vous êtes plus en forme que moi. Je suis sûr qu'il vous reste pas mal de temps.

– C'est ça, oui, fit la femme enfourchant d'un bond son vélo d'appartement. Le temps d'oublier comment on s'appelle, le temps de devenir incontinent, le temps de se voûter, de radoter et de baver sur nos habits. Nous avons tout le temps. Il fut un temps où je prenais un sac à dos et je partais faire deux-trois bonnes semaines de randonnée, mais maintenant, laisse tomber. C'est fini.

– Elle est plus vieille que les montagnes qu'elle a escaladées, renchérit le mari.

– Oh, regardez-moi ça, c'est le Père du Temps en personne qui parle.

– Je suis un vieux schnock et je le reconnais, répondit-il. Mais malgré tout, je suis ce qu'on appelle une personne dans le coup.

– C'est vrai, ça, gloussa-t-elle. Le coup de barre. Le coup de grisou.

Je compris alors qu'il s'agissait là d'une interminable comédie, celle des « vieux qui se chamaillent ».

– Bon, puisque vous allez repeindre les murs, je ferais peut-être mieux de rassembler mes vieux os et de vous montrer un peu l'appartement, poursuivit la femme.

Elle me fit visiter les lieux ; chaque pièce avait son appareil de musculation. Dans la salle de séjour, un NordicTrack était garé à côté d'un rameur en face de la télévision. Dans la chambre, il y avait une barre à disques et des tapis de sol de couleur vive pour pratiquer de l'aérobic. Dans la salle de bains, des maillots de bain séchaient, et des chaussures de sport étaient soigneusement rangées dans tous les placards. À part quelques traces à côté du punching-ball dans la chambre d'amis, les murs étaient impeccables. Les portes et les plinthes étaient en excellent état, sans la moindre écaille ni égratignure. Ils me conduisirent sous la barre fixe puis dans le bureau, qui était décoré du sol au plafond avec les photographies de leurs diverses épopées. Là, on les voyait sur un tandem dans les rues de Pékin, ou marchander des perles sur un marché poussérieux au Pérou. Les photos racontaient une quarantaine d'années passées à ramer dans des kayaks, à planter des tentes au sommet de montagnes enneigées, à parcourir des chemins boueux et à se baigner dans les eaux glaciales des torrents.

– Tiens, regardez, là-bas, dit la femme. C'est le vieux Mathusalem en haut du mont Rainier. Le premier à arriver jusqu'au sommet avec un déambulateur.

– Et là, madame en Égypte, continua le mari en désignant la photo encadrée d'une momie.

J'essayai de recentrer la conversation sur la peinture mais ils ne m'écoutaient pas.

– Restez manger avec nous, je vous en prie, demanda-t-elle. Je vais brancher le Vieux Grincheux à sa perfusion, et après je nous prépare une paire de sandwiches.

– Un sandwich ! s'écria l'homme. Comment vas-tu faire pour mastiquer le pain ? Tes vieux crocs sont tout juste bons à mâcher de la compote de pommes.

– Je vais te mâcher quelque chose, moi, renchérit-elle. Tu vas voir ce que ça fait.

J'établis un devis et téléphonai le lendemain mais je savais pertinemment que c'était une perte de temps.

– C'est notre petit jeune, entendis-je la femme hurler à son mari à l'autre bout du fil. Écoutez, mon petit, finalement on a décidé de ne pas faire repeindre l'appartement. Ça ne sert à rien, vu qu'on sera sûrement déjà en route pour l'hospice avant que vous ayez eu le temps d'installer l'échelle.

Il me fallait opposer un démenti, mais je m'abstins.

– Vous avez sans doute raison, préférai-je répondre. Idiots comme vous êtes, il est grand temps que vous recherchiez un environnement structuré.

– Eh, dites donc ! lança-t-elle. Pas besoin d'être méchant, hein !

Pendant mes périodes d'inactivité, il me semblait très profitable de dormir autant que possible : 12 à 14 heures de sommeil, c'était un bon départ. Le sommeil épargne l'humiliation et fait faire des économies en même temps : rien à manger, rien à acheter, rester simplement allongé et rêver. Je me réveillais dans l'après-midi, je regardais mes feuilletons à la télé puis je m'installais sur le sofa où je passais encore quelques heures les yeux fermés. Je pris l'habitude d'aller acheter le journal juste après 5 heures et je regardais les offres d'emploi pendant un moment en me demandant qui pouvait envoyer sa candidature pour les postes offerts : vérificateur de caveau, commercial pré-presse, critique technique d'audit. Qui connaît un enfant qui rêve de devenir inspecteur d'emballage de saucisses ? Quel genre de personne va crier victoire, poing levé, après avoir lu « Nouveau Concept = Gros $! Super Énergie = Bénéfices + Comm. Faxer CV » ? Faxer un CV pour quoi ?

Je téléphonai à un tétraplégique qui recherchait une aide à mi-temps. Il décrocha à la quinzième sonnerie en criant : « Pour l'amour du Ciel, Maman, je ne peux pas avoir la paix 5 minutes ? »

Au supermarché, je fis tomber un billet de 5 dollars et me retournai juste à temps pour voir quelqu'un le fourrer dans sa poche. Ma chance tournait.

– Pourquoi tu ne retournes pas en fac poursuivre de vraies études ? demandait Papa. Tu n'as qu'à apprendre à programmer des ordinateurs, c'est ce qu'a fait le fils Stravidès. À la fac, il avait étudié la musique ou le folklore ou je ne sais quel truc débile, après il est retourné à l'école pour faire de l'informatique, et maintenant il dirige le service logistique chez Flexy-Wygaart, il a un service entier sous ses ordres, merde !

Non seulement je n'éprouvais pas le moindre intérêt pour l'informatique, mais sortir d'une école pour aller dans une autre relevait de la haute trahison à mes yeux. Cela revenait à avouer que j'avais emprunté 10 000 dollars pour ne rien apprendre, ce que je n'étais pas prêt à admettre.

Je trouvai l'annonce dans un petit journal communautaire : « Recherche battant expérimenté pour décaper/revernir bois. Motivation exigée. » J'avais passé des années à traiter le bois, d'abord à Raleigh puis à Chicago. J'avais fait le vœu de ne plus jamais recommencer, mais c'est toujours le même problème : quand on connaît un métier, on a beau se jurer de ne plus y toucher, on est condamné à l'exercer toute sa vie. Bien que tout travail tue fatalement, le vernissage, lui, semble avoir été spécialement conçu pour garantir une mort lente et douloureuse. Les décapants chimiques sont vendus dans des pots métalliques ornés d'une tête de mort, et la liste des ingrédients ressemble à l'annuaire mondial des agents cancérigènes. Ils bouffent le plastique, les gants en caoutchouc et les pinceaux synthétiques. Il est recommandé de porter un masque, ce à quoi je me refusais parce que ça me gênait pour fumer. À la fin, je me moquais complètement de ce que je mangeais. Tous les aliments sentaient le benzène : œufs brouillés ou porc grillé ; heureusement qu'ils n'avaient pas la même consistance car, les yeux fermés, je n'aurais su les distinguer. Après une journée de travail, je voyais trouble et j'avais tellement de taches sur les mains que les caissières me laissaient la monnaie sur le comptoir plutôt que de se risquer à toucher mon affreuse main tendue. À Raleigh, mon camarade Dean et moi avions autant de travail que nous le voulions puisque le plus grand ébéniste de la ville venait de prendre sa retraite. Nous lui rendions visite de temps en temps pour lui poser une question d'ordre technique tandis que sa femme poussait son fauteuil roulant jusqu'au salon ; elle se débattait avec les tuyaux qui lui sortaient du nez et essuyait sans cesse le trou taché de nicotine au beau milieu de la gorge. Ses yeux vitreux nous fixaient à tour de rôle. « Travaillez bien, les gars, et je vous garantis une belle carrière », chuintait-il.

Pendant mes deux premières années à Chicago, j'avais travaillé pour un homme qui traitait les boiseries. C'était beaucoup plus dangereux que les meubles, parce qu'il fallait souvent passer des substances chimiques sur des poutres en hauteur tout en essayant de suivre le dénouement de *Dallas* ou de *Dynastie*. À peine Sue Ellen avait-elle le temps de vider une bouteille, je découvrais un trou de la taille d'une pièce de 25 *cents* laissé par une tache de décapant dans les cheveux. Le produit dégoulinait du plafond, détruisait les canapés et les tapis et nous courions sur ses traces, nous efforçant lamentablement de raviver le tissu décoloré avec des feutres marqueurs. Lorsque nos clients rentraient chez eux, on aurait cru que les boutons de la télé et la poignée du frigo avaient été passés au chalumeau. Nous poursuivîmes notre campagne de destruction jusqu'à ce que, après avoir accidentellement mis le feu à la camionnette avec le mégot d'un joint, mon chef fût contraint de mettre la clé sous la porte. Là encore, je m'étais juré de ne plus jamais faire ce boulot.

Pour répondre à l'annonce, je téléphonai à une femme qui se présenta sous le nom d'Uta.

– Ah, vous ne savez pas, dit-elle, je viens d'embaucher un gars de couleur il y a à peine 10 minutes. Vous dites que vous avez de l'expérience? Bon, c'est un plus, ça, non?

Elle marqua une pause, et j'en profitai pour exercer le seul talent promotionnel à ma disposition : j'agitai les doigts au-dessus du combiné et entrepris de l'ensorceler en psalmodiant dans ma tête : C'est moi que vous voulez, moi, moi, moi.

– Tout bien considéré, reprit-elle, il y a vraiment beaucoup de boulot. Je ferais peut-être mieux de confier ça à deux personnes plutôt qu'à une seule. Ça ne vous pose pas de problème? Parce qu'il m'a l'air de péter le feu, le gars de couleur.

– Super, répondis-je. J'adore... les gens qui pètent le feu.

– C'est votre cas?

– Oui, je pense, répondis-je en jetant un coup d'œil à mon arrière-train.

Elle me demanda mon nom de famille et je le lui dis.

– C'est quoi, comme nom, ça? Ce n'est pas juif, hein? Grec? Ça me convient. Il y a pas mal de Grecs dans le coin. Écoute, le petit Grec, le gars de couleur ne peut pas commencer avant lundi, alors tu n'as qu'à passer demain matin pour montrer à Uta si tu pètes tant le feu que ça.

Je notai l'adresse et acceptai de venir le samedi matin à 9 heures. « Pétantes. »

Elle m'accueillit devant chez elle, un immeuble de trois étages à six appartements, situé non loin de Wrigley Field. Uta était une femme corpulente et musclée, dont le faciès de pugiliste était enduit d'un fond de teint couleur mastic qui s'arrêtait net à la frontière de sa terrible mâchoire. Elle avait les cheveux décolorés blond crade, coupés court derrière et longs devant, en une frange qui lui tombait sur le nez. Chasser les cheveux de sa figure lui occupait les mains car elle avait arrêté de fumer quelques mois plus tôt.

– Tu aimes bien? demanda-t-elle. J'ai trouvé que c'était plus intelligent comme ça.

Quand elle parlait, elle avait tendance à garder les bras le long du corps, les poings serrés, la tête haute, comme un boxeur prêt à décocher son prochain coup.

« Alors, tu es disposé à remonter les manches et à montrer à Uta ce que tu sais faire, petit malin ? »

Je la suivis à l'entrée de derrière puis au troisième étage, où j'attendis qu'elle vide le contenu de son sac à main pour ressortir un trousseau de clés. Elle avait récemment acheté l'immeuble avec sa sœur, le quatrième de ce qu'elles tenaient pour un empire. Leur famille avait fui de la Lithuanie au milieu des années quarante pour s'installer dans la banlieue sud de Chicago, où leur père avait trouvé un emploi dans un parc à bestiaux.

« On travaillait tous, continua-t-elle. On s'est tous cassé le cul à bosser. Personne n'a jamais rien donné à Uta, je te le dis tout de suite. Contrairement à certaines personnes que je pourrais citer, je suis partie du bas de l'échelle et parvenue en haut à la force du poignet. »

Elle regarda en direction du stade de base-ball et, perdue dans ses pensées, secoua la tête avec cet air hagard et lointain tant recherché par les psychanalystes et les réalisateurs de cinéma.

« C'est l'histoire d'une petite fille blonde, innocente, avec des couettes, debout à l'avant d'un navire en partance pour le Nouveau Monde. Elle regarde les belles prairies de sa terre natale disparaître dans le chaos puant des parcs à bestiaux. Et elle a pleuré, oh ! comme elle a pleuré. Sa famille et elle n'avaient rien d'autre qu'un peu de jugeote et quelques gros pains rassis, mais cela ne les a pas arrêtés. Tu vois, la petite fille avec les couettes, c'était moi. Les gens me demandent comment j'ai fait pour arriver où j'en suis aujourd'hui, et je leur dis que j'ai dû trimer comme une folle. Des dizaines d'années et des poussières à cravacher dur. »

C'est toujours mauvais signe quand un employeur veut jouer à celui qui peut tout faire sauf se saouler et jeter l'argent par les fenêtres. Uta m'a donné la chair de poule en me racontant son histoire. Je ne voyais pas d'inconvénient à ce qu'elle travaille comme une esclave ni à ce qu'elle économise sur tout, tant qu'elle n'exigeait pas de moi ce genre de comportement. Je préférais profiter de mon temps libre, rentrer chez moi et dépenser mes sous le plus vite possible. Mon père, lui, avait vendu des journaux dans les rues enneigées pour se fabriquer une vie meilleure. Mon destin, c'était de me libérer de tout ce qu'il avait acquis à la sueur de son front et de me vautrer dans les activités qui couraient à la perte du pays.

Je compris que travailler pour Uta m'obligerait à opiner du chef à tout bout de champ. « Oui, c'est lamentable que le gouvernement ait institué ces lois sur le travail des enfants handicapés. » « Non, ces brûlures chimiques de me dérangent pas le moins du monde, pourquoi ? » À la fin de la journée, ce n'étaient pas aux bras que j'avais mal, c'était au cou.

– Voyons un peu là-dedans, dit Uta en entrant dans la cuisine. Elle nous a laissé quoi, comme bazar, notre petite Juive ?

Ça me laissait baba qu'elle utilise ce genre de mots. Comme le terme Négresse, il avait quelque chose de moisi, de clinique. Elle le crachait de sa bouche comme s'il s'agissait d'un asticot qui s'était niché sous sa langue.

« Tu achètes un immeuble mais tant que les anciens locataires sont dedans, tu ne peux rien faire. Heureusement pour moi, cette grosse Juive a été la première à partir. Une chose pas plus haute que 3 pommes mais avec un cul de la taille d'un oreiller. Et quelle cochonne, mon Dieu ! J'ai fait désinfecter la cuisine hier après-midi pour que ce soit propre avant qu'on commence. »

Elle se dirigea vers un cafard qui tremblotait sous l'évier et l'écrasa du plat de la main.

« Quel cul elle avait, cette bonne femme ! Monumental ! Mais bon, c'est ce qui risque d'arriver quand on passe sa vie assis dessus à attendre que les autres veuillent bien nous faire une faveur. »

Les juifs et les juives étaient la bête noire d'Uta. Elle essaya de m'expliquer pourquoi, mais l'histoire me parut difficile à suivre après l'année 1527. D'après Uta, Hitler avait été complètement incompris, « comme la plupart des grands penseurs. » Intarissable, elle me raconta qu'il y avait eu une conspiration entre les juifs et Staline, qui avaient des vues sur sa Lithuanie natale pour toutes sortes de raisons. Les communistes voulaient le pays pour réduire à l'esclavage la population indépendante et travailleuse. Les juifs le voulaient à cause de ses nombreuses forêts, dont ils espéraient pouvoir fabriquer du papier pour torcher leurs gros culs. Uta méprisait les juifs et les accusait de tous les maux, du bruit de la circulation aux tarifs – hors de prix – de la télévision câblée.

Elle me fit visiter l'appartement, qui était spacieux et lumineux, agrémenté de petits cagibis et de deux cheminées. Les boiseries avaient tant et si bien été peintes que, après avoir subi une soixantaine d'années durant des locataires qui avaient sans doute préféré jeter la peinture à la volée plutôt que de prendre la peine d'utiliser un pinceau, elles ressemblaient à tout sauf à des boiseries. Il y avait donc du boulot, mais malheureusement nous allions avoir besoin d'une puissante décolleuse à vapeur pour faire fondre la peinture. Seulement, elle laisse un goût infâme dans la bouche. C'est un travail long et pénible que de tenir l'appareil en attendant que la peinture se boursoufle pour pouvoir ensuite la gratter à l'aide d'une lame. Les bons jours, on s'en tire avec une bonne migraine, les mauvais jours, on est tenté de foutre le feu.

« Tu m'enlèves cette peinture, et après on va s'en payer une bonne tranche, dit Uta. Toi, moi et le gars de couleur, on va jouer aux magiciens pour que cet appart ait l'air de quelque chose. Qu'est-ce que tu en dis ? Tu es prêt, demi-portion de Grec ? Uta est prête. Le gars de couleur est prêt. Alors, tu veux faire partie de l'équipe ? »

Elle sortit faire quelques courses et je commençai à gratter la peinture de la porte de la cuisine. En même temps, j'écoutais la radio, une station locale qui diffusait des vieux feuilletons radiophoniques et des émissions comiques tous les samedis. J'aimais bien *Suspense* et *The Shadow*, mais quand ce fut le tour de *The Life of Riley*[1], mon esprit se mit à vagabonder. William Bendix jouait le rôle du parfait imbécile, gentil et prévisible, qui se coinçait immanquablement le doigt dans une boule de bowling le soir du grand repas de l'association, le genre d'imbécile heureux incontournable depuis des générations d'émissions télévisées, où l'on voit des armoires pleines à craquer et des chiens qui viennent piquer la dinde pendant que toute la tablée, les yeux fermés, est occupée en train de rendre grâces à Dieu. Dans la réalité, un chien qui aurait joué un tour aussi pendable aurait été battu à mort mais là, les personnages se contentaient de s'asseoir devant une assiette de knacks, l'air d'avoir compris la véritable signification de Noël. C'était un monde où un simple mot ou un simple geste suffisait à illuminer les gens. Au bout de vingt-trois minutes, on avait appris des leçons, on changeait de vie. Déjà enfant, j'avais du mal à accepter le concept d'une croissance spirituelle aussi rapide. Si c'était aussi facile de changer les gens, alors moi je serais bientôt assis sur un trône au coussin de velours devant une nation de serviteurs dévoués. Qui n'avait pas envie de changer les autres ? Quand Uta avait parlé des juifs, je m'étais contenté de regarder mes chaussures. J'aurais pu lui citer un nombre incalculable de juifs qui ne correspondaient pas du tout à l'image qu'elle en avait, mais cela ne lui aurait pas fait changer d'avis pour autant car son opinion était établie depuis longtemps. Avec une femme comme Uta, il valait mieux détourner la conversation sur les erreurs médicales, en espérant qu'elles lui retourneraient assez l'estomac pour lui imposer silence un bon moment.

Une fois, je travaillais comme coursier sur un chantier et je fus viré le jour où le charpentier, un homme expérimenté avec une coiffure façon Chevalier Lancelot, découvrit que j'étais homosexuel. Nous nous étions bien entendus tout l'été, mais quand je commençai à remettre en cause son envie de passer à tabac

[1] Respectivement, et littéralement : *Suspense, L'Ombre* et *La Vie de Riley*. *(N. d. T.)*

les prostitués transsexuels, il me fonça dessus un marteau à la main. Le contremaître m'avait renvoyé très gentiment, en m'expliquant que s'il avait recours un jour à une équipe entièrement constituée de femmes, je serais le premier qu'il appellerait. Longtemps après, je pensais encore au charpentier et je l'imaginais toujours en dangereuse posture : les murs de sa cellule se resserraient sur lui ; un train se dirigeait vers son corps attaché et bâillonné ; une bombe allait exploser et une seule personne pouvait le sauver.

« Mais auparavant, il faut que tu retires tout ce que tu as dit, lui disais-je. Et c'est pas tout, ton repentir doit être très, très sincère. » Je fantasmai là-dessus plusieurs mois puis je passai à autre chose. J'avais déjà pas mal de pain sur la planche avec tous les gens qui me haïssaient pour *qui* j'étais, alors si en plus je m'attachais aux millions de personnes qui me haïssaient pour *ce que* j'étais, je serais devenu un de ces personnages mal fagotés croulant sous le poids des deux centaines de badges politiciens épinglés sur leur manteau et leur sac. Je ne sais pas du tout comment changer les gens, mais je tiens quand même une longue liste de candidats potentiels, au cas où je tiendrais une piste sérieuse un jour.

Uta revint à 5 heures et inspecta mon travail d'un air enthousiaste. Des écailles de peinture fondue qui avaient durci jonchaient le sol, craquantes et tordues comme des Fritos. Elle en ramassa une pleine poignée et les laissa filer entre ses doigts comme un pirate qui découvre un trésor.

« Eh, monsieur Je-Pète-Le-Feu, ça marche du feu de Dieu, on dirait ? La vieille Uta a eu bien raison de t'engager, hein ? »

Elle foula aux pieds les écailles de peinture et tournoya sur elle-même en claquant des doigts.

Je me dis qu'elle était peut-être saoule, mais Uta n'était pas du genre à avoir besoin d'alcool pour se donner en spectacle. Apparemment, j'avais réussi son test d'admission et je fus invité à revenir travailler le lundi matin avec « Machin-Truc, le gars de couleur. »

Machin-Truc était un grand gaillard solide, d'une petite trentaine d'années, qui se faisait appeler Dupont Charles. Dans ses moments de tranquillité, il regardait en coin de sa paupière tombante, l'air sensuellement endormi ; son beau visage avait la même couleur chêne foncé que la cire qu'Uta avait prévu d'appliquer sur ses boiseries. En présence d'une autorité quelconque, il changeait complètement de tête. Comme si ses traits étaient activés par une poulie, ses yeux lui ressortaient alors des orbites et ses lèvres prenaient de comiques proportions, découvrant un sourire d'une effrayante intensité.

– Eh ben, j'ai l'impression que tu pètes le feu, toi, lui disait Uta au moment où j'entrai dans l'appartement. Et c'est exactement ce que le docteur m'a prescrit, ça. Oui, monsieur, il m'en faut plein, des petits gars qui pètent le feu. Alors, qu'est-ce que t'en dis, t'es avec nous ?

– Oh oui, M'ame Uta, répondit-il, ce'tainement. Je vous souiv'ai pa'tout. Vous pou''ez pas t'ouvrer un gars plus cou'ageux que Doupont, à moins de p'end'e dix bonshommes et de les fouetter.

Il se frotta les mains et sourit tellement que j'en eus mal aux mâchoires. Uta nous présenta l'un à l'autre et resta là un moment à nous regarder commencer.

– Fais gaffe de pas t'op app'ocher la décolleuse du bois, me conseilla Dupont. Sinon, tous les 'êves de not'e belle petite dame vont pa'ti' en fumée, et ce se'ait pas bien, n'est-ce pas ?

– Ah non, Dupont, ce ne serait pas bien, dit Uta. Tu restes à côté de lui et tu lui montres bien comment il faut faire.

– D'acco'd. Seigneu', il faut que je sois pas si mauvais pou' avoi' t'ouvé un bon boulot chez une gentille dame comme vous. Je me souis levé ce matin en p'iant pou' tomber su' quelqu'un de gentil mais aussi gentil que ça, j'y c'oyais pas. Et me voilà à t'availler chez vous avec ce petit gars... Oh, vous me 'endez heu'eux, M'ame Uta. T'ès t'ès heureux.

Uta gloussa et se passa la main sur le visage pour chasser sa frange.

– Tu es un vrai trésor, déclara-t-elle. Vous êtes de bons p'tits gars tous les deux. Je suis une sacrée veinarde, on dirait.

– Et une sac'ée belle femme aussi, ajouta Dupont. Vous êtes aussi veina'de que vous êtes jolie.

– Si tu continues comme ça, mon petit monsieur, je vais attraper la grosse tête.

– Oh non, M'ame Uta. Elle est t'ès bien, vot'e tête. Pas t'op g'osse, pas t'op petite. Elle est pa'faite. J'aime'ais bien avoi' une tête à la bonne taille comme la vôt'e. Mais la mienne, elle est toute bouffie et bosselée.

– En tout cas elle abrite une bonne cervelle, dit Uta. Tu as la tête sur les épaules, Dupont. Tous les deux, d'ailleurs.

Dupont s'illumina, et moi je portai la main à la gorge pour retenir le flux nauséeux que cette conversation provoquait en moi. Soit Dupont avait passé les soixante dernières années pris dans un bloc de glace, soit il jouait la comédie. Je priai pour qu'il s'agisse de la deuxième solution, car je ne me voyais pas passer huit heures dans une cuisine en compagnie d'un tel fayot.

Quand Uta partit, Dupont agita la main devant la fenêtre de la cuisine jusqu'à ce que sa voiture disparaisse dans la circulation.

« *Sayonara*, grosse tête. »

Sa voix avait changé de timbre et de registre et il avait perdu son accent. Après avoir mis en marche la radio, il s'assit sur le radiateur et alluma une cigarette.

– T'es déjà allé à Tijuana ? me demanda-t-il.

La plupart des histoires de Dupont commençaient par des questions et finissaient par des scènes de nu intégral avec des nymphos qui en réclamaient encore et encore. À Tijuana c'était la fille de l'hôtelier, une femme aux yeux noirs qui criait « *bueno* ! » et « *grande* ! » tandis qu'il la pénétrait par-derrière. Ensuite, il s'était rendu dans une boîte de nuit où, pour un prix dérisoire et un forfait de deux boissons minimum, il avait vu une prostituée s'envoyer en l'air avec un âne.

« Authentique. Après le spectacle, le proprio de la boîte m'a proposé la fille à l'œil, mais j'ai dit non parce qu'elle était tout écartelée. Dis-moi, ça t'est déjà arrivé d'enfourcher le gros cul d'une poule et de la chevaucher jusqu'à ce qu'elle s'écroule ? »

Dupont habitait avec sa copine dans les quartiers nord de la ville. Comme elle était blanche et juive, m'expliqua-t-il, elle avait tant besoin d'un vrai mec que non seulement elle payait le loyer et les factures mais en plus, elle lui payait ses fringues. Il avait des photos, dit-il ; il me les montrerait dès que son frère les lui aurait rendues.

« T'as déjà mis deux frangines enceintes le même mois, toi ? »

La voiture d'Uta réapparut au bas de l'immeuble un peu plus tard dans l'après-midi, et Dupont s'empressa de ramasser ses mégots avant de remettre sa décolleuse en marche.

– C'est pou' ça que je t'availle du', me dit-il quand Uta entra dans la pièce. Je 'êvais d'aller en fac un jou' pour deveni' docto' ou avocat. Oh, eh, M'ame Uta. Vous avez été chez le coiffeu' ? Ça vous va bien.

Uta répondit que non, qu'elle s'était juste passé un coup de peigne, rien de spécial.

– Qu'est-ce que c'est que ces horreurs à la radio ? demanda-t-elle.

Il s'agissait toujours de la station que Dupont avait sélectionnée après son départ.

– C'est la 'adio que j'écoute depuis tout à l'heu'e, ça ? On di'ait deux chats qui se battent. Quand est-ce que t'as mis la 'adio, missié David ? Seigneu', j'ai tellement t'availlé que j'ai même pas eu le temps de fai'e attention.

– Eh bien moi si, et ça me fiche une sacrée migraine, annonça Uta en remettant sa station de musique classique.

– Oh, c'est chouette, ça ! chanta Dupont. C'est exactement le gen'e de musique que j'écoute chez moi.

Il leva les bras et agita les mains à la manière d'un chef

d'orchestre en train de diriger une symphonie, avec sa décolleuse qui crachait dans tous les sens en me grillant les poils des bras.

– Ah, Dupont, tu es un drôle de numéro !

J'avais l'habitude de m'arrêter pour fumer une cigarette toutes les heures et je ne voyais pas pourquoi je m'en serais privé parce qu'Uta était là.

– Ça, monsieur, c'est une très mauvaise habitude, dit-elle. Vous devriez faire comme moi, j'ai arrêté de fumer. C'était dur, c'est certain, mais j'ai tenu le coup, et maintenant, je me rends compte à quel point c'est infect.

– Et ça sent mauvais, en plus, renchérit Dupont, comme s'il pouvait détecter quoi que ce soit dans la puanteur brûlante de la peinture. Ça pollue l'envi'onnement et ça donne le cancè'.

– À qui le dis-tu ! ajouta Uta.

– Moi j'veux pas att'aper le cancè', M'ame Uta. Non, M'ame, j'ai un but à atteind'e, moi. Je veux aller en fac de médecine pour deveni' docteu'. Ap'ès je veux aller à l'école pour fai'e avocat, et ap'ès je continue'ai jusqu'à ce que je devienne p'ésident des États-Unis !

– Rien que ça ! fit Uta. Alors au nom des docteurs, des avocats et du futur président des États-Unis, il est désormais interdit de fumer dans cet appartement.

Je transportai ma cigarette sur le balcon tandis que Dupont promettait à Uta qu'elle serait son ministre de la Santé. Et de fait, il allait avoir grand besoin de s'intéresser à sa santé parce que j'avais arrêté ma décision de le tuer au plus tôt.

– Ne crois pas que je n'en tiendrai pas compte dans ton salaire, de ta petite pause-cigarette, me dit Uta à mon retour. C'est Dupont qui a eu l'idée, et je la trouve excellente. Pourquoi est-ce qu'il travaillerait comme un chien pendant que tu te la coules douce à fumer ta clope ? Peut-être que si je rogne sur ta paye, ça t'encouragera à arrêter de fumer. Des fois, il faut employer les grands moyens.

– Exactement, ajouta Dupont.

Plus tard, je lui demandai pourquoi il s'évertuait à jouer cette comédie idiote. Il alluma une cigarette et haussa les épaules avant de m'expliquer qu'il avait besoin de gagner du fric. Je lui dis que c'était également mon cas mais qu'on avait suffisamment de travail comme ça sans s'échiner à faire l'andouille quand ce n'était pas nécessaire.

– Elle aime ça. Tu parles d'une affaire ! Voyons si tu veux qu'elle t'apprécie, tu pourrais peut-être en faire un peu plus, conclut-il en nettoyant le bout de ses baskets à l'aide d'un essuie-tout. Eh, t'as jamais baisé une petite boulotte couverte de taches de rousseur pendant que son mec dort devant la télé ?

J'aimais bien les histoires de Dupont, en partie parce que je n'y accordais aucune foi. Ce n'était pas tant le fait que son instituteur eût pris les mensurations de son pénis en érection qui me captivait, mais plutôt qu'il eût cru que j'étais impressionné. Il savait que j'avais un petit ami, et pourtant il continuait à me harceler de questions.

« C'était quand, la dernière fois que t'as versé de l'huile de vidange sur les lolos d'une étudiante ? »

Comme la comédie qu'il jouait à Uta, le jeu auquel il se livrait avec moi lui semblait répondre à ce qu'il considérait comme mes attentes quant à nos relations. Pour la riche femme d'affaires, c'était un troubadour souriant qui se perchait sur un seau retourné pour déclamer son Discours sur l'État de l'Union. Pour ce qu'il considérait comme un homosexuel chronique, il jouait à l'infatigable tombeur qui courait de botte de paille en lit à baldaquin pour satisfaire son écurie sans cesse florissante de salopes enthousiastes. J'ai supposé que nous avions tous tendance à faire ce que nous pensions que les autres attendaient de nous, mais à mon avis, interdire la cigarette trahissait un sérieux trouble de la personnalité. Quel personnage endossait-il devant sa mère ? Devant sa petite amie ? Devant son père ? En essayant de revêtir toutes sortes de personnages devant toutes sortes de gens, Dupont avait réussi à devenir une des personnes les plus mystérieuses que j'aie jamais rencontrées. Même un malade dans le coma en disait plus sur lui-même que Dupont.

En général, nous prenions 45 minutes de pause à midi et mangions des cheeseburgers dans un petit bistrot en bas de la rue. Quand Uta était dans les parages, Dupont se mettait subitement à manger des galettes de riz et du yaourt nature, ses aliments préférés depuis qu'elle s'acharnait à perdre les kilos qu'elle avait accumulés après avoir arrêté de fumer. Il avalait son repas en 5 minutes, s'essuyait la bouche du revers de la manche et se remettait au travail en me regardant comme si j'incarnais tout ce qui allait de travers dans cette Amérique de flemmards obèses.

– J'aime bien manger les choses natu'elles que Dieu a mis su' l'assiette d'Adam et Ève, disait-il. M'en faut peu pou' êt'e heu'eux, M'ame. Moins je mange, plus je suis heu'eux.

– C'est parce que tu es comme moi, répondait Uta. Tu es futé et tu manges intelligemment.

Cela faisait presque trois semaines que nous travaillions ensemble quand vint enfin le moment de stopper nos décolleuses pour passer à l'étape suivante. Pour décaper le bois, le système d'Uta consistait à utiliser de la sciure au lieu de la paille de fer. On devait passer des produits chimiques sur une partie de la boiserie, la recouvrir de sciure puis frotter avec une brosse pour retirer le vernis et mettre au jour le chêne naturel, qui n'avait sans doute pas vu la lumière depuis l'époque où Hitler, le copain d'Uta, galopait en culotte courte. Cette méthode s'avérait plus rapide que la paille de fer – et plus économique –, la menuiserie d'à côté nous fournissant gracieusement la sciure. Celle-ci avait une fâcheuse tendance à se coller sur toutes les parties non protégées du corps : elle nous recouvrait les cheveux et s'insinuait dans nos oreilles et nos narines. Elle se glissait dans les trous de mes chaussures, dans mes chaussettes et mes poches, et s'accrochait si bien à la sueur de notre visage qu'à la fin de la journée Dupont et moi nous ressemblions effroyablement. La figure beige et mate, les yeux rouges et les cheveux poussiéreux et pleins de peluches, Uta, Dupont et moi aurions pu aisément passer pour les membres d'une même grotesque famille.

Un matin, alors que Uta s'était absentée pour rendre visite à son comptable, Dupont me demanda :

– Ça t'est déjà arrivé de louer les photos de ta copine à ton frère, et qu'il te les rende toutes couvertes de taches ?

La réponse était tellement évidente qu'il n'attendit pas que je la lui donne, me présentant aussitôt un paquet de Polaroids dans lesquels une femme nue, à la peau blanche, posait, l'air abattue et vidée, sur un canapé marron en velours côtelé tout en s'introduisant tout un assortiment d'objets domestiques dans le vagin : une lampe de poche, une brosse à cheveux, un tube de dentifrice de format familial et une forme qui ressemblait à une bouteille de shampooing ou de produit à vaisselle.

« C'est ma copine ! » annonça fièrement Dupont. Il espérait faire publier les photos dans ce qu'il appelait « ces magazines-là ». Les derniers clichés du paquet montraient Dupont assis sur un fauteuil en rotin, vêtu en tout et pour tout de chaussettes bleu ciel et arborant des lunettes d'aviateur. Un sourire lui tordait le visage et il posait penché en avant, le menton appuyé sur la poignée d'une canne sculptée en forme de tête de lion en colère.

Dans des situations comme celle-là, j'ai tendance à insister sur les détails qui pourraient me permettre de m'esquiver aussi discrètement que possible.

– Sacré fauteuil, dis donc ! Où est-ce que tu as trouvé ce poster que tu as accroché au mur, là ? Ça me fait toujours plaisir de contempler un chaton endormi dans un panier.

– T'as jamais enculé une Juive avec la poignée d'une canne ?

Nous avions fini de décaper toutes les boiseries et nous préparions à appliquer la teinture quand Uta nous annonça qu'après ce programme de réjouissances elle n'aurait plus besoin que d'une seule personne. « Briggs » allait venir du Michigan lui donner un coup de main pour le vernis.

– Je suis désolée, les gars, dit-elle. Vous êtes très bien tous les deux, mais Briggs fait pratiquement partie de la famille et connaît à fond le polyuréthane.

– Juste comme moi ! s'exclama Dupont. J'ai fait ça toute ma vie. Missié David se plaint que ça lui donne mal au c'âne, mais pou' moi c'est comme un tonique. (Il s'interrompit pour tapoter son pinceau contre le bord du pot). Si vous pouvez pas vous pe'mett'e de nous ga'der tous les deux, j'espè'e juste que vous me laisse'ez continuer à t'availler, même pour 'ien.

Uta répondit qu'elle appréciait le geste, mais qu'elle n'avait pas l'intention de faire travailler quelqu'un sans le rémunérer.

– Et puis, qu'est-ce qui te fait croire que je vais te laisser partir ?

– Juste que, ben..., commença-t-il en baissant la tête. Vous savez comment c'est pou' les gens comme moi. Pou' les gens de couleu' comme moi.

– Je comprends. C'est très difficile pour vous autres. Vous en prenez plein la gueule avec tous ces péquenots du Sud, et je viens de lire dans le journal que les juifs s'y mettent aussi.

– C'est les gens qui ont tué Jésus ! dit Dupont. Ils l'ont acc'oché à une c'oix et ils lui ont donné des coups de bâton.

– Enfin, moi ça ne m'embêterait pas si je devais distribuer des coups de bâton à certains, précisa Uta.

– Moi non plus alo's.

Dupont regarda dans ma direction en souriant.

Les jours suivants, il passa à la vitesse supérieure et se mit à dénoncer mes incalculables défauts en prétendant avoir le même avis qu'Uta sur nombre de choses et le même goût pour certains passe-temps. Toutes les deux ou trois heures, il lui posait une question sur le crochet ou le patinage sur glace, mais en général il s'en tenait aux juifs.

– La nuit derniè'e, j'ai repensé à ce que vous aviez dit su' les juifs, qu'ils essayaient de mett'e la main sur les banques du monde entier, M'ame Uta. Et ça me semble pas co"ect, vu qu'ils sont déjà pleins aux as, ces gens-là.

– Eh bien, Dupont, il y a des gens qui en veulent toujours plus. C'est dans leurs gènes. À mon avis, ils sont nés comme ça.

– Vous avez 'aison. Y'a des gens comme Missié David qui sont nés pou' a"iver en 'eta'd, même quand il met pas de jean. Et puis y'en a qui sont venus su' te"e pou' p'end'e tout ce qu'ils peuvent. Moi, je voud'ais que tout le monde y soit né comme vous, M'ame Uta, gentil' et jolie et juste, à la place d'êt'e en 'eta'd ou de cont'ôler les banques mondiales. Quand je se'ai élu p'ésident, je vais 'envoyer les juifs et les feignants d'où ils viennent et fai'e un pays qui a quelque chose pou' tout le monde !

– Eh bien je voterai pour toi, répondit Uta.

À mesure que la semaine avançait, Dupont se montrait de plus en plus impitoyable. Un jour, je revenais de la pause déjeuner et remettais mon bleu de travail, je l'ai entendu confier à Uta ce qu'il espérait sans doute comme le coup de grâce.

– M'ame Uta, vous savez que David est malade ?

– Quoi, il y a un rhume ? Je n'ai rien remarqué.

– Non, je veux di'e malade... de là.

Je ne le voyais pas mais j'imaginais qu'il désignait ce qu'il avait entre les deux oreilles.

– Il m'a dit qu'il aime bien aller avec les hommes, M'ame Uta. Au lit, je veux di'e. Il dit qu'il est comme ça depuis toujou's. Il dit qu'en ce moment il vit avec un aut'e homme, comme un couple no'mal, quoi. Et c'est... c'est pas bien, ça. Non, M'ame, c'est pas bien. C'est pas natu'el aux yeux de Dieu, ça, et aux miens non plus. D'ap'ès ce que je vois, les gens comme ça che'chent les petits ga'çons et ils leu' foutent la vie en l'ai' pa'eil que les juifs, vous c'oyez pas ?

– Ce que je crois, c'est qu'il est temps que tu arrêtes de fourrer ton nez dans les affaires des autres, rétorqua Uta. David fait ce qu'il veut quand il quitte cet appartement. On n'est pas là pour parler de la vie privée de qui que ce soit, on est là pour teindre ces boiseries, d'accord ?

– C'est juste que... que j'suis mal à l'aise quand il me 'ega'de, des fois, M'ame Uta. Ça me fait peu'. C'est comme... s'il voyait à t'ave's mes habits, on dirait. Je sais pas comment il fait ça.

– Ce n'est pas si difficile de voir à travers toi, Dupont, l'entendis-je répliquer. Crois-moi, le plus dur c'est de t'écouter.

Interloqué, il passa les heures qui suivirent à regagner les bonnes grâces d'Uta. Dans son empressement pour lui plaire, il renversa une boîte de teinture.

« C'est toi qui la paieras, celle-là, mon ami, » lui dit-elle.

Il accourut vers elle en tenant un mégot de cigarette qu'il avait déniché dans le placard.

– Y'a quelqu'un qui a enco'e fumé dans l'appa'tement. Pou'tant je lui ai bien dit que c'était dange'eux à cause des vapeu's et tout mais il a dit que...

– Oh, pour l'amour du Ciel, coupa Uta. Tu peux la fermer, juste 5 minutes ?

Le vendredi s'écoula dans le calme. Dupont revint le lundi matin, la poche de son jean coupée.

– Vous avez déjà été ag'essée, M'ame Uta ? D'habitude je vais à l'église avec ma mè'e, mais elle a été t'anspo'tée à l'hôpital samedi soir pa'ce qu'elle avait t'ès mal au vent'e. Le docteu' lui a dit qu'elle avait une tumeu' et qu'elle allait lui bouffer tout le 'ein si elle se faisait pas opé'er.

– Oh, Dupont, c'est vraiment terrible.

– Oui, M'ame. Alo's je suis 'esté toute la nuit avec elle et le lendemain j'suis allé à la messe et en 'ent'ant j'étais tellement fatigué que je me suis endo'mi dans le t'ain.

– Tu devais être fatigué, oui.

– Oui, M'ame, ça oui. Je m'suis assis et je m'suis endo'mi comme une masse et un pickpocket est venu couper mon pantalon avec un 'asoir pour me voler mon po'tefeuille.

– Il faut faire attention quand on prend le train, Dupont. Il faut garder les yeux ouverts et se méfier du danger.

– J'au'ais bien aimé ga'der les yeux ouve'ts, moi, M'ame Uta. Ils ont p'is mon po'tefeuille avec tous mes sous et ma ca'te d'identité et le chèque que vous m'avez donné vend'edi.

– C'est dommage, répondit Uta. Mais que ça te serve de leçon.

– Ça oui, M'ame. Je vais 'ester 'éveillé, maintenant. Je peux plus do'mi' sans 'epenser à ce chèque. Di'e que j'ai tant t'availlé pou' l'avoi' et qu'on me l'a volé. Tout cet a'gent que je voulais mett'e de côté pou' aller en fac de médecine... et mon 'êve s'est envolé.

– Ne t'inquiète pas, dit Uta en posant la main sur son épaule. Tu en auras d'autres, des rêves.

Elle avait vraiment l'air d'y prendre plaisir.

– Je sais qu'il y en au'a, M'ame Uta, mais j'ai besoin de ce 'êve maintenant. Je voulais fai'e médecine, moi... bientôt pou' que je puisse... opé'er ma mè'e.

– C'est très gentil de ta part, ça. Je suis sûre que ta mère est très fière de toi.

– Ce qui 'este d'elle, rectifia Dupont. Pauv'e chose qui 'ec'ache ses poumons dans une se'viette en papier, et pe'sonne peut 'ien fai'e.

– C'est tragique, tout ça. C'est vraiment triste, l'histoire que tu me racontes, là. Si je pouvais faire quelque chose pour t'aider...

– Eh bien peut-êt'e qu'il y a une chose, dit-il en se grattant la tête avec la pointe d'un crayon. Peut-êt'e que vous pou"iez me fai'e un aut'e chèque pour 'emplacer celui qu'on m'a volé. Et si vous me faisiez un aut'e chèque et ap'ès vous appelez la banque pou' fai'e opposition au p'emier chèque pou' que pe'sonne puisse le toucher.

– Tu ne crois pas que quelqu'un l'a déjà encaissé ? demanda-t-elle en jetant un coup d'œil aux pieds de Dupont. Eh, pas mal, tes nouvelles baskets. Très classe.

– Je c'ois que pe'sonne l'a encaissé, ajouta-t-il pour faire diversion. Vu que les banques sont fe'mées le dimanche.

– Alors ils l'ont probablement apporté très tôt ce matin.

– Non, c'est pas possible, le temps qu'ils s'ent'aînent à imiter ma signatu'e pou' pouvoi' signer mon nom au dos du chèque.

– Tu as sans doute raison là-dessus, répondit Uta. Il faut bien trois ou quatre jours à un voleur pour acquérir une telle confiance.

– Oh, s'il vous plaît, M'ame Uta, vous savez que je deman-de'ais 'ien si c'était pas u'gent. Si jamais vous découv'ez que le p'emier chèque a été encaissé, je ju'e que je vous 'embou'se, même si ce n'est pas ma faute. Je viend'ai chez vous couper du bois ou c'euser une piscine, vous savez bien que je le fe'ai.

Uta soupira. Elle s'essuya les mains et alla chercher son sac à main.

– Oh, vous êtes t'ès gentille, dit Dupont. Je m'en fiche de ce qu'ils disent, les aut'es, vous êtes v'aiment t'ès gentille.

Il plia le chèque en deux et le fourra dans la poche de sa chemise en tapotant dessus.

– Tu ferais mieux de descendre à la banque le déposer tout de suite sur ton compte épargne, fit Uta d'un ton sec. Sinon, tu pourrais le perdre, et tu ne pourras jamais faire tes huit ans de médecine à temps pour soigner le cancer de ta mère.

– Oui, M'ame, je sais bien que vous avez 'aison. Je cou's à la banque tout de suite et je se'ai 'evenu en un clin d'œil.

Il sortit en trombe en contenant son rire jusqu'à ce qu'il se retrouve dans la rue.

– Je sais ce que tu penses, me dit Uta. Mais tu as tort. Je suis née un jour de pluie, mais pas de la dernière pluie. Il se croit tellement malin, hein ? Et pourtant il est loin de tout savoir. Je lui aurais donné cet argent, de toute façon, en guise d'indemnités de licenciement. Quel lèche-cul, celui-là ! Promettre de me creuser une piscine, ha ha ! Je le payais beaucoup moins que toi, de toute façon, et j'en ai eu pour mes sous. Je te parie 5 dollars qu'après être passé à la banque il ne remettra pas les pieds ici. Qu'est-ce que t'en dis, hein, 5 dollars ? Allez !

Je ne voyais pas pourquoi j'allais jeter mon argent par les fenêtres alors que je savais très bien qu'elle avait raison.

Briggs arriva le lendemain matin mais ne se mit au travail qu'après le match des Chicago Cubs. C'était une femme aux cheveux courts et frisés avec des taches de rousseur sur le nez. Directe et imposante, elle était du genre à dire bonjour à coups de claques dans le dos. Polly Briggs – « appelle-moi Polly encore une fois, et je te promets que tu vas te retrouver en train d'essuyer du vomi sur tes godasses. Je supporte pas ce prénom. Jamais pu le supporter ! » – passait la plupart de l'année dans le nord du Michigan, où elle était professeur de sport dans un lycée. Pendant les vacances d'été, elle venait souvent à Chicago pour assister à des matchs de base-ball et donner un petit coup de main à Uta quand elle avait besoin. J'étais surpris qu'elles aient pu devenir amies : elles n'avaient ni le même âge ni le même tempérament ni les mêmes goûts. Uta n'avait pas l'air en mauvaise santé, mais on aurait dit que Briggs, avec son teint hâlé et sa corpulence robuste, avait passé les dernières heures à charger des bottes de foin sur une charrette tirée par un cheval. Elle affichait une allure désinvolte et lourdaude alors qu'Uta, plus soignée, préférait jouer les infaillibles, surtout devant ses employés.

Quand Briggs se plaignait qu'elle avait eu une mauvaise place au match de l'après-midi, Uta lui faisait remarquer que toutes les bonnes places avaient été prises d'assaut par les juifs qui, selon elle, contrôlaient également les magasins de hot-dogs et de souvenirs.

– Le parking, la paie des joueurs, même la fabrication des battes et des gants de base-ball... C'est les juifs qui ont la mainmise sur tout ça. Ils font exploser les prix. Avec ces gens ici, à deux cents mètres du terrain de base-ball, eh bien, ma taxe foncière s'alourdit comme c'est pas possible. Ils veulent...

– Oh, tais-toi donc, interrompit Briggs. Tu baves sur le dos des juifs depuis que tu as quitté ton pays pourri. Ouvre un livre d'école, peut-être que t'apprendras quelque chose. En plus, tu ne les trouvais pas si mal que ça, les juifs, à l'époque où tu courais après Brandy Fleischman.

Uta se repassa la main dans les cheveux comme je l'avais déjà vue faire au moins mille fois, mais là, le geste était purement nerveux. Elle se remit les cheveux dans les yeux comme pour se cacher avant d'observer une longue pause puis de murmurer :

– Brandy n'était qu'à moitié juif.

– Ah ouais ? Quelle moitié ? Celle du haut ou celle du bas ?

Briggs se tourna vers moi et m'adressa un clin d'œil tandis qu'Uta bougonnait et se tortillait en piquant un fard. Dupont et moi avions souvent spéculé sur sa vie sexuelle. Lui, persistait à croire qu'elle en pinçait pour tous les Noirs qui lui tombait sous la main, et moi j'avais du mal à l'imaginer avec des gens autres que les généraux nazis réfugiés quelque part dans la jungle d'Argentine. Nous étions tous les deux à côté de la plaque.

« Dis-moi, Uta, qu'est-il arrivé à la petite Collins, celle qui venait jouer avec nous en bas des dunes ? Tu vois de qui je veux parler ? Elle vendait des assurances incendie ou un truc dans ce goût-là, tu sais, et elle aimait bien le ball-trap. »

Briggs renversa du polyuréthane avec toute la délicatesse d'un gamin de deux ans, et je me précipitai sur ses talons pour essuyer les gouttes avant qu'elles ne durcissent. Au bout de quelques jours, Uta se dérida un peu et commença à profiter de la compagnie de son amie. Elles se chamaillaient sur un ton inoffensif et paisible, et il m'arrivait d'y prendre part ou non, selon l'intérêt que j'y portais. Un après-midi, alors qu'elles débattaient sur les mérites d'un régime riche en fibres, je jetai un coup d'œil par la fenêtre, persuadé d'avoir aperçu Dupont au coin de la rue, en face de la petite épicerie de quartier. Une femme sortit du magasin en transportant deux grands sacs de papier kraft. Dupont lui dit quelque chose, et elle fit non de la tête. Il avança vers elle, les bras écartés comme pour porter les sacs de la femme. Elle recula et appela le marchand à travers la porte. Il sortit et Dupont leva les mains en signe de frustration manifestement, ou de dénégation. Après avoir échangé quelques mots avec le marchand, il se dirigea vers le coin de la rue, où il disparut.

Nous avions appliqué la première couche de vernis, et la deuxième était déjà bien entamée quand Briggs fit accidentellement tomber un verre de limonade dans un seau de polyuréthane.

– Je te le déduis de ta paie, chérie, lança Uta.

Elles se querellèrent jusqu'à ce que Briggs propose d'acheter un camion complet de produit si ça pouvait calmer Uta.

– Bon, d'accord, dit-elle, mais je viens avec toi, pour être sûre que tu ne choisiras pas une marque bon marché. Et on prend ta voiture parce que j'ai déjà brûlé assez d'essence comme ça par ta faute. Et on écoutera la station de radio que je voudrai. D'accord?

Elles sortirent de l'appartement sans cesser de se disputer. Il n'y avait pas 3 minutes qu'elles étaient parties que Dupont entra dans la pièce.

– Hé, qu'est-ce qui s'est passé? On se demandait ce que tu devenais. Uta n'est pas là pour le moment, elle est...

– Partie en voiture avec une connasse frisée en train de raconter des conneries. Dis-moi quand elle revient.

– Oh, un quart d'heure, peut-être 20 minutes. Eh, tu sais quoi? Finalement, Uta est...

– Donne-moi vingt dollars, dit Dupont en allumant une cigarette. Je te rembourse la semaine prochaine.

Il se tenait devant le miroir posé sur la cheminée et examinait ses cheveux, qui avaient été traités avec des huiles spéciales et qui tombaient désormais en boucles rigides. J'avais du mal à le reconnaître. Non seulement ses cheveux avaient changé, mais son allure générale aussi. Le point d'interrogation avait disparu de sa voix et de son maintien physique. Il se tenait désormais bien droit, les épaules carrées et la tête comme vissée sur un piquet.

– Donne-moi 20 dollars, répéta-t-il.

Quand je lui dis que je ne les avais pas, il ferma les yeux et émit un soupir impatient, comme lorsqu'on décide de faire la leçon à quelqu'un.

Je sortis mon portefeuille :

– Tiens, regarde toi-même. J'ai dépensé les 5 dollars qui me restaient à midi.

C'est toujours agréable quand, par je ne sais quel hasard extraordinaire, on peut s'appuyer sur la vérité pour se sortir d'une situation malencontreuse. J'avais un carnet de chèques dans mon sac à dos mais en argent liquide, mon portefeuille n'abritait qu'une carte d'étudiant périmée, ma carte de bibliothèque et des numéros de téléphone qui ne me disaient rien.

– Bon, j'ai besoin de 20 dollars, dit-il. C'est comme ça. J'en ai besoin.

– Tu devrais peut-être attendre qu'Uta rentre, elle pourrait te laisser travailler quelques heures, qui sait.

Il me regarda comme si je venais de lui suggérer d'aller tamiser de l'or dans la gouttière.

– Peut-être que tu pourrais emprunter le fric à ta copine, repris-je.

– C'est ça. Ma copine. T'es un rapide, toi, hein ? Tiens, j'avais oublié à quel point t'étais intelligent, lança-t-il sèchement, avec amertume. Aussi fin qu'un pic à glace, hein ? (Il se mit à arpenter la pièce). Aussi fin qu'un canif, boy-scout.

Je jetai un coup d'œil dans la glace et vis sa main s'avancer vers le sac à main d'Uta resté sur le rebord de la fenêtre.

– C'est à Uta, ça, dis-je. Tu devrais peut-être lui parler avant d'ouvrir son sac, parce que c'est à elle et tu sais comment elle est avec ses affaires...

J'avais déployé à peu près toute la force de persuasion dont j'étais capable. D'ailleurs si la sécurité de l'Amérique reposait sur moi, nous serions tous vêtus de sacs à patates et nous n'hésiterions pas une seconde, au moindre « bouh ! », à cirer les bottes de tout envahisseur.

Dupont trouva son porte-monnaie et prit trois billets de 20 dollars, un de 5 dollars et deux d'1 dollar. Après avoir composé un éventail un peu flasque, il s'en éventa le visage, comme s'ils n'allaient lui servir qu'à cet effet : une petite brise rafraîchissante. Il replia l'argent, le fourra dans sa poche et sortit.

Je quittai l'appartement peu de temps après, enfourchai mon vélo et me rendis à la banque pour retirer trois billets de 20 dollars, un de 5 dollars et deux d'1 dollar. Uta était le genre de personne à noter exactement combien il lui restait dans son porte-monnaie. Elle marquait ses retraits d'argent sur une liste et classait tous ses tickets de caisse.

« Tu te rends compte que j'ai dépensé 17 dollars chez Osco ? Et pour quoi ? Pour un petit sac de rien du tout. »

Elle allait remarquer que son argent avait disparu. Je ne pouvais pas lui dire que c'était Dupont qui l'avait piqué puis qu'elle me rétorquerait « Tu l'as laissé entrer chez moi ? Et après, il a fouillé dans mon sac à main et tu n'as pas pensé à l'en empêcher ? Tu l'as juste laissé prendre mes sous et repartir en valsant vers la sortie ?

J'aurais eu la même réaction à sa place. Si je lui racontais que Dupont avait volé son argent, elle appellerait sans doute la police et il faudrait que je réponde aux mêmes questions. « Et vous l'avez laissé prendre l'argent ? » me demanderait l'agent. Et si l'affaire passait devant les tribunaux, c'est moi qui me retrouverais nez à nez avec Dupont un soir, après qu'il aurait tiré ses trente jours, ou je ne sais quelle durée légale en vigueur pour les larcins.

Je ne pouvais pas mentir non plus, et raconter à Uta que j'étais parti faire une course en oubliant de fermer la porte à clé derrière moi. « Tu as fait quoi ? Pendant que tu y es, tu n'as qu'à dérouler un tapis rouge et accrocher un panneau d'invitation pour que tous les voyous de Chicago viennent me saigner à blanc. Ces 67 dollars seront déduits de ta paie, monsieur. » Cela aurait sans doute été ma réaction si j'avais été agressif et direct. Mais je ne le suis pas et c'est pourquoi je ressentis de la haine, pas envers Dupont ni Uta, mais contre moi-même, pour être si faible et lâche à leur égard. Ils avaient abattu leurs cartes, chacun à sa manière, et j'avais le choix : je pouvais tirer un trait, donner mon avis ou me défendre, être franc ou courageux, ou être quelque chose tout court. Cela n'avait rien à voir avec le fait de changer les gens – inutile, les jours où on a du bol, on arrive à peine à convaincre les gens de changer de chaussettes. Je ne pouvais pas non plus me dire que c'était un comportement strictement induit par mon boulot. Avec ou sans paie, ma colonne vertébrale peut contenir cette équanimité, molle et poisseuse. Contrairement à d'autres gens que j'ai connus, mon silence ne saurait être interprété comme de la sagesse. Seulement, le claquement de mes dents me trahit à chaque fois.

Uta et Briggs se chamaillaient toujours quand je rentrai.

– Dis-moi, David, on a fait un pari, là. Qui a remporté la course cycliste de 57 ?

Je dis à Briggs que je n'en avais pas la moindre idée.

– Je maintiens que c'étaient les Oreos, glapit Uta.

– Les Oreos, n'importe quoi !

Briggs fit les gros yeux et s'accroupit pour ouvrir la nouvelle boîte de polyuréthane.

J'attendis jusqu'à l'heure du départ. Les femmes étaient en train d'enfiler leurs vêtements de travail dans la pièce d'à côté, et je profitai de l'occasion pour remettre en place l'argent d'Uta, plus nerveux qu'un voleur. En ouvrant son sac, je réfléchissais à quel point tout cela était injuste : de toutes les personnes impliquées, c'était moi qui allais devoir payer. Dupont savait que je ne l'arrêterais pas. Pas plus que je ne le dénoncerais. Uta possédait une demi-douzaine de propriétés en location et gardait un épais portefeuille d'obligations sous le coude. Eux tous en avaient dans la tête, ils ne remettaient jamais en question leurs actes ni leurs paroles. Qu'est-ce qui les rendait donc aussi sûrs d'eux, et pourquoi n'étais-je pas comme ça, moi ? Je me dis que contrairement à eux, j'avais une conscience ; le hic c'est que, au moment même où je le pensai, je compris que je me racontais un mensonge. Si au moins un certain sens de la bonté avait motivé mon geste, ça ne m'aurait rien fait. Mais il s'agissait d'une lâcheté molle et flasque qui se donnait toute apparence de vertu.

Uta était en chaussettes. Le porte-monnaie ouvert et, la radio assourdissante, je ne l'entendis pas s'approcher dans mon dos.

– Je peux savoir ce que tu cherches dans mon sac à main ? Alors, tu trouves que je ne te paye pas assez, c'est ça ? demanda-t-elle en joignant les mains en porte-voix. Eh, Briggs, viens voir. Je viens de surprendre notre camarade à fouiller dans mon porte-monnaie.

L'air s'enfuit de la pièce par les fenêtres ouvertes et l'interstice sous la porte, laissant le vide derrière lui.

– Alors dis-moi, mon ami, qu'est-ce que tu cherches, au juste ?

L'esprit joue des tours à la mémoire. On tord un peu le cou au temps quand ça nous arrange. On comprime des événements pour leur donner un tour plus efficace ; on les délaie pour agrémenter une fausse sensation de triomphe. C'était le cas : difficile d'en parler avec exactitude mais selon toute vraisemblance j'ai dû passer près de quinze mille ans cloué sur place, à chercher une réponse à sa question.

En cendres

Lorsque je compris que je serais homosexuel jusqu'à la fin de mes jours, j'obligeai mon frère et mes sœurs à signer un contrat dans lequel ils s'engageaient fermement à ne jamais se marier. J'avais prévu une clause qui leur permettait de vivre avec la personne de leur choix, à condition de ne jamais officialiser leur union.

– Et si on veut des enfants ? avait demandé ma sœur Gretchen en glissant une capsule d'acide sous sa langue. Je peux faire un bébé même si je ne me marie pas ?

J'imaginais le gamin agitant frénétiquement ses quinze mains vers le mobile suspendu au-dessus de son berceau.

– Évidemment, que tu peux quand même avoir des gosses. Allez, prends ton crayon khôl et signe là, sur les pointillés.

En fait, ce que je craignais, c'était qu'en se mariant mes sœurs nous délaissent pour passer dorénavant leurs vacances et leurs loisirs avec leur mari. L'une après l'autre, elles nous abandonneraient jusqu'à ce que je me retrouve seul à Noël avec mes parents, devant la dinde farcie servie dans un plateau télé. Ce ne fut pas très difficile d'obtenir leur signature. Dans ma famille, les filles ne jouaient pas à la maman, mais plutôt à la maison de correction. Il était fort probable qu'elles se dénichent un petit ami un jour – et tant pis si ça arrivait –, mais elles n'allaient pas remuer ciel et terre pour ce faire. Or mon père n'était pas de cet avis. Il tenait le mariage pour la meilleure vocation possible pour ses filles. À l'écouter, il aurait fallu qu'elles s'entraînent pour devenir de bonnes épouses, le mariage devant être considéré comme un but en soi. Si l'une de mes sœurs avait le malheur de se promener en maillot de bain ou de fourrer le nez dans le frigo, mon père la soupesait du regard et s'empressait d'observer :

– Tu as pris quelques kilos, toi, on dirait. Continue comme ça, et tu ne trouveras jamais de mari.

Trouver. Il prononçait ce mot comme si les hommes étaient des champignons exotiques qui poussaient dans la forêt et qui ne pouvaient être découverts que par un œil expert.

– Ne l'écoute pas, ajoutais-je. Je trouve que tu es mieux avec quelques kilos en plus. Tiens, reprends des chips.

Le mariage revêtait une grande importance pour nos voisins, ce qui ajoutait une raison à celles qui nous poussaient à le fuir. « Eh bien, nous avons enfin réussi à marier Kim ». Il y avait toujours tellement de soulagement dans ces propos qu'on aurait cru que la Kim en question était non pas une jeune fille d'une vingtaine d'années, mais le dernier chiot d'une portée non désirée. Notre mère ne pouvait terminer ses courses au supermarché sans tomber sur une voisine, qui en profitait pour lui montrer les photos de son dernier petit-fils, les yeux écarquillés et le menton luisant de bave.

« Ah, ça c'est quelque chose, disait-elle. Un vrai bébé vivant. Alors que moi, tous mes petits-enfants ont servi aux engrais ou je ne sais quoi – qu'est-ce qu'on fabrique déjà, avec des fœtus avortés ? – Comme ça au moins, je les ai sous mes pieds et non dans les pattes : l'idéal, quoi. Tenez, je vous rends votre photo. Surtout, dites à votre fille de continuer à bien travailler comme ça. »

Contrairement à notre père, elle était contente qu'aucun de ses enfants ne se soit reproduit. Elle se fondait sur cet état de fait pour nous resservir régulièrement sa bonne vieille rengaine : « Six enfants et pas un seul de marié. Avec l'argent économisé sur les mariages, je crois pouvoir construire un bordel à mes filles. »

Ma sœur Lisa, après avoir vécu pendant près de 10 ans avec son petit ami, Bob, annula notre contrat le jour où elle accepta de l'épouser. Histoire de pousser le bouchon encore un peu plus loin, ils avaient décidé de se marier non pas en voiture dans une chapelle de Las Vegas mais au sommet d'une montagne, à l'ouest de la Caroline du Nord.

« Parfait, a dit Maman. Je n'ai plus qu'à me payer une paire de chaussures de randonnée bleu marine pour aller avec ma robe, et je serai fin prête. »

La première fois que j'avais vu mon futur beau-frère, c'était chez mes parents. Il avait la tête plongée dans le four. J'étais entré dans la cuisine et, croyant qu'il s'agissait d'une de mes sœurs, j'avais saisi à pleines mains son arrière-train rebondi vêtu de jean et m'étais mis à le pétrir vigoureusement. Il avait paniqué et s'était cogné la tête contre la paroi supérieure du four. « Oh, mon Dieu, m'étais-je excusé. J'ai cru que c'était Lisa. »

C'était la vérité, mais pour une raison qui m'échappe, cela ne l'avait nullement rassuré. À l'époque, Bob était fossoyeur, un choix de carrière qui supposait un réconfortant manque d'ambition. Il n'œuvrait pas sur des tombes neuves, mais sur des vieilles, qu'on délogeait afin de faire de la place pour une nouvelle autoroute ou un nouveau centre commercial.

– Comment tu comptes faire vivre ma fille avec ça? avait demandé Papa.

– Oh, Lou, avait répliqué Maman, personne ne lui demande de faire vivre qui que ce soit. Ils couchent ensemble, c'est tout. Fiche-lui la paix.

Nous aimions bien Bob parce qu'il était différent et qu'il ne s'excusait jamais. « Tu prends une côte de porc vieille d'une journée, tu plantes une fourchette dedans, tu la laisses macérer dans du vinaigre et t'as quelque chose de bon à manger», disait-il en tripotant le bout de sa longue tresse. De par son éducation et ses innombrables allergies, l'appartement de Bob était un testament à l'ordre et à la propreté. Nous pensions que, pour un type capable de nettoyer minutieusement la semelle de ses chaussures de travail, il ferait peut-être un passage rapide dans la vie de notre sœur, sans pour autant jamais aller jusqu'à l'épouser. Lisa n'avait jamais réussi à apprendre à ôter les miettes qui traînaient dans ses draps, encore moins à secouer ses couvertures et, pour tout dire, à faire son lit. J'avais sous-estimé la volonté et la patience de Bob. Ils vivaient ensemble depuis presque 10 ans quand je passai un jour à l'improviste et trouvai ma sœur devant l'évier, une éponge dans une main, une assiette dans l'autre. Elle n'avait toujours pas saisi l'utilité du produit vaisselle, mais elle apprenait. Bob avait fini par se faire couper les cheveux et reprendre des études, abandonnant sa pelle pour une carrière dans l'immobilier. C'était un garçon attachant. C'était juste l'idée du mariage qui me minait. «Le mariage de ma sœur», ça me faisait penser à «ma dernière coloscopie», en termes d'expressions que j'espérais ne jamais avoir à employer.

Trois semaines avant le mariage, ma mère me téléphona chez moi à New York pour m'apprendre qu'elle avait un cancer. Elle était allée chez le médecin en se plaignant de bourdonnements dans une oreille et les analyses subséquentes furent formelles : elle avait une tumeur au poumon. «Ils m'ont dit qu'elle était grosse comme un citron. Pas comme un poing ou un œuf, comme un citron. Je crois qu'ils comparent les tumeurs à des fruits pour ne pas affoler les gens, mais qui a envie d'avoir un citron dans le poumon, de toute façon? Ils espèrent le cueillir avant que ça ne devienne une pêche ou un pamplemousse, mais qui sait? J'ai fait quelque vingt tests et ils n'ont toujours pas trouvé pourquoi j'ai l'oreille qui bourdonne, mais là, j'espère juste que ce n'est pas plus gros qu'un grain de raisin. Le cancer, je me rends compte que c'est de ma faute. Mais ce que je regrette, c'est que ton père soit encore dans les parages à me le rappeler tous les quarts d'heure. »

Ma sœur Amy était chez moi le soir où Maman avait appelé. Nous nous étions disputé le combiné longuement, dans ma petite cuisine, puis nous avions passé le reste de la soirée au lit à nous bercer d'illusions : notre mère allait guérir. Sans grande conviction. J'avais entendu dire que certaines personnes avaient survécu au cancer, mais la plupart d'entre elles disaient s'en être sorties en mangeant des céréales bio et en méditant dans la position du lotus. Ils visualisaient leurs tumeurs en s'efforçant de les raisonner. Notre mère n'était pas du genre à saluer le jour naissant ni à cuisiner avec de l'avoine ou de l'orge. Elle ne raisonnait pas, elle menaçait ; et si cela ne marchait pas, elle éludait la question. Il nous était impossible de nous la représenter en militante d'une association de soutien des malades ou de faire de la marche en survêtement. Soixante-deux ans, et jamais aucun d'entre nous ne l'avait vue porter de pantalon. Je ne sais pas pourquoi, mais il me semblait qu'on était plus à même de combattre le cancer en portant un pantalon. Et avoir un but me paraissait tout aussi important. Il fallait accepter l'idée d'un avenir nouveau et différent, sans cendriers pleins à ras bord ni vin ou scotch par bidons de vingt litres. Il fallait croire qu'une vie comme ça valait la peine d'être vécue. Je ne savais pas si je serais moi-même capable d'assumer un futur aussi ingrat, mais j'espérais qu'elle le pourrait. Mon frère, mes sœurs et moi lançâmes une campagne de soutien moral où nous suggérions toutes sortes de passe-temps palpitants qu'elle pourrait pratiquer quand elle serait de nouveau sur pied.

– Ce sera super, dis-je. Tu pourrais – je ne sais pas moi – apprendre à piloter un petit avion ou t'occuper d'enfants défavorisés. Pour une personne d'un certain âge, il y a plein de choses à faire, à part boire et fumer.

– S'il te plaît, ne me prends pas pour une droguée et arrête de me dire qu'il y a plein de choses à faire. Je viens d'avoir ton frère au téléphone, il pense que je devrais ouvrir un zoo d'animaux domestiques. Si c'est la marijuana qui vous fait cet effet-là, alors je ferais bien d'en fumer aussi, mais ça risque d'être un peu difficile étant donné que la dernière fois que j'ai vu mon poumon droit, il baignait au fond d'un bocal.

En réalité, ses poumons étaient toujours à la même place. Le cancer était trop avancé et elle était trop faible pour subir une opération. Le médecin avait décidé de la renvoyer chez elle, le temps d'établir un programme. Cela nous redonna espoir : un programme ! « Le docteur a un programme ! » chantais-je victorieusement, à l'unisson avec mes sœurs.

« C'est ça, répondit Maman. Samedi il va au golf, dimanche il fait de la voile, et lundi il me demande comment vont mes yeux, mes reins et ce qui reste de mon foie. Le voilà, son programme. »

Qu'elle eût décidé de résilier son abonnement à *People* nous parut de mauvais augure, d'autant qu'elle s'était mise à acheter les cigarettes par cartouches plutôt que par paquets. Elle avait sorti son coffre à bijoux et avait demandé à mes sœurs ce qu'elles préféraient, entre les perles ou les pierres. « Pour l'instant, les rubis sont fixés sur une broche en forme de sucre d'orge, mais vous gagneriez sans doute à faire enlever les pierres pour les vendre séparément. » À sa manière, elle avait déjà commencé à faire l'inventaire, abandonnant le programme avant même de savoir en quoi il consistait. Mais nous ? avais-je envie de demander. Ce n'est pas une raison suffisante pour continuer à vivre, ça ? Je pensais aux tourments sans fin que nous lui avions causés au fil des années mais je trouvai seul la réponse. Elle comptait mourir avant que l'un d'entre nous n'atterrisse en prison.

« Qu'est-ce qu'Amy a prévu de mettre pour notre petite pub de Pepsi ? demanda Maman, en allusion à la cérémonie au sommet de la montagne. Ne me dites pas qu'elle va mettre cette robe de mariée ? »

Lisa avait décidé de porter un simple tailleur couleur crème pour son mariage, le genre d'ensemble qu'on étrenne le jour de l'évaluation des employés au bureau. Convaincue qu'il fallait au moins avoir le physique de l'emploi, Amy avait l'intention de venir à la cérémonie vêtue d'une longue robe de mariée avec un voile et une traîne. Finalement, son choix s'arrêta sur une chose que Maman détestait encore plus : une robe de cocktail rose, pourvue de manches en peau de mouton amovibles. Cela ne lui ressemblait pas de s'occuper des vêtements des autres, mais elle se servait de ce sujet de conversation pour détourner notre attention de ce que nous appelions désormais sa « situation ». S'il n'avait tenu que d'elle, nous n'aurions jamais su qu'elle avait un cancer. C'est Papa qui avait voulu qu'elle nous l'avoue. Elle avait combattu cette idée jusqu'à ce qu'il la menace de nous l'apprendre lui-même. Maman craignait que, une fois au courant, nous la traitions différemment, avec délicatesse. Que nous nous sentions obligés de lui faire des compliments sur sa cuisine, de rire de toutes ses blagues, sans jamais perdre de vue la tumeur qu'elle s'efforçait tellement d'oublier. Et c'est exactement ce que nous faisions. La conscience de sa maladie braquait les projecteurs sur chaque instant de sa vie pour le rendre inoubliable. Nous n'appelions plus notre mère. Désormais, nous décrochions le téléphone pour appeler une mère qui avait un cancer. Mauvaise journée au travail ? Tout ce que nous avions besoin de dire, c'était : « Je suis désolé d'avoir oublié de passer l'aspirateur sous les coussins de votre canapé Empire. Il est si cher et si beau, Madame Walman. Je sais à quel point vous y tenez. Il faudrait que je pense à des choses plus importantes que le cancer inopérable de ma mère. »

Nous n'étions pas malades, nous, mais la tentation était forte. Nous pouvions attirer la compassion sans endurer les symptômes. Et Dieu seul sait si nous en méritions, de la compassion.

Quand nous parlions à Maman, nous étions conscients que chaque conversation était peut-être la dernière et, à cause de cela, nous voulions dire quelque chose d'important. Mais que pouvions-nous dire qui n'avait pas encore été écrit sur des millions de cartes de bon rétablissement ?

– Je t'aime, lui ai-je dit une nuit à la fin d'une conversation téléphonique.

– Et moi je vais faire comme si je n'avais pas entendu, m'a-t-elle répondu.

J'ai entendu craquer une allumette en arrière-fond et cliqueter des glaçons pendant qu'elle levait son verre. Puis elle a raccroché. Je n'avais jamais dit cela à ma mère, et si c'était à recommencer, je ne le lui dirais sans doute pas. Personne ne parlait de cette façon chez nous, à part Lisa. C'était bizarre de dire ce genre de choses à quelqu'un, à moins qu'on ait besoin de lui soutirer de l'argent ou envie de coucher avec lui ; c'est ce que Maman nous avait appris alors que nous n'étions pas plus hauts que des tonnelets de bière. Je connaissais des gens qui disaient « je t'aime » à leurs parents mais j'avais l'impression que ça se traduisait toujours par « j'aimerais bien que tu raccroches. »

Le mariage eut lieu par un bel après-midi lumineux d'octobre. La cérémonie fut célébrée sur un à-pic herbeux qui offrait une vue magnifique sur les sommets environnants couverts d'arbres resplendissants en habits rouges et oranges. Nous étions tentés de croire, devant l'horizon, que nous étions les derniers survivants de la terre. Les autres avaient dû être décimés par la maladie et la famine, et nous avions été choisis pour bâtir un monde nouveau et meilleur. L'idée était plaisante, jusqu'au moment où j'imaginai les fourrés où nous nous battions pour trouver des fruits et nos baignades dans des torrents glacés. La famille de Bob, robuste et vigoureuse, s'en serait accommoder sans doute fort bien, mais nous autres dépéririons et mourrions peu de temps après avoir épuisé notre stock de shampooing.

Mon père pleura ouvertement pendant la cérémonie. Nous regardions son visage décomposé et luttions pour ne pas en faire autant. Pourquoi cette émotion ? Ma sœur, après tout, épousait un homme gentil et sérieux, avec qui elle avait traversé des épreuves difficiles. Un profond attachement dans la nourriture mexicaine les unissait et tous deux faisaient partie de l'« Association américaine de protection des oiseaux en cage ». L'affaire des tacos et des perroquets pouvait rester strictement entre eux. En revanche, tout ce qui concernait Lisa nous concernait aussi. En demi-cercle au sommet de cette montagne, il nous apparut clairement que, même si Lisa changeait de nom, elle n'échapperait jamais au magnétisme de notre famille. Le mariage ne la libérerait pas de ses liens quand bien même elle essaierait de s'en dégager. Qu'elle parte vivre dans l'Antarctique, qu'elle élise domicile dans un bunker sous-terrain, nous ne perdrions pas sa trace. C'était inutile de fuir. Qu'elle ignore nos lettres et nos coups de téléphone, nous envahirions ses rêves. J'avais passé tellement d'années à me dire que le mariage était l'ennemi public numéro un que, le vrai danger surgissant dans notre vie, il m'avait pris complètement au dépourvu. La cérémonie nous inspirait une sensation de manque non pas à l'égard de Lisa, mais de notre mère.

« Pas d'alcool ? » maugréait-elle en avançant à pas incertains vers la table du buffet froid, qui tremblait de toutes ses pattes télescopiques sous le poids des eaux pétillantes, des friands aux saucisses et du café décaféiné.

– Pas d'alcool, avait annoncé Lisa une semaine avant le grand jour. Bob et moi avons décidé que nous ne voulions pas de ce genre de mariage.

– Quel genre ? avait demandé Maman. Le genre joyeux ? Ça vous fera peut-être plaisir à toi et à Bob, mais les autres risquent d'avoir besoin d'un sérieux coup de pouce pour s'amuser.

Elle n'avait guère changé depuis notre dernière rencontre. Elle venait de commencer la chimiothérapie, et elle avait perdu tout au plus trois kilos. Pour ceux qui ne la voyaient qu'épisodiquement, rien n'avait changé. Mais nous, nous en rendions compte parce que nous savions, comme tout le monde au sommet de cette montagne, qu'elle avait un cancer. Elle allait mourir. Il y avait peu d'invités, hormis les deux familles avec les rares amis de Lisa que nous n'avions jamais vus mais que nous pûmes identifier facilement car c'étaient les seuls qui ne se plaignirent pas une seule fois de l'absence d'alcool.

« Je veux juste que vous sachiez que Colleen et moi, nous aimons beaucoup votre sœur Lisa, a déclaré une femme, les yeux embués de larmes. Je sais que nous n'avons jamais été présentés officiellement, mais je peux quand même vous embrasser ? »

À l'exception de Lisa, nous n'étions pas très affectueux dans la famille. En termes de charge émotionnelle, nous pensions qu'aucun contact physique ne pourrait guérir mieux qu'un bon cocktail.

« Eh, attendez ! Que je vous embrasse aussi, tout de même ! » fit à son tour Colleen en retroussant ses manches. Je jetai un coup d'œil par-dessus l'épaule de mon agresseuse et aperçus une jupe en velours côtelé jusqu'aux chevilles serrer Maman contre elle d'un geste affectueux.

– J'ai entendu parler de ce qui vous arrive et je sais que vous avez peur, dit la femme en regardant les cheveux gris clairsemés de Maman. Vous avez peur parce que vous croyez que vous êtes seule.

– J'ai peur, siffla Maman, parce que je ne suis pas seule et parce que vous êtes en train de m'écrabouiller ce qui me reste de poumons.

La chose la plus effrayante chez ces gens-là, c'est qu'ils étaient sobres. On pouvait excuser ce genre de comportement chez quelqu'un qui avait un peu abusé de la bouteille, mais la plupart d'entre eux n'avaient pas bu une goutte d'alcool depuis la présidence de Jimmy Carter. Je pris ma mère par la main et la conduisis à l'écart. L'air raréfié de la montagne lui rendait la respiration difficile et elle avançait lentement en observant souvent des temps d'arrêt. Les familles étaient parties se promener du côté du vallon et nous nous installâmes à l'ombre pour manger des friands aux saucisses en nous parlant comme deux étrangers bien élevés.

– C'est bon, ça, dit-elle. Elles sont bonnes, ces saucisses, et elles ne sont pas trop grasses.

– Pas grasses du tout. Et pourtant ce n'est pas trop sec.

– Les friands non plus, enchaîna-t-elle. Ils sont légers et croustillants, et ils sentent bien le beurre.

– Tout à fait. Ils sentent vraiment bien le beurre. Ils sont feuilletés, mais pas trop.

– Pas trop feuilletés, non.

Nous regardions le chemin, attendant d'un air pataud que quelqu'un vienne nous libérer de la torture de cette conversation coincée et vide de sens. J'avais toujours eu peur des gens malades, et Maman aussi. Non pas que nous craignions d'attraper leur rupture d'anévrisme ou de leur arracher leur perfusion par mégarde. Je crois que c'est leur courage qui nous effrayait. Les malades nous rappelaient non pas ce que nous avions, mais ce qui nous faisait défaut. Tout ce qu'on disait paraissait anodin, insignifiant; nos plaintes avaient l'air insipides à côté des leurs, mais si nous ne nous plaignions pas, nous n'avions rien à dire. Avec Maman, nous discutions bien au téléphone, mais là, face à face, les règles du jeu avaient changé. Si elle se plaignait, elle risquait de passer pour un malade qui s'écoute, ceux de la pire espèce. Si c'était moi qui me plaignais, j'aurais eu l'air encore plus égoïste que je ne l'étais déjà. Cette soudaine tournure des événements nous avait volé notre langage commun et nous contraignait à échanger les banalités inoffensives dont nous nous étions toujours moqués. Je voulais mettre un terme à tout cela et elle aussi, je pense, mais ni l'un ni l'autre ne savions comment nous y prendre.

Une fois que tous les cadeaux furent déballés, nous retournâmes à l'Econolodge, une chaîne d'hôtels bon marché, où mon père avait choisi de réserver des chambres. Accoudés à la fenêtre, les yeux plissés, nous louchions sur le charmant petit hôtel blotti au bas d'une plus belle montagne, de l'autre côté de l'autoroute. La dernière fois que notre famille se retrouvait réunie. C'est tellement bizarre quand on sait qu'on fait quelque chose pour la dernière fois : la dernière fois qu'on prend un bain, la dernière fois qu'on fait l'amour ou qu'on se coupe les ongles des orteils. Si on sait qu'on ne le fera plus jamais, c'est peut-être une bonne idée d'en faire une fête. Pour ma famille, c'était la fin, et j'étais furieux de voir que notre dernière réunion devait avoir lieu dans ce semblant d'hôtel. Mon père avait pris la liberté de réserver des chambres non fumeur, et nous avons dû partir à la chasse de distributeurs automatiques de boissons pour utiliser les bouteilles vides comme cendriers.

– Mais qu'est-ce que vous voulez de plus? s'écria-t-il en sortant dans le patio en caleçon. C'est propre, il y a des distributeurs automatiques dans l'entrée, les télés marchent, et c'est à côté de l'autoroute. Qu'est-ce qu'on en a à foutre, si vous n'aimez pas la couleur du papier? Vous savez ce que c'est, votre problème, hein?

– On est trop gâtés, répondîmes-nous en chœur.

En tout cas, nous n'étions pas pingres, nous. Nous aurions volontiers mis la main à la poche pour avoir quelque chose de mieux. Personne n'exigeait un garçon d'étage ou une piscine chauffée, mais on avait droit à des choses qui aient un peu de caractère : un motel décoré sur le thème des Peaux-Rouges, ou un de ces nombreux pavillons isolés avec un panneau qui indiquait comment le touriste devait réagir si un ours venait interrompre son pique-nique. Voyager avec Papa, c'était dormir dans des chaînes d'hôtels nationales et manger dans des fast-food. «Quoi? demandait-il. Vous êtes en train de me dire que vous préféreriez aller au restaurant et manger quelque chose que vous n'avez jamais goûté?»

Eh bien oui, c'était exactement ce que nous aurions voulu. Il y avait des gens qui faisaient tout le temps cela, et ils avaient survécu.

« Foutaises ! s'écria-t-il. Vous savez bien que ce n'est pas ça que vous voulez. » Quand nous n'étions pas d'accord, sa tactique consistait toujours à nier la validité de notre requête. Si nous avions envie de manger des pancakes, il ne nous disait pas que nous n'en aurions pas mais que ce n'était pas de ça que nous avions envie au départ. Quand on disait :« Je sais bien ce que je veux », cela allait toujours de pair, à ses yeux, avec : « Mais non tu sais pas. »

Maman n'avait jamais partagé son enthousiasme pour la culture d'entreprise et, par conséquent, ils faisaient vacances à part depuis très longtemps. Elle partait généralement avec sa sœur, et elle revenait de Santa Fe ou de Martha's Vineyard toute bronzée, tandis que Papa passait son temps à aller à la pêche ou à jouer au golf avec des amis que nous n'avions jamais vus.

La veille du mariage, nous étions allés dans un charmant petit restaurant en compagnie des parents de Bob. La salle nous avait donné l'impression d'être comme chez des amis. Au mur il y avait des photos des membres de la famille disparus et, sur la tablette de la cheminée, des trophées antiques et tout un cortège d'appeaux taillés à la main. Le soir du mariage, Lisa et Bob partirent en voyage de noces, nous abandonnant à notre sort. Mes sœurs, gavées de saucisses, préféraient rester dans leur chambre, pendant que nous nous rendions dans un restaurant, mes parents et mon frère – d'une chaîne nationale de restauration, évidemment – situé sur un tronçon d'autoroute bien éclairé juste à la sortie de la ville. Sur le chemin, nous étions passés devant des dizaines de restaurants plus alléchants, des grills avec une cheminée, des auberges où des pancartes discrètes annonçaient : « CUISINE MAISON » et « INCOMPARABLE ! »

– Tiens, ça a l'air pas mal, là ! s'écriait mon frère. Je n'ai jamais mangé d'écureuil. Eh, j'aimerais bien essayer cet endroit.

– Ha ! Tu ne diras pas ça à 3 heures du matin quand tu seras plié en deux à chier tout ce que t'as dans l'estomac.

Nous ne pouvions aller dans aucun de ces endroits curieux parce que le buffet froid n'était peut-être pas pourvu d'un système anti-postillons. Les toilettes n'étaient peut-être pas propres. Le personnel ne s'était peut-être pas désinfecté correctement les mains. Il ne fallait pas jouer avec ces choses-là. Maman était toujours partante pour les nouvelles expériences. Si on avait trouvé un restaurant esquimau, elle aurait été ravie de rentrer dans l'igloo à quatre pattes pour manger de l'otarie crue avec les mains, mais c'est Papa qui conduisait, ce qui voulait dire qu'il décidait. Une fois arrivé au restaurant de son choix, il baissa ses lunettes pour examiner le menu à l'entrée.

– Vous pouvez me dire en quoi consiste l'assiette Pick O' Poulet désossé ? demanda-t-il à la fille au comptoir, une adolescente Cherokee vêtue d'une robe synthétique orange foncé.

– Eh bien, monsieur, il n'y a pas grand-chose à dire, à part qu'il n'y a pas d'os et que c'est servi avec des frites et une bouteille de soda.

Mon père haussa la voix, comme si la peau mate de la fille l'empêchait de bien entendre :

– Mais le poulet, il est préparé comment ?

– Je le mets sur un plateau, répondit-elle.

– Ah, je vois. Ça explique tout. Dis donc, t'es une flèche, toi, hein ? T'as un Q.I. exceptionnel, on dirait. Alors comme ça tu le mets sur un plateau, le poulet ? Mais s'il n'est pas en état de se mettre dessus tout seul, c'est qu'il a été sans doute tué d'une manière ou d'une autre, non ? Eh ben, nous voilà bien avancés.

La conversation continua ainsi jusqu'à ce que la fille fonde en larmes et que nous retournions le ventre vide à la voiture. « Mince, vous avez entendu ça ? insistait Papa. Elle aurait été capable de nous expliquer comment capturer un opossum alors que le poulet, elle dit qu'elle le "met sur un plateau". »

En d'autres circonstances, Maman aurait défendu la serveuse bec et ongles, mais ce soir-là elle était tout bonnement épuisée. Elle voulait aller dans un endroit où on servait à boire. « Allons au restaurant italien. »

J'approuvai de concert avec mon frère et nous nous retrouvâmes bientôt assis dans un restaurant faiblement éclairé. Papa leva les yeux vers la serveuse et cria :

– Saignant, vous voyez ce ça veut dire ? Ça veut dire que je veux mon steak de la couleur de vos gencives.

– Oh, Lou, arrête un peu.

Maman remplit son verre de vin et alluma une cigarette.

– Mais qu'est-ce que tu fais ? demanda-t-il tout en s'empressant de répondre lui-même à la question. Tu es en train de te tuer, voilà ce que tu fais.

– Là-dessus, tu as entièrement raison, chéri, rétorqua-t-elle en levant son verre.

– J'y crois pas. Tu pourrais aussi te tirer une balle dans la tête pendant que tu y es. Non, non, pas ça, je retire : tu ne peux pas te brûler la cervelle parce que t'en as pas.

– Tu aurais dû t'en douter quand j'ai accepté de t'épouser.

– Sharon, tu comprends vraiment rien, dit-il en hochant la tête d'un air dégoûté. À chaque fois que tu ouvres la bouche c'est pour sortir des saloperies.

Il y avait belle lurette que Maman ne l'écoutait plus, mais ce jour-là c'était presque réconfortant de voir que Papa restait aussi chiant que d'habitude. Elle avait trouvé son bonheur en lui : c'était une personne dont le comportement jamais ne changerait. Il avait comme pour mission de lui rendre la vie impossible, quels que soient les malheurs ou les maladies susceptibles de le détourner de cette tâche. Il semblait donc que mon dernier repas avec mes parents ne serait pas différent du premier. Si nous avions été à la maison, Maman lui aurait servi à manger à 7 heures puis nous aurions attendu jusqu'à 10 ou 11 heures pour nous faire griller des steaks. Nous aurions vidé quelques verres entre-temps, et si par hasard la viande était trop cuite, elle l'aurait balancée au chien et aurait tout recommencé. Avant de déménager à New York, j'avais passé deux mois à Raleigh pour repeindre un des appartements de location de Papa près de l'université et, pendant cette période, nos soirées se déroulaient invariablement de la même façon. Parfois, nous mangions devant la télévision, parfois nous nous installions à table. J'essaie de me souvenir de ces moments-là dans l'espoir de trouver une consolation en me rappelant les détails, mais ils se sont envolés. Même mon journal ne me dit rien : « Mangé steaks avec Maman. » Mais quel steak ? Du filet ? De la bavette ? De quoi avions-nous parlé et pourquoi n'avais-je pas prêté attention ?

Une fois rentrés à l'Econolodge, mes parents se retirèrent dans leur chambre, et nous nous rendîmes jusqu'à un cimetière avoisinant, un site jadis idéal qui offrait désormais une vue imprenable sur le nouveau Pizza Hut. Au fil des années, notre mère nous avait fait part à maintes reprises de son désir de se faire incinérer. Si nous passions à côté d'un feu de bois ou que nous observions les colonnes de fumée sortir de la cheminée du voisin, elle écrasait sa cigarette et disait :

– C'est ça que je veux. Faites ce que vous voulez avec les cendres, mettez-les dans les cendriers d'un bel hôtel, offrez-les à un sale gosse pour Noël, donnez-les aux catholiques pour se frotter le front avec, mais débrouillez-vous pour me faire incinérer.

– Oh, Sharon, gémissait Papa. Tu ne sais pas ce que tu veux.

Il disait cela comme s'il s'était lui-même fait incinérer plusieurs fois par le passé mais qu'il avait finalement acquis la sagesse d'accepter l'enterrement comme seule et unique option.

Nous étendîmes les couvre-lits de l'Econolodge sur l'herbe humide du cimetière pour fumer quelques joints en nous efforçant d'imaginer la vie sans notre mère. S'il y avait un paradis, nous ne devions guère espérer l'y retrouver. Mais elle ne méritait pas non plus d'aller griller dans les flammes de l'enfer, condamnée à passer l'éternité entourée des connards qui fabriquent les centres commerciaux et les restaurants à thème. Il doit bien y avoir un juste milieu, un endroit où l'on se fait peut-être torturer tous les jours mais où l'on a tout de même droit à quelques petits moments de plaisir. Raleigh semblait exactement correspondre à cette définition, alors pourquoi tout ce cinéma ? Pourquoi ne pouvait-elle pas rester là où elle était et ne pas avoir de cancer ? Notre solution, c'était toujours de revenir en arrière. Nous en discutions comme les autres parlaient de greffe de moelle épinière et de rayons X. Une machine à remonter le temps, voilà qui résoudrait tout. J'imaginais un tableau couvert de lumières clignotantes, avec un écran de contrôle qui commençait par des représentations d'énormes dinosaures pour finir par le mariage de Lisa. Nous pouvions revenir en arrière et voir notre mère petite fille, s'en faire une amie, avant que l'alcoolisme de son père ne la rende prudente et méfiante. La voir travailler au rayon papeterie du supermarché et lui dire de ne pas quitter l'école car son manque d'éducation la rendrait vulnérable et lui ferait abuser des expressions : « Je n'en sais rien du tout » et « Je suis une imbécile, mais... » Nous pouvions nous voir bébés, Maman plantée en rase campagne sans permis de conduire en se demandant qui elle pourrait bien appeler si l'un d'entre nous avalait une deuxième boîte d'épingles à nourrice. Nous étions aux commandes, et elle serait à notre merci, comme elle l'avait toujours été, seulement cette fois nous ferions attention à prendre soin d'elle. Depuis que nous étions arrivés au motel, nous avions fait la navette d'une chambre à l'autre pour tenir des réunions secrètes et échanger des bribes d'informations intimes. Nous espérions qu'en nous préparant au pire, nous serions peut-être capables d'endurer l'inévitable avec davantage de courage, ou de grâce.

Tout ce que nous avions pu imaginer n'était rien à côté de ce qui nous attendait. On ne peut pas se prémunir contre la famine si on n'a jamais connu la faim ; ce n'est même pas la peine d'essayer. Tout ce qu'on peut faire, c'est se goinfrer pendant qu'il en est encore temps, s'en mettre plein la panse, manger avec les mains et lécher les assiettes en se rappelant chaque plat dans le moindre détail. Notre mère était dans sa chambre, bien vivante, certainement devant un feuilleton de détective à la télé. C'était peut-être sa lumière qu'on voyait par la fenêtre, ou sa silhouette qui sortait dans le patio pour allumer une cigarette. Nous nous disions qu'elle avait certainement envie d'être seule, c'est dire à quel point nous étions défoncés. Nous y repenserions plus tard, chacun à notre façon. Pour ma part, j'ai tendance à me dire qu'il fallait être stupide pour arpenter un cimetière pendant que Maman, seule et angoissée, observait le bout de sa cigarette en s'imaginant déjà en cendres.

Nu

C'est déconcertant de parler avec quelqu'un au téléphone quand on sait qu'il est nu. De temps en temps, il m'arrive d'appeler un ami qui me dit : « Ah, il était moins une, j'allais prendre ma douche », mais ce n'est pas la même chose. L'homme du centre de naturisme avait l'air de vivre tout nu depuis des années. Même sa voix était bronzée.

– Bon, est-ce que vous êtes déjà venu chez nous ? Non ? Eh bien, vous verrez, vous allez vous régaler. Nous avons une piscine chauffée, un sauna, un jacuzzi et un étang avec des poissons pour ceux qui aiment la pêche.

J'essayai de m'imaginer à quoi pouvait ressembler un cul après avoir passé plusieurs heures assis sur une bûche retournée mais l'image était tellement forte que je dus la chasser de ma tête.

« Nous vous ferons visiter les lieux dès votre arrivée, mais en attendant, je vais vous envoyer une brochure. Pouvez-vous... me laisser... vos coordonnées pour... »

Mais qu'est-ce qu'il peut bien faire de son stylo ? me demandai-je. Contrairement à moi, il ne devait jamais porter instinctivement la main à la poche de sa chemise. Les clés, les briquets, les cigarettes, la monnaie... bref, tout ce qu'une personne raisonnable peut transporter sur elle, ça devait être entassé quelque part dans un coin car il mit un certain temps à retrouver de quoi écrire. Il nota mon nom et mon adresse.

– Au revoir, monsieur, à très bientôt, dit-il.

– C'est ça, oui, à bientôt.

Pédé, va. Je voulais juste une brochure pour l'envoyer à mon frère, Paul, histoire de le taquiner : un jour, il travaillait à poncer le parquet dans une résidence quand il avait été découvert tout nu par les propriétaires médusés, suite à la malencontreuse chute d'un pot de polyuréthane sur ses vêtements. Depuis qu'il m'avait raconté cet incident, je n'avais de cesse de lui proposer d'autres activités qu'il pourrait pratiquer nu.

– Mais je me tue à te dire que c'était un accident, bordel de merde. (Il crie tellement fort que je dois éloigner le combiné de mon oreille). J'avais des vêtements propres à la cuisine, abruti, je voulais juste aller les récupérer quand...

– Ou le bateau, ça te plairait sûrement de faire du bateau à poil, poursuivais-je en faisant mine de l'ignorer. Il y a plein de choses qu'une personne comme toi peut faire sans s'encombrer de vêtements, tu sais. Il ne faut pas avoir honte de tes envies. « Si ça te fait du bien, fais-le ! » Ce n'est pas ce que vous dites, les jeunes ?

J'ai continué jusqu'à ce qu'il me raccroche au nez en me menaçant de venir chez moi me botter le cul. Et cette brochure, c'était exactement ce qu'il fallait pour finir de l'énerver. Je me dis après coup que j'aurais dû la faire envoyer directement chez lui, en Caroline du Nord. Cela aurait été plus efficace, mais je n'ai pas eu envie de rappeler le centre de naturisme. Ils me prendraient pour un cinglé.

Cet après-midi, j'ai reçu la brochure : « Accepter son corps, voilà notre but. Le naturisme est le moyen idéal pour atteindre cet objectif. Vous n'avez besoin que de serviettes et de crème solaire pour venez vous détendre chez nous.

Vous éprouverez une liberté de mouvement que vous ne pouvez ressentir avec des vêtements : la liberté d'être vous-même. »

Il y avait la photo d'une piscine, du bassin de pêche, d'une véranda et de l'inévitable terrain de volley, et là je m'interrogeai : Quel rapport y avait-il entre ces gens-là et le volley-ball ? Les deux allaient de pair, évidemment. Moi, quand je pensais « naturiste », je ne pensais pas « pénis » mais « filet », ça allait de soi.

Ils m'avaient également envoyé un calendrier des activités. Fin avril, le bar ouvrait de nouveau ses portes. En mai, ils organisaient un rallye en voiturettes de golf, plusieurs feux de camp à thème, une soirée *chili con carne*, et quelque chose qu'ils appelaient « Ballade à cheval Far West. »

Certes, on pouvait tester du fard à paupières sur des lapins, attacher des électrodes sur la tête de macaques et les torturer avec des électrochocs jusqu'à ce qu'ils tombent dans les pommes, mais mettre un nudiste sur un cheval le lendemain d'une soirée *chili con carne*, c'est véritablement inhumain. Le calendrier ne manquait pas d'événements surprenants tels que la soirée bowling en tenue d'Adam, Ragoût du Clochard ou Nu'oween. Le restaurant ouvrait la première semaine de juin. Un restaurant naturiste. Apparemment, ils avaient tout prévu. Dans la liste « À apporter » ne figuraient que des serviettes de toilette, de l'huile solaire, et un sourire.

Hier soir, j'étais d'une humeur massacrante. J'ai provoqué une dispute avec Hugh et je l'ai harcelé au point qu'il a quitté la chambre en hurlant « T'es qu'un gros cochon poilu ! »

Gros, je pouvais faire avec, quoique l'adjectif restât sujet à interprétation. Combiné avec cochon, ça commençait à parler à l'esprit mais ça devenait douloureusement visuel quand on y ajoutait le mot poilu. Un gros cochon poilu. Je me suis dit, bon, les cochons fournissent le bacon et le cuir des bracelets de montres, ce qui n'est pas négligeable. S'ils étaient capables d'appuyer sur des boutons et d'actionner des leviers avec leurs pieds, on les aurait envoyés dans l'espace bien avant les singes. Finalement, ce n'était peut-être pas si mal. J'ai essuyé une goutte de morve qui pendait au bout de mon groin, et je suis resté allongé à pleurer sur mon sort. Si j'avais été naturiste, les paroles de Hugh ne m'auraient pas blessé puisque je me serais accepté tel que j'étais. Il y avait d'autres options, bien entendu. Je pourrais faire une descente à la salle de sport du quartier pour me tonifier un peu. C'était sympathique, comme expression, salle de sport, mais malheureusement aussi archaïque. Envolés, les ballons et les cordes à nœuds de mon enfance. Maintenant, il n'y avait plus que des centres de remise en forme où des machos trempés de sueur gonflaient à vue d'œil sous l'effet des altères et du step. Moulés dans leurs tenues comme des saucisses dans leur emballage, ces gens-là m'intimidaient avec leur jeunesse et leur discipline. C'étaient eux les principaux responsables des produits *light*, qu'ils poussaient même le vice jusqu'à orthographier *lite* en Amérique, histoire d'alléger le mot aussi. Tout était *light* maintenant, même la mayonnaise et les chips, et c'était toujours écrit en couleur vive pour que les yeux du client ne grossissent pas en lisant l'étiquette. D'emblée, je proscrivis le régime et l'exercice. Le naturisme, pourquoi pas, mais je ne marchais jamais pieds nus chez moi, alors à poil encore moins. Ça faisait des années que je n'avais pas retiré mon tee-shirt quand j'allais à la plage, ni ôté ma ceinture en présence d'inconnus. Si j'avais envie de voir des gens se balader tous nus, je n'étais pour autant pas certain d'être moi-même prêt à le faire. Peut-être que l'angoisse me ferait perdre quelques kilos, comme ça je ferais d'une pierre deux coups. Moins j'aurais de choses à accepter de moi-même, plus ce serait facile. Je sentis que j'en perdais déjà l'appétit.

Cet après-midi, après une dizaine de faux départs, j'ai fini par téléphoner au centre de naturisme pour réserver une place. Je suis tombé sur le même homme que l'autre jour. Cette fois, j'ai entendu des cris joyeux et des éclaboussements en arrière-fond. Leur présence m'a donné le vertige, et j'ai déboutonné mon pantalon. Il était mentionné dans la brochure qu'il y avait également des logements à louer, et je me demandais combien ça coûtait pour une semaine.

« Vous voulez une caravane pour combien de temps ? » m'a-t-il demandé.

J'ai reboutonné mon pantalon. J'avais imaginé des bungalows en pin à l'ombre des arbres. Pour moi, c'était ça, l'essence du centre de naturisme.

Au lieu de cela, cet endroit n'était qu'un vulgaire camping de nudistes.

« Nous ne parlons plus de centre de naturisme parce que ça a tendance à effrayer les gens. Non, en fait, nous sommes un camping et nous louons des caravanes. Les plus petites sont à trente dollars la nuit, mais si vous en voulez une plus grande avec cuisine et salle de bains, la seule possibilité c'est le double mobile home, et ça vous coûtera seulement 70 dollars de plus par semaine. »

Il m'avait semé en cours de route. Comment était-ce possible que l'expression centre de naturisme effraye les gens, et pas le mot caravane ou camping ?

« Vous pouvez avoir la chambre de devant du double mobile home, elle n'est pas encore réservée. »

Qui dit chambre de devant, dit chambre de derrière et cette dernière, m'a-t-on dit, serait louée à quelqu'un d'autre.

« Il se peut que vous ayez un colocataire, ou même un couple. Ils resteront peut-être une nuit ou deux, peut-être toute la semaine. Mais ne vous inquiétez pas, dans tous les cas vous ne vous sentirez pas seul. »

Je me débattais encore avec l'idée du mobile home, et quand il m'a parlé de l'éventualité d'un colocataire, ma vue s'est troublée. Un colocataire dans un camping naturiste ! La combinaison de ces éléments offrait un tableau renversant, qui m'a semblé encore un peu plus incompréhensible quand j'ai entendu l'homme se caler le combiné sous le menton et crier « Maman ! Eh, Maman, elle est où, la liste des prix du double mobile home ? »

Non seulement cet homme passait son temps à poil au grand jour mais en plus il le faisait sous les yeux de sa mère. J'ai entendu une porte claquer puis une femme crier d'un ton las « Ferme-la donc un peu, grande gueule ! Tu cherches la liste des prix ? T'es sûrement assis dessus, comme l'autre jour. Tiens, qu'est-ce que je disais ? Pouah, y'a quelqu'un qui a besoin d'une bonne douche, là-dedans ! »

J'ai réservé le mobile home pour la semaine prochaine.

J'ai rappelé le camping naturiste dans l'après-midi et c'est une femme qui m'a répondu. Je voulais savoir s'ils fournissaient les draps et les oreillers. « Oui, mais pas les serviettes, a-t-elle précisé. Vous devez apporter des serviettes parce qu'on ne s'en occupe pas. La literie, oui, les serviettes, non. »

Quand je lui ai demandé si la cuisine du mobile home était équipée, elle m'a dit : « À peu près. »

J'allais passer une semaine là-bas. J'aurais bien aimé qu'elle développe un peu.

– Eh bien, il y a à peu près certaines choses.

– Est-ce qu'il y a à peu près une gazinière et un frigo ?

– Oui, bien sûr, a-t-elle répondu.

J'avais l'impression qu'elle faisait autre chose en même temps ; elle parlait d'une voix traînante, comme si elle n'avait pas envie de parler mais qu'elle n'avait pas envie de raccrocher non plus.

« Il y a un évier, il y a certainement des poêles et tout ça, mais certainement pas de serviettes de toilette, vous devez en apporter parce qu'on ne peut pas courir tout le temps comme ça. On n'a pas le temps de s'occuper de ce genre de chose. »

Je lui ai dit que je comprenais parfaitement.

« Il y a plein de gens qui s'imaginent qu'on a une pile de serviettes bien moelleuses rien que pour eux à côté de la piscine, mais on ne fait pas ça. Pas ici, non. Plus maintenant. Les serviettes, c'est personnel, et vous devez en apporter. »

J'avais vraiment bien saisi le message.

« Parce que des fois il y a des gens qui viennent pour la journée et qui oublient leurs serviettes, mais on les range aux objets trouvés, au cas où ils reviendraient les récupérer. On ne peut pas prendre ces serviettes-là parce qu'elles ne sont pas propres et qu'elles ne sont pas à nous. Et puis si ceux qui les ont laissées viennent les réclamer, ça la ficherait mal s'ils voyaient quelqu'un d'autre utiliser leurs serviettes sans leur permission. Ça ne serait pas bien de faire ça. Si c'était de l'huile solaire, je dirais : "Allez-y, prenez-la, je vais vous en mettre dans le dos", mais les serviettes, pas question. Vous devez apporter vos serviettes à vous. »

J'ai souligné trois fois le mot serviettes sur ma liste de choses à emporter et j'ai ajouté des points d'interrogation à tout le reste.

Je suis arrivé au camping naturiste en début d'après-midi sous une petite pluie fine. Le chauffeur de taxi m'a déposé à la réception. Il était nerveux pendant toute la durée de la course. « Je ne suis pas là pour vous juger, a-t-il dit. Je transporte toutes sortes de gens, même des ivrognes. Les goûts et les couleurs, hein, ça ne se discute pas. » Apparemment, j'avais quelque chose qui le mettait mal à l'aise parce que je l'ai surpris à plusieurs reprises en train de m'examiner dans le rétroviseur avec un regard qui avait l'air de dire : « Laisse bien tes mains à découvert. »

J'ai pris mes sacs et je suis entré dans un bâtiment de plain-pied recouvert de planchettes en bois, où cinq personnes âgées habillées des pieds à la tête se serraient les unes contre les autres pour se réchauffer. Elles regardaient les informations régionales à la télévision couleur qui était cadenassée à une étagère en hauteur. Un météorologiste désignait une carte parsemée de soleils grimaçants, le bras tendu comme s'il tirait un rideau épais. Les occupants de la pièce se sont penchés en avant sur leurs chaises, mordant leurs poings serrés, gémissant à chaque fois que les mots « front froid » étaient prononcés. Ils sifflaient le météorologiste. Ils l'insultaient et ils tapaient du poing sur la table, comme des prisonniers mécontents de leur rata. Le bruit sourd et cadencé de leurs protestations emplissait la pièce quand j'ai posé ma valise pour m'approcher de l'accueil.

– C'est de sa faute ! s'est exclamé un homme âgé en me désignant d'un doigt crochu. C'est lui qui a apporté cette cochonnerie des lacs !

– Vous venez des lacs ? m'a demandé la femme derrière le comptoir.

Elle avait les commissures si tombantes qu'elles touchaient le bord de sa mâchoire. Elle a louché sur ma valise comme si elle s'attendait à ce qu'elle s'ouvre violemment sous la pression de nuages orageux et de vents déchaînés.

– Jamais entendu parler de lacs. (Je sentais la panique monter dans ma voix.) Il faisait beau et chaud quand je suis parti de New York ce matin, vraiment. Ça s'est rafraîchi du côté du Scranton mais je ne suis même pas descendu du bus, alors... C'est vrai, vous n'avez qu'à demander au chauffeur.

C'était ridicule de nier ma responsabilité dans le mauvais temps devant ces inconnus mais avec le visage accusateur qu'ils affichaient, le grief me semblait d'une plausibilité effrayante.

– Enfin, ils disent que ça devrait s'éclaircir demain après-midi, mais si ce n'est pas le cas, je saurai où vous trouver, a dit la femme en tendant le doigt à la fenêtre. Vous êtes dans le mobile home, là, avec la rayure orange. Chambre de devant. C'est ce que vous avez réservé.

– Vous voulez dire avec la rayure couleur rouille ?

– Vous appelez ça rouille, pour moi c'est orange, mais vous voyez ce que je veux dire. C'est celui avec la table de camping.

Vous êtes d'accord avec moi, c'est bien une table de camping ?

Sans le vouloir, j'avais dû la vexer.

– J'ai peint cette rayure moi-même et, sur le pot, c'était marqué « orange foncé. » Et si ça avait été écrit « rouille », je ne l'aurais jamais acheté. C'est sûr, avec ces nuages que vous avez apportés, ça ressemble à de la rouille. Quand il fera beau, vous verrez la vraie couleur. Je suis désolée, je ne peux pas courir la repeindre pour vous faire plaisir, j'ai d'autres chats à fouetter.

Quand j'ai demandé où je pourrais trouver la clé de mon mobile home, des rires étouffés ont fusé à l'autre bout de la pièce.

– La clé ! s'est-elle exclamée comme si j'avais réclamé un tapis de prière ou une statue de Bouddha grandeur nature. Ici on ne ferme pas les portes à clé, c'est un principe. Peut-être que là d'où vous venez, les gens se barricadent chez eux mais ici ce n'est pas la peine. On ne ferme pas les portes parce que nous, contrairement à certaines personnes, on n'a rien à cacher, a-t-elle conclu en s'accoudant au comptoir avant de poser le menton sur ses poings.

L'accueil était pourvu de tables et de chaises. Une petite cuisine jouxtait le bureau, avec des paquets de bœuf séché et de chips présentés autour du passe-plat. Il y avait un gril, une friteuse et un tableau proposant des petits déjeuners et des en-cas. Il s'agissait sans nul doute du snack-bar, mais où était le restaurant ?

– Snack le jour, restaurant la nuit, a précisé la femme. Mais seulement le samedi quand il n'y a pas d'activité de prévue.

Pourquoi ne me l'avaient-ils pas dit plus tôt ? Ils m'avaient laissé croire que le restaurant était ouvert tous les soirs. Je n'avais apporté qu'un morceau de salami et une boîte de crackers. Qu'est-ce que j'allais devenir, sans voiture ?

– Je peux vous faire un hamburger si vous voulez mais il faut vous décider vite fait. Le snack-bar ferme à 1 heure de l'après-midi le week-end, sauf s'il fait beau ou si on est en vacances, alors là il reste ouvert jusqu'à 3 heures et demie. Il y a un petit restaurant sur la route qui mène en ville mais il ferme à 3 heures, a-t-elle ajouté en regardant longuement sa montre. Si vous partez maintenant, vous y serez peut-être avant la fermeture mais vous auriez vraiment dû venir en voiture. Il faut une voiture pour un mode de vie comme le nôtre. Une voiture et plein de serviettes.

La seule solution était d'appeler un taxi pour que je puisse aller en ville m'acheter de quoi manger pendant une semaine. Où est-ce que j'allais trouver une cabine téléphonique ?

– Il y en a une sur le ponton, là.

Elle a attendu que j'ouvre la porte pour ajouter :

– L'ennui c'est qu'elle ne marche pas. Elle n'a pas aimé l'orage du jeudi dernier, et personne n'est encore venu la réparer. On a toutes les peines du monde à déplacer les gens ici. À croire qu'il ne veulent pas de nos sous. La plupart des choses, on les rafistole nous-mêmes, mais pas ce téléphone. C'est délicat, les cabines téléphoniques. Vous pouvez appeler avec le mien si vous voulez, mais grouillez-vous, j'attends un coup de fil.

Le chauffeur de taxi m'a dit qu'il pouvait venir me chercher dans une heure, et je me suis demandé combien il me prendrait pour me ramener à New York. Je ne m'attendais pas du tout à cela. Pas de clé, pas de restaurant, juste une poignée de vieux loufoques qui se plaignaient du mauvais temps.

J'ai emprunté l'allée gravillonnée qui menait à mon mobile home, où ils avaient vaporisé une telle dose d'insecticide que j'en avais les poils du nez tout chose. Des mouches grosses comme des raisins secs agonisaient les pattes en l'air sur les meubles comme pour me dire : « Tire-toi vite d'ici pendant qu'il en est encore temps ! » J'ai posé ma valise et je me suis enfui jusqu'au terrain de volley, longeant l'accueil au petit trot. La piscine qui figurait dans la brochure était recouverte d'une bâche, tout comme le jacuzzi. Même le drapeau n'était hissé qu'à mi-hauteur.

Les panneaux de la pièce principale de mon mobile home étaient en imitation ronce de noyer et le plafond bas en tuiles de fibre de verre, couvert de taches d'eau. Un linoléum séparait la cuisine de la salle de séjour tapissée de moquette, meublée d'un canapé usé en velours or et de deux fauteuils devant une table basse portant des marques de pieds de téléviseur. Il y avait des fenêtres sur deux pans de mur, et le troisième était recouvert d'un grand tapis mural qui représentait une famille d'ours polaires sur la banquise. Ma chambre, tout comme celle de mon éventuel colocataire, ressemblait à une cellule tant par sa taille que par sa simplicité : un lit, une petite commode largement assez grande pour contenir le peu d'affaires que j'avais apportées.

Le temps que je déballe ma valise et que je range mes courses, c'était le début de la soirée et la pluie avait cessé de tomber. Après avoir observé un moment la table basse dépourvue de télévision, je suis sorti me promener en amont de l'accueil, du côté des habitués du camping. Les mobile homes avaient été solidement arrimés au sol, dans des emplacements bien soignés avec des passerelles en pin et en séquoia. Certains mobile homes avaient été arrangés pour ressembler à des cabanes en rondins tandis que d'autres bénéficiaient d'avancées en forme de A recouvertes de bardeaux. Le nom des propriétaires figurait sur des planchettes à côté de slogans tels que : « Nus et fiers de l'être » ou : « Souriez, vous êtes tout nu ! » Les parterres de fleurs étaient parsemés de figures en bois d'une vingtaine de centimètres représentant des petits enfants cul nu ; de jolies femmes nues étaient dessinées sur la porte des cabanes à outils ou accrochées aux arbres en guise de pancartes : « À vendre ». Apparemment, presque tous les locataires de leur mobile home avaient loué une voiturette de golf sur laquelle figuraient des autocollants personnalisés et des slogans peints à la main. J'ai dépassé une pancarte qui indiquait « ATTENTION ! MOUTONS

À 5 MÈTRES» et je suis tombé sur un emplacement avec un troupeau de moutons artificiels gardés par une énorme poupée à capuche équipée d'un bâton tordu. Le temps n'avait guère épargné la bergère, pas plus que ses protégés, dont la laine détrempée portait les traces d'un hiver long et impitoyable. Au fur et à mesure que j'avançais, les mobile homes faisaient place aux tentes, aux caravanes pliantes à toit surélevé et aux auvents en plastique dotés de moustiquaires. Toilettes et cuisines avaient été reléguées à l'extérieur faute de place ; des cabanes et des tables de pique-nique fleurissaient sur les vides entre les glacières, les barbecues et les lampions chinois. La porte d'une caravane s'ouvrit et une jeune femme sortit en tenant par la main un enfant qui lui tapait sur les mollets avec une cuillère en bois. La femme avait les seins à l'air ; on aurait dit deux chaussettes garnies chacune d'une orange. En venant ici, je savais que je verrais des seins nus, mais comme c'était ma première paire j'étais inquiet. Elle avait l'air négligé et les cheveux en bataille. Elle gronda l'enfant une minute ou deux avant de le prendre dans ses bras et de frotter son visage anguleux contre le ventre du petit garçon. Elle avait les seins nus. Seins nus, elle se promenait sur les chemins du camping. L'enfant éclata de rire puis lui donna un coup sur la tête avec sa cuillère.

– C'est l'âge qui veut ça, m'expliqua-t-elle.

J'ai acquiescé comme si je me souvenais de la première fois que j'avais tiré sur les tétons de ma mère devant notre caravane. Je l'ai regardée droit dans les yeux en m'efforçant de ne pas laisser mon regard dériver vers sa poitrine.

– Ah bon, d'accord.

En revenant à mon mobile home, j'ai aperçu plusieurs nudistes par les fenêtres éclairées, en train de faire la vaisselle, tranquillement installés chez eux. Rideaux ouverts, portes non verrouillées, ils étaient là, jambes écartées, à glousser devant les sitcoms. Une voiture est arrivée dans ma direction ; le chauffeur fumait la pipe, torse nu. Quand il est passé à ma hauteur, j'ai jeté un coup d'œil sur le siège avant : l'homme était nu. Il a levé sa pipe en guise de salut puis il a poursuivi sa route. Mais où va-t-il ? me suis-je demandé. Tournait-il en rond pour se défouler, ou avait-il l'intention de quitter le camping et de prendre l'autoroute ?

Il m'a fallu quelques verres pour rassembler mon courage, après avoir tiré mes rideaux, et retiré ma chemise et mes chaussures. Quand je me suis enfin décidé à retirer mon pantalon, la table branlait sous les bouteilles de bière. J'ai commencé à me préparer à manger en m'efforçant de croire qu'il est naturel de préparer des côtes de porc à poil. Tandis qu'elles frémissaient dans la poêle, j'ai fait comme si mon colocataire venait d'entrer.

« Vous tombez à point nommé, ai-je dit en prenant deux assiettes dans le placard. Asseyez-vous, ce sera prêt dans deux minutes. Ah, ne faites pas attention aux bouteilles de bière, je les ai sorties de la poubelle du voisin pour les jeter dans la benne à verre la prochaine fois que j'irai en ville. Moi je ne touche pas à ça, mais bon, je suis comme ça, moi, un vrai maniaque de la diététique. Tenez, je vais vous faire visiter. »

Je montrais à mon invisible invité la chambre du fond quand le détecteur de fumée s'est déclenché. Le hurlement aigu et strident m'a décontenancé et, en moins de deux, j'ai ouvert toute grande la porte, brandissant une lavette pour essayer d'évacuer la fumée. Nu. J'étais nu et saoul devant tout le monde. C'était une pensée dégrisante qui a continué à me hanter tout le temps que je suis resté assis devant ma viande carbonisée.

Le tonnerre s'est mis à gronder et la pluie à marteler le toit du mobile home. Il était 10 heures et, apparemment, tout le monde avait éteint. Depuis tout à l'heure je lisais le règlement que m'avait remis la matrone de l'accueil.

Conduite. – Ceci est un camping familial, et votre conduite doit refléter les valeurs morales d'un terrain de camping de famille.

Serviettes. – Portez toujours une serviette avec vous. Nous vous prions de TOUJOURS VOUS ASSEOIR SUR VOTRE SERVIETTE PAR MESURE D'HYGIÈNE.

Les serviettes. Je comprenais mieux tout à coup. Apercevant un vaste échantillonnage de petits poils frisés sur le canapé à côté de moi, j'ai bondi pour aller chercher une serviette. Elle n'allait plus quitter mon séant.

Photographies. – Les appareils photo et les caméras sont autorisés avec l'accord préalable de la direction uniquement. TOUT MATÉRIEL PHOTOGRAPHIQUE NON AUTORISÉ PAR LA DIRECTION SERA CONFISQUÉ. Toute personne photographiée doit donner son accord au préalable par écrit.

Animaux. – Les animaux ne sont pas autorisés dans les zones de bronzage communes. Ils doivent être surveillés en permanence. Vous êtes priés de ramasser les déjections de votre animal et de les jeter.

Alcool. – Les boissons alcoolisées doivent être consommées avec modération. L'état d'ivresse n'est pas autorisé sur le terrain de camping.

Piscine. – SAVONNEZ-VOUS avant d'entrer dans la piscine et le jacuzzi. LES ENFANTS NON ENCORE PROPRES NE SONT PAS AUTORISÉS DANS LA PISCINE NI DANS LE JACUZZI.

Vêtements. – Nous nous habillons et nous déshabillons pour des questions de confort. Sur nos aires d'activités, VOUS DEVEZ ÊTRE NU. APPAREIL INTIME, MAILLOTS DE BAIN ET BIJOUTERIE CORPORELLE INTIME NE SONT PAS AUTORISÉS SUR LE TERRAIN. VOUS DEVEZ ÊTRE

NU DANS LA PISCINE ET LE JACUZZI, AINSI QUE SOUS LA DOUCHE.

Je me suis posé une question : qu'est-ce que l'appareil et la bijouterie corporelle « intimes » ? Le mot ne perd-il pas sa signification lorsque tout le monde est nu ?

En dépit des risques d'infraction contre le règlement, je n'arrivais pas à calmer cette petite excitation sexuelle que j'éprouvais. Ce n'était pas une érection, seulement une sensation de picotement au bout du pénis. En dehors de la baignoire et de la visite chez le docteur, je me dévêtais uniquement quand j'avais réussi à convaincre quelqu'un de faire l'amour avec moi. Assis là sans vêtements, je ne pouvais m'empêcher de redouter qu'un type sorte soudain de la salle de bains en me disant : « Alors qu'est-ce que tu comptes faire avec l'argent que tu as gagné au concours ? » Je me sentais idiot, à traîner comme ça dans mon mobile home et je me rendais compte qu'il y avait longtemps que je tirais ainsi sur mon tee-shirt jusqu'aux genoux pour m'asseoir dessus quand je m'installais à table. J'avais également l'habitude de remonter mon pantalon au-dessus du nombril et de serrer ma ceinture pour aplatir mon ventre. Tripoter les clés dans ma poche, mâchouiller inconsciemment le col de ma chemise : ces choses-là ne m'étaient plus permises désormais. Maintenant, il me semblait dangereux de boire une tasse de café bouillant, et tout à l'heure, à deux reprises, j'ai bondi pour me débarrasser des cendres incandescentes qui étaient tombées sur les parties que je considérais jadis comme intimes.

Quand je me suis levé ce matin, il y avait un tel brouillard que je ne voyais même pas la table de pique-nique devant mon mobile home. Du ciel au gazon, tout avait exactement la même couleur : gris. C'est en début de soirée que le temps s'est enfin décidé à se dégager. À 6 heures, j'ai vu passer devant ma fenêtre un homme et une femme nus qui avançaient en bombant le torse, des raquettes de tennis à la main. L'homme avait les cheveux qui lui tombaient sur la nuque, et il marchait comme s'il portait un beau costume, d'un pas assuré et déterminé, tandis que la femme trottait derrière lui avec une visière, des chaussettes jusqu'aux genoux et des baskets. C'étaient les premiers nudistes que je voyais à l'extérieur en pleine activité, alors je me suis habillé et je les ai suivis jusqu'au terrain de tennis. Là, j'ai sorti un livre et j'ai fait semblant de lire. L'homme avait un gros ventre, des fossettes au creux des reins et un large fessier qui ballottait et bringuebalait quand il courait pour essayer de renvoyer les services de sa partenaire. Au bout de 5 minutes, l'homme s'est mis les mains sur les genoux avant de recracher une bonne dose de bile et déclarer forfait. Ils ont quitté le court et je les ai suivis jusqu'à l'accueil, où l'homme s'est précipité aux toilettes pour en ressortir 10 minutes plus tard avec un beau rond rouge tout autour de l'arrière-train. Voilà un vrai nudiste, ai-je pensé. Il avait un petit bout de papier cul collé sur le postérieur et quand la femme le lui a fait remarquer, il s'est passé la main sur la raie des fesses en haussant les épaules, l'air de rien, pas plus troublé que s'il essuyait de la mayonnaise au coin de sa bouche.

Je me suis efforcé de démarrer la journée à poil mais, arrivé jusqu'à ma table de camping j'ai rebroussé chemin pour enfiler un tee-shirt long jusqu'à mi-cuisses. Au niveau de la réception, je suis tombé sur un groupe de personnes âgées rassemblées sur un terrain gravillonné. C'était le milieu de la matinée, j'avais l'impression que quelque chose d'important allait commencer. Une femme s'est penchée pour ratisser les cailloux. Elle portait un tee-shirt à manches courtes mais pas de jupe ni de pantalon ; son cul ressemblait à un paysage de crevasses et de rides, des veines bleues lui parcouraient les cuisses comme une carte topographique de criques et de rivières. Non loin de là, deux autres femmes étaient assises sur un banc, vêtues elles aussi d'un tee-shirt. L'une d'entre elles portait une visière tandis que l'autre avait une coiffe à la mode des laitières du temps jadis. C'était une chose à large bord avec des volants et un ruban noué sous le plus bas de ses multiples mentons.

– Salut, m'a-t-elle dit. Eh, les gars, vous avez vu ? Voilà un peu de sang neuf !

– Ah, des nouvelles têtes, c'est exactement ce qu'il nous faut pour que la partie soit intéressante ! s'est exclamé un monsieur très bronzé, vêtu en tout et pour tout d'une casquette de tennis sur laquelle il avait épinglé la clé de son casier. Avez-vous déjà joué à la pétanque ? a-t-il demandé en me posant la main sur l'épaule pour m'attirer sur le terrain. C'est le cousin français de ce jeu italien qu'on appelle le bocci. Stan Friendly et sa femme y jouaient en Floride et quand ils nous ont ramené ça par ici, on leur a tous dit :« Mais qu'est-ce que c'est que ce jeu ? » Nous, on jouait tous au volley et on trouvait ces joueurs de pétanque un peu zinzins, n'est-ce pas, Frank ?

– On les a pris pour des fous, a approuvé Frank en grattant ses fesses dévorées par les moustiques avant de nous rejoindre. Et maintenant on dit : « Au diable le volley ! » et on joue à la pétanque trois fois par jour. C'est un jeu fantastique, vous verrez. Eh ! Il y a quelqu'un qui peut prêter une paire de boules à notre ami ? On a trouvé un nouveau joueur.

Quel spectacle curieux que de voir les différentes phases de déshabillage et la façon dont les vêtements tombaient à mesure que la partie avançait. Comme moi, Jackie et Carol étaient venues en tee-shirt, tandis que Bill, Frank et Céleste n'étaient vêtus que d'une casquette. Phil et Millie sont arrivés en survêtements, mais ils les ont aussitôt retirés et posés en tas à côté de la table de pique-nique. Un homme du nom de Carl portait une chemise et un gilet sans manches, ainsi qu'une paire de chaussettes noires et de chaussures de ville, ce qui suggérait qu'il venait juste passer le temps en attendant que son pantalon et ses sous-vêtements sortent du sèche-linge.

Bill, l'homme à la casquette de golf, portait une grande cicatrice qui courait du milieu du dos jusque sous l'aisselle droite.

La plaie avait dû présenter le même grain que la peau mais maintenant, la cicatrice formait une ligne étroite et luisante qui évoquait une petite route bordée de collines désertes couleur d'ambre. Le corps de Frank, lui, était plutôt comparable à un distributeur automatique de billets où les chirurgiens venaient faire régulièrement des retraits : un morceau du dos, de la poitrine, de l'estomac... Il a envoyé une petite balle en bois sur le terrain en nous expliquant que c'était notre cible puis il m'a tendu un objet qui ressemblait à une boule de croquet en métal, le genre de truc qu'on s'attendrait plutôt à voir dans un canon prêt à tirer. Il en a pris une lui aussi avant de s'installer sur la dalle en béton au bout du terrain, puis de fermer un œil en tenant la boule comme Hamlet tenait le crâne de son défunt ami. Dans sa nudité, son geste avait quelque chose d'étrangement héroïque, comme s'il posait pour la statue commémorative qu'aurait commandée le service gériatrique d'un hôpital spécialisé en médecine du sport. Alors, sans crier gare, il a reculé en balançant ses bras plusieurs fois pour s'échauffer puis il a lancé la boule en l'air, qui est retombée dans un petit bruit sourd à quelques centimètres de la cible.

– Allez, à vous d'essayer, David.

Ma boule a atterri à au moins deux mètres du cochonnet.

– Joli coup ! s'est exclamé Frank. Tu as vu ça, Bill ? Il a fait ça toute sa vie, ma parole ! Allez, encore une fois, David !

Cette fois, ma boule a manqué le terrain pour aller s'écraser dans l'herbe mouillée. C'était mauvais, je le voyais bien, tout comme le troisième tir, puis le quatrième. Pourtant, chaque nouvelle tentative provoquait la même réponse : « Bien joué ! » Soit la cataracte leur brouillait la vue, soit c'étaient les personnes les plus gentilles que j'aie jamais rencontrées.

La partie n'en finissait plus, ils s'attardaient passionnément sur le moindre détail. Souvent, ils débattaient pour décider quelle boule était le plus près du cochonnet.

– Je crois que c'est celle de Carl, mais on n'a qu'à vérifier. Elle a l'air d'être à égalité avec la boule de Phil.

Quelqu'un sortait alors un mètre ruban et le tendait aux autres avec une grande délicatesse et un profond respect, comme si cet instrument allait prouver une fois pour toutes l'existence de Dieu. Le chef de chaque équipe s'accroupissait, testicules pendouillant au-dessus du terrain gravillonné.

– Carl est à quinze centimètres trois et Phil est à quinze centimètres... neuf ! On dirait bien que c'est l'équipe de Phil qui marque !

Ce jeu si ennuyeux m'a au moins permis d'oublier que je ne portais rien d'autre qu'un tee-shirt et des baskets. Au début, je restais sur le bord extérieur du terrain et je récupérais mes boules comme une comtesse emperruquée qui se baisse en pliant les genoux comme si la reine passait à côté d'elle. Et puis après je n'y ai plus songé. Les autres se fichaient pas mal de savoir à quoi ressemblait mon cul. Ils ne pensaient qu'au jeu, jusqu'à ce que j'allume une cigarette et qu'ils me demandent de l'éteindre. Apparemment, dehors on pouvait se balader à poil, mais on ne pouvait pas fumer. Qu'est-ce que ça voulait dire, ça ?

De la fenêtre du mobile home, je voyais la réception et le parking. Cet après-midi, j'ai aperçu une grande caravane tractée par une voiture cinq-portes récente immatriculée dans un autre État. C'étaient des gens qui venaient sans doute pour rester un moment. La portière s'est ouverte et un homme en est sorti, complètement nu. Il avait conduit comme ça sur l'autoroute. Si ce n'était pas de l'impatience, ça...

Ce soir, je me suis rendu à la réception, pour regarder la télé. Ça faisait une vingtaine de minutes que j'étais là quand Jackie, la femme à la coiffe avec qui j'avais joué aux boules, est sortie nue des vestiaires d'un pas traînant. Elle m'a demandé si j'avais envie de l'accompagner au sauna. Je n'avais jamais mis les pieds dans un sauna et je n'étais pas très sûr de ce que ça impliquait. Avais-je besoin d'une savonnette ?

– Mais non, gros bêta. Juste une serviette. Allez me retirer ces vêtements, je vous retrouve là-bas.

Comme ça ressemblait fort à un ordre, je n'ai pas jugé nécessaire de m'y opposer. Il fallait bien que j'apparaisse nu un jour ou l'autre, et le moment-là ne m'a pas semblé plus inopportun qu'un autre. J'ai couru chercher une serviette au mobile home. J'en baissé mon pantalon en me disant qu'il valait peut-être mieux que j'inspecte un peu mes fesses dans la glace, mais je savais que si je le faisais, je ne ressortirais jamais. N'y pense pas, n'y pense pas, n'y pense pas. Je me suis passé un petit coup de gant de toilette par mesure de sécurité puis je suis retourné à l'accueil. Là, je me suis déshabillé dans les vestiaires puis j'ai posé mes habits bien pliés sur une tablette. Tout va bien, tu es dans un vestiaire, me suis-je dit. C'est normal d'être nu dans un vestiaire. Ce qui l'était moins, c'était d'en ressortir et de passer à côté des tables d'un bar. D'autres le faisaient sans la moindre gêne, il suffisait de les regarder ! Jackie était sortie du vestiaire l'air naturel, c'est moi qui l'avais regardée comme une bique perdue dans l'entrée d'un hôtel. Les joueurs de tennis étaient aussi ressortis nus du vestiaire cet après-midi. Des milliers de gens avaient traversé cette pièce à poil, y avaient mangé et joué aux cartes. Maintenant c'était mon tour ! J'ai essayé de considérer la chose comme un privilège, mais comme ça ne marchait pas, j'ai balancé la serviette sur mon épaule, j'ai fermé les yeux et j'ai foncé tout droit dans la bibliothèque.

Le sauna, une cabane en bois assez basse, se trouvait à côté de la piscine. Une antichambre étouffante conduisait à une sorte de cagibi suffocant pourvu d'un chaudron sans fumée rempli de cailloux chauffés à blanc. Assise sur le banc en bois, Jackie essuyait la sueur qui dégoulinait entre ses seins et sur son imposant estomac pour s'écraser en petite flaque au niveau de son sexe rasé de fillette. C'était une femme dodue, à la peau tendue comme de la toile à matelas ; sa tête semblait posée sur ses épaules sans cou.

– Vous avez une sacrée bosse sur le front, David. Vous feriez mieux de mettre un glaçon dessus avant de vous coucher ce soir.

Elle a pointé un flacon en direction du chaudron pour vaporiser de l'eau parfumée sur les cailloux, ce qui a encore augmenté la chaleur.

– C'est de l'eucalyptus, a-t-elle expliqué. Je ne peux pas en mettre quand Barbara est là parce qu'elle est allergique, ça lui fait gonfler les joues comme si elles étaient bourrées de coton. Vous n'êtes pas allergique, vous, au moins ? Parce que sinon, vous feriez mieux de vous sauver pendant qu'il est encore temps. J'ai le dos en compote depuis quelques années, je ne suis déjà pas capable de porter un chat, alors un homme, vous imaginez... Ouais, d'accord, je peux par exemple courir à la réception chercher du secours, mais cela aussi risque de prendre un certain temps. Le temps que je revienne, vous seriez mort 20 fois. Alors, décidez-vous : vous êtes allergique, ou pas ?

Je ne l'étais pas.

– Bon, a-t-elle déclaré en aspergeant de nouveau les cailloux d'eucalyptus. Vous sentez ça ? L'eucalyptus a des vertus curatives, il était très utilisé dans l'Antiquité, en Grèce et en Égypte. Ça a débouché les sinus de Socrate et du roi Ramsès II, ce qui leur a permis de se concentrer sur des choses plus importantes comme... la démocratie et les serpents. Ça libère l'esprit, l'eucalyptus. Moi j'ai des idées bizarres quand je viens au sauna, je vous le dis ! Des idées comme... imaginez qu'on ait tous la possibilité de faire un vœu mais que, pour qu'il soit exaucé, on doive marcher à quatre pattes jusqu'à la fin de nos jours ? Sacré dilemme, hein ? Si vous voulez être riche, alors vous devrez vous déplacer à quatre pattes dans votre palais comme un bébé, avec votre manteau de vison qui traînerait par terre. Et pour qu'il y ait la paix dans le monde, pour qu'on trouve un remède définitif contre le cancer, la famine et la souffrance, qu'est-ce qu'il faudrait faire ? Vous feriez quoi comme vœu, vous ?

Incontestablement, l'eucalyptus ne m'avait pas libéré l'esprit comme à elle. Mais maintenant qu'elle m'avait posé cette question, il m'était impossible de ne pas y penser. Si j'avais le visage et le corps de mes rêves, à quoi cela me servirait-il de me balader nu comme si j'étais un animal? Peut-être que si je demandais à être heureux, ça ne me dérangerait pas de marcher à quatre pattes, mais quel genre de personne serais-je si j'étais heureux de nature? J'ai déjà vu des gens comme ça dans des shows télévisés inspirés, et ils me font peur. Et d'abord, pourquoi devais-je penser à tout cela? J'ai regardé le visage rond et luisant de Jackie, les mains croisées sur le ventre comme un génie patient et desséché.

– Si je devais faire un seul vœu, ai-je répondu, je demanderais à pouvoir faire un nombre illimité de vœux.

Elle a hoché la tête comme pour dire qu'elle avait déjà entendu cette réponse des milliers de fois.

– Ne faites pas le malin, David, vous n'avez droit qu'à un vœu.

La pièce s'est remplie de vapeur et, dans mon état second, il m'est venu à l'esprit que cette femme possédait peut-être un bon vieux pouvoir surnaturel. Les circonstances étaient tellement étranges qu'en fait elle avait peut-être été envoyée pour exaucer mon véritable et unique vœu. J'aurais voulu que ma mère revienne, mais ce genre de vœu, c'est souvent un peu dangereux. Je pouvais demander ma mère et me retrouver avec une urne de cendres parlante qui se plaindrait vigoureusement de voir son fils arpenter la pièce comme un chien de chasse. Guérir la maladie, c'est une bonne idée, mais si nous avions tous droit à un vœu, c'est sûrement ce que demanderait un gamin de quatorze ans.

– J'aimerais bien, ai-je dit, j'aimerais bien voler.

– Pas mal, conclut Jackie en grattant un bouton de moustique sur son bras. Je dois partir ce week-end et ça ne m'enchante guère, a-t-elle soupiré. Je vivrais ici toute l'année si je pouvais, mais mon mobile home n'est pas conçu pour le froid et, avec mon dos, je ne serais même pas capable de pelleter la neige. J'en suis au point où je déteste partir, même pour quelques jours. Ce week-end il faut que je rentre chez moi parce qu'il y a une collecte de fonds à l'église et mardi prochain je dois aller fêter l'anniversaire de ma petite-fille. Je vois que vous avez l'air surpris ! Presque tout le monde me dit que j'ai l'air trop jeune pour être grand-mère, mais figurez-vous que j'ai trois beaux petits-enfants. Ah, comme ils aimaient venir ici...

Oui, et mon vœu, alors ? Était-ce une question piège destinée à tester mon caractère ? Pourquoi me parlait-elle donc de ses petits-enfants ? Et puis d'abord, où étaient passés mes habits ?

– La première fois que je les ai amenés ici et qu'ils ont vu Cliff Shirley à côté de la piscine, ils ont dit : « Mamie, pourquoi le monsieur il est tout nu ? » Et je leur ai répondu : « Ce monsieur est l'ami de Mamie et il est tout nu parce que c'est comme ça que le bon Dieu l'a fait naître. On peut être tout nu ici, mais n'en parlez pas à vos petits copains à l'école et ne le dites surtout pas à vos parents, sous aucun prétexte. (Elle a froncé les sourcils en examinant sa poitrine). J'aurais dû m'en douter, qu'ils ne réussiraient pas à tenir leur langue. Ma fille, elle est comme tous les autres, elle nous prend pour une bande de satyres qui organisent des orgies sur le parking. Et mon fils, ce n'est même pas la peine d'en parler. Je lui raconte que je vais passer l'été dans un camping.

J'ai eu l'impression que je devais compatir mais comme je ne savais pas trop par où commencer, je lui ai demandé qu'elle m'explique ce que voulait dire « appareil intime et bijouterie corporelle ».

– Du point de vue vestimentaire, ils veulent parler des strings et des déshabillés, tout ce qui est tape-à-l'œil ou suggestif. Pour les bijoux, on peut porter des bagues et des colliers et tout, mais ce qu'ils ne veulent pas, c'est... oh, mon Dieu, comment dire... Si vous avez des boucles d'oreilles, eh bien il faut vous les mettre aux oreilles, vous voyez ce que je veux dire ? C'est contre le règlement de porter les... choses... percées, vous savez, là... ou là.

J'étais surpris de voir que ce sujet la mettait aussi mal à l'aise. Cette grand-mère était capable de s'asseoir à côté d'un inconnu avec une flaque de sueur qui lui coulait juste au-dessous du vagin, mais pour rien au monde elle n'aurait employé les mots seins ou pénis. Nous avions juste des «choses», et d'ailleurs, la mienne mijotait sur mes cuisses comme une crevette bouillie. Il était décent d'être nu mais malséant de reconnaître les détails, ce qui réduisait considérablement le nombre de sujets de conversation. L'absence de vêtements rendait la description des gens très difficile. On ne pouvait pas dire : «Qui est ce monsieur non circoncis qui a le cul tout poilu?» Et ce qui ne facilitait pas la tâche, c'est que la plupart des hommes étaient chauves, ce qui veut dire qu'on ne pouvait même pas s'appuyer sur leur coiffure pour les décrire. J'ai demandé si elle connaissait un homme que j'avais vu du côté de l'étang à poissons.

– C'est un homme plutôt grand avec une... avec une tête sympathique et une serviette bleue.

– Mais encore? Il y a plein d'hommes qui ont des serviettes bleues.

– Il n'avait pas de moustache ni de casquette, et pas de cheveux non plus. Il doit avoir dans les 70 ans.

– Avec une grande cicatrice sur le ventre, et une autre le long de la jambe? Ah, ça c'est Dan Champion, lot numéro 16. Il est gentil, il dansait très bien à l'époque.

J'étais soulagé de constater que leur société acceptait qu'on décrive les gens d'après leurs cicatrices. C'était beaucoup plus facile que d'essayer de les identifier en fonction de leurs sandales.

Toutes les 5 minutes, Jackie se penchait en avant pour vaporiser une giclée d'essence d'eucalyptus dans le chaudron mais j'étais trop faible pour l'en empêcher. La sueur me brouillait la vue et la chaleur était devenue tellement insupportable que j'entendais presque le sang bouillonner dans mes veines. J'ai pensé que j'allais peut-être mourir – pas à une époque future et hypothétique de ma vie mais là, maintenant. Mon cœur était cuit, et j'avais évacué une telle quantité d'eau que ma serviette pesait plus lourd que moi.

– Sortez vite, a dit Jackie. Sortez tout de suite !

J'ai quitté le sauna, étendu ma serviette par terre et me suis allongé sur le béton, à côté de la piscine. C'était une belle soirée, il faisait frais mais c'était agréable. J'ai entendu une porte claquer et j'ai vu Jackie retourner à l'accueil en se dandinant. Elle ne m'avait pas vu et ça ne servait pas à grand-chose que je l'appelle. J'étais bien, allongé tout nu par terre en pensant à toutes sortes de choses. J'entendais un bruit sourd et plaintif qui venait de loin sans que je puisse l'identifier. Ni tout à fait naturel ni humain, le son tenait à la fois de la vache malade et de la corne de brume. J'avais déjà entendu ce bruit la veille au soir à la même heure mais en y repensant bien, il s'agissait sans doute des robinets des sanitaires.

Comme il faisait beau, ils ont retiré la bâche de la piscine entourée de confortables chaises longues. Il y en avait plusieurs sous une pancarte intitulée « HANDICAPÉS ». Le règlement signalait qu'il fallait être nu non seulement dans la piscine mais aussi dans son périmètre. Ça, j'ai eu du mal à l'avaler. Je ne portais rien d'autre qu'un tee-shirt et qu'une paire de baskets mais c'était très important sinon j'aurais eu l'air d'un monstre. « Le docteur est à vous tout de suite, me suis-je encouragé. Étendez votre serviette sur la chaise longue, retirez votre tee-shirt et vos chaussures et il arrive avec votre calmant dès qu'il en a fini avec les autres patients. »

J'ai enlevé mon tee-shirt, et voilà, j'étais nu, proie facile pour les avions de surveillance en rase-mottes. Nu en plein jour, parmi des inconnus couchés tantôt sur le dos, tantôt sur le ventre, pour feuilleter livres et magazines. Ce qui était déjà bien, c'est que je n'avais pas à me regarder. Il n'y avait pas de miroirs ni de vitres épaisses et tant que je regardais droit devant, je me croyais capable de me familiariser avec ma nudité publique. Je venais de m'habituer à cette idée lorsqu'un certain Dusty s'est approché de moi. Il avait accroché un bout de carton à sa visière avec des pinces à linge pour rallonger l'effet d'ombre. L'homme était plié en deux, voûté à cause de l'ostéoporose, le dos et les épaules aussi bruns que du cuir italien et le ventre blanc. Son épaisse chevelure grise était coupée très près du crâne et, comble de l'horreur, il arborait une paire de lunettes-miroirs qui reflétaient parfaitement ma pale nudité angoissée. Je lui ai demandé quelque chose au sujet du jacuzzi et, 20 minutes plus tard, il devisait sur le plan d'occupation des sols de sa ville.

– Légalement, je ne crois pas qu'ils ont le droit de construire un supermarché dans ce quartier, parce que ce n'est pas prévu dans le plan. Oh, avant il y avait un petit commerce familial où on pouvait acheter du pain et du soda et tout ça, mais ils ont fermé et ils en ont fait une petite église pour dresseurs de serpents. Vous pourriez construire un immeuble mais avant il faudrait se renseigner à la mairie pour savoir s'il y a des restrictions à l'occupation des locaux. Je suppose que si c'était un complexe suffisamment grand, ils vous laisseraient construire un magasin, mais pas un grand puisque ce n'est pas prévu pour ce quartier.

M'étais-je présenté par erreur comme agent immobilier? Pourquoi me regardait-il quand il me parlait?

– Bien sûr, en ville je pense que vous pouvez construire une ruche en béton de huit étages tant que vous avez assez d'argent pour payer tout le monde. C'est comme ça du côté de chez vous : on ferait n'importe quoi pour un dollar. Alors ici vous nous prenez tous pour des péquenots, déclara-t-il d'un ton agressif, le visage illuminé par un sourire exagéré et effrayant, en passant le bout de la langue sur ses lèvres. On est juste une bande de loquedus, hein?

Eh bien, Dusty, puisque vous le dites...

Il a agité les mains comme pour me jeter un sort.

– C'est vrai que vous autres, vous êtes si délicats, traînant dans vos petits cafés pour admirer l'Empire State Building pendant que nous, on est vautrés dans la paille en train de fumer nos cigarettes au maïs. C'est ça ?

Son attitude à la fois hostile et taquine était fréquente chez beaucoup de gens que j'avais rencontrés jusqu'alors. J'aurais pu venir d'un pays intégriste musulman, ils m'auraient accepté sans problème, mais New York, ça avait quelque chose qui les prenait à rebrousse-poil. Nous étions dans un camping familial et, à leurs yeux, New York était le genre d'endroit où des familles entières se faisaient massacrer pour le plaisir. J'avais beau m'arrêter chez les gens pour admirer leur caravane ou me répandre en louanges sur les paysages de la région, ce n'était jamais assez. Le mobile home de Dusty se trouvait non loin de là et je l'ai complimenté parce que son lot était joliment arrangé.

– Pas mal, hein ? a-t-il dit

– Très joli.

– Qu'est-ce que vous en pensez, des toilettes que j'ai reconvertis en pot de fleurs ?

– C'est sympa, comme idée, Dusty, et les fleurs sont très belles.

– Ça oui, c'est vrai qu'elles sont belles, mes fleurs. Vous savez, à New York, vous n'auriez sans doute pas le droit de mettre une cuvette de WC dans votre jardin.

– Non, Dusty, ça ne serait pas une très bonne idée.

– Les gens iraient chier dedans, voilà ce qui se passerait, tiens ! Les New Yorkais, ils sont fichus de faire la queue devant chez vous pour chier dans votre jardin, mais ici, pas question.

– Non, pas ici.

– C'est bien calme, hein, ici ? On peut s'entendre réfléchir !

– Oui, c'est merveilleux, ai-je approuvé. Pas d'alarme de voiture, pas de sirène de police. La seule chose qui m'énerve, c'est cette espèce de bruit de pet que j'entends tous les soirs à la tombée de la nuit.

– Vous aimez bien ? C'est moi ! J'ai un grand tube et j'essaie de m'entraîner tous les soirs. Oh, ce n'est pas une trompette, rien de compliqué comme ça, c'est juste un grand bout de plastique. Le vieux Pete Manchester, du lot numéro 37, il a ce qu'on appelle une conque et il souffle dedans pour m'appeler et moi je lui réponds. Ça aide à tuer le temps. La plupart des gens, dès que la nuit tombe, ils sont chez eux en train de faire la vaisselle, mais pas moi. Je n'ai pas de vaisselle à laver parce que je ne mange que des légumes crus. Oui, monsieur, j'essaie de manger sainement et je fais mes 800 mètres de natation par jour. S'il ne fait pas beau et que la piscine est couverte, je me glisse sous la bâche quand personne ne regarde ! Mais ça ne sera pas le cas aujourd'hui, vous voyez ?

Dusty a levé la jambe pour poser le pied au bout de ma chaise longue.

– Oui, nous avons un temps magnifique, cet après-midi. Ce n'est pas chez vous que vous verrez un temps comme ça.

J'ai approuvé.

– Du soleil, du ciel bleu, une petite brise... tout ce qu'il faut pour être heureux.

Il a rajusté ses lunettes de soleil avant de triturer l'oignon qu'il avait au pied. Il devait y avoir une dizaine de nudistes en train de prendre le soleil. Les gens allaient et venaient, préférant faire le tour de la piscine plutôt que de passer à côté de Dusty, qui se retournait dès que la barrière s'ouvrait.

– Phyllis, interpellait-il. Quand est-ce que vous venez voir mes tortues ?

– Oui, Dusty, ça fait un moment que je veux passer avec Cody, mais en ce moment on est occupés à construire notre nouvelle véranda.

– Ah, je vois. Avec votre véranda flambant neuve, vous jouez les grands seigneurs, vous ne voulez pas qu'on vous voie en ma compagnie, c'est ça ?

De l'autre côté de la piscine, un beau jeune homme trapu

s'était levé de son transat pour aller au sauna, puis dans le jacuzzi, puis dans la piscine avant de revenir s'allonger. Il était venu pour la journée et il tenait à rentabiliser ses vingt dollars À côté de lui, j'ai aperçu le couple que j'avais vu jouer au tennis, non loin d'une femme osseuse aux cheveux gris qui feuilletait un magazine de sport. La partie de pétanque de l'après-midi avait commencé, j'entendais le cliquetis sourd des boules et la réaction familière : « Bien joué. 5 points, 5 points. » Le jeune homme s'est levé pour la cinquième fois et j'en ai profité pour admirer son cul, rebondi et dépourvu de marques, bien soutenu et suffisamment ferme pour mériter le premier trophée de la Beauté physique remarquable que je lui décernais mentalement.

– Vous avez déjà un tas de compost ? a demandé Dusty. J'en ai un derrière mon mobile home, vous devriez voir un peu l'activité que ça m'amène. Il y a toutes sortes d'animaux qui viennent pour en grignoter un bout ou deux : des putois, des oiseaux, des écureuils sans un poil. Et puis bien sûr, il y a les mouches et les asticots, qui aiment tout ce qui tourne en bouillie.

J'avais l'impression de griller ; je sentais ma peau se tendre et se dessécher. Dans les lunettes de Dusty, j'ai vu que mon visage avait largement dépassé la phase rose pour sombrer dans le rouge écrevisse.

– Je regrette, Dusty, mais je crois que je dois aller chercher ma crème solaire.

– Oh, c'est votre façon de me dire que je vous ennuie ? Quoi, je ne suis pas assez intéressant, comparé à vos amis de la ville ?

Il a continué à me harceler tandis que j'enfilais mon tee-shirt et que je pliais ma serviette.

– C'est comme ça qu'on fait, chez vous, on tourne le dos aux gens pendant qu'ils vous parlent ?

– Oui, Dusty.

L'angoisse que j'avais éprouvée initialement s'était dissipée, et me balader tout nu dans mon mobile home n'avait plus rien d'original. Ma nudité domestique devenait chose courante et cela me faisait peur, sans que je puisse m'expliquer pourquoi. Après m'être barricadé chez moi, je me suis allongé et j'ai essayé de me masturber, histoire de rappeler à mon sexe qu'il n'était pas aussi libre qu'il pouvait le croire. En temps normal, je n'avais aucun problème pour mener à bien cet exercice, mais là, j'avais subitement du mal à me concentrer. J'ai essayé de penser au jeune homme que j'avais vu au bord de la piscine mais son corps se retrouvait constamment chassé par l'image envahissante de Dusty, dont les énormes testicules pendaient comme un nid de guêpe entre ses jambes flétries. Je n'avais jamais eu de coup de soleil sur le pénis et je craignais que l'incessant mouvement que je lui imposais ne produise le même effet que de frotter deux bâtons secs, quand la petite volute de fumée se transforme tout à coup en terrible flamme. C'était clair, mon sexe n'avait pas l'intention de coopérer. J'ai songé à lui forcer un peu la main mais j'avais peur que la bataille ne se termine par une ampoule qui m'obligerait à passer le restant du séjour à l'abri des regards. Pour l'instant, mon pénis avait le dessus ; il reposait sur son nid, triomphant. « D'accord, ai-je murmuré, tu as gagné cette partie-là. Mais tu as intérêt à en profiter parce que dès qu'on rentre à la maison je te remets au placard. »

En revenant du sauna nu comme un ver ce soir, je suis passé à côté d'un groupe de personnes âgées qui s'étaient rassemblées à l'accueil pour regarder un jeu télévisé.

– Demande un E ! a crié l'une d'elles à l'intention de l'écran. Non, un C, demande un C.

C'était une femme bagarreuse aux cheveux blancs, dont la couleur et la texture de la peau ridée et desséchée par le soleil rappelaient celles des raisins de Corinthe. Elle ne portait pour tout vêtement qu'une paire de chaussons et un pull posé sur ses épaules.

– Je voulais dire B, oui, un B, a-t-elle rectifié.

Cela fait une drôle d'impression de regarder la télévision de cette manière. Comme ils sont habillés, les gens qui apparaissent à l'écran semblent encore plus éloignés que de coutume. On dirait qu'ils vivent dans un autre monde, à la fois familier et isolé par des hautes grilles et des gardiens agressifs.

– J'aimerais bien qu'ils fassent cette émission tous nus, dit la femme en caressant machinalement la table. Ce serait tellement mieux, vous ne trouvez pas ? Ils pourraient utiliser tout l'argent que les invités dépensent en vêtements pour proposer des cadeaux encore plus chers. Moi, je pourrais participer à la version nue et gagner assez pour – je ne sais pas –, peut-être me creuser un lac et y mettre des bateaux. J'aime bien les bateaux, j'ai toujours aimé ça. Il n'y a rien de mieux qu'un bateau.

Elle s'est gratté le bras, laissant des marques blanches qui ont vite disparu car la peau n'a pas tardé à reprendre sa couleur naturelle.

J'aimais bien l'idée : filmer deux versions distinctes de toutes les émissions, l'une habillée et l'autre destinée à captiver ce que la télévision considérait comme son public nudiste.

– Est-ce bien nécessaire ? demanderait Peter Jennings[1].

Aujourd'hui, c'est vendredi et j'ai été réveillé par un puissant grincement. Finalement, j'ai découvert que c'était le petit-fils du propriétaire qui tournait autour de mon mobile home sur sa tondeuse à gazon. Il a fait plusieurs tours avant que sa mère ne vienne lui crier : « Mais tu es bête ou quoi ? Comment peux-tu tondre comme ça ? Combien de fois faudra-t-il que je te dise de mettre une serviette sur le siège ! »

Je suis allé à la piscine ce matin et j'ai vu un homme retirer son anus artificiel et scotcher un morceau de plastique sur le trou avant d'entrer dans l'eau. Je me suis dit que c'était malheureux

[1] Peter Jennings : célèbre présentateur de jeux télévisés aux États-Unis. *(N. d. T.)*

mais quand je me suis retourné, j'ai vu arriver un vieil homme avec une béquille. Il n'avait pas de pénis. Il n'avait pas rétréci sous l'effet de l'eau, il n'en avait pas du tout. Il avait de grosses testicules glabres, mais là où aurait dû se trouver son appendice, il n'y avait qu'un creux. Il s'est aperçu que je regardais et s'est contenté de dire : « Il fait bon, ce matin, n'est-ce pas ? »

Pour ne pas aggraver mon coup de soleil, je passais le début de l'après-midi en tee-shirt, à me promener sur le terrain de camping. J'ai remarqué que la plupart des gens se rendaient rarement à l'accueil et sur les diverses aires de jeux. Il y avait des hommes et des femmes agenouillés dans leur jardin. Ils appliquaient du désherbant, ou faisaient plein d'autres choses que les autres propriétaires font d'habitude habillés. Assis dans l'herbe à côté d'une sirène en béton, un père et sa fille jouaient de la guitare et une femme d'âge moyen chantonnait sur la musique tout en se rinçant les cheveux à l'aide d'un tuyau d'arrosage. Sur le terrain de jeux, un petit garçon couvert de taches de rousseur jouait tout seul dans la tour en bois pressé en transportant un seau en plastique rempli de cailloux. Un homme a allumé son barbecue derrière sa caravane. Il portait un tablier où était écrit : « Le Meilleur Cuisinier du Monde. » Il s'est donné un grand coup de spatule sur les fesses pour chasser la mouche qui s'y était posée. La vie de nudiste était aussi banale que n'importe quelle autre, peut-être même plus parce qu'elle exigeait qu'on ne sorte jamais du terrain de camping. Le monde habillé était à l'extérieur, derrière la barrière. Ils avaient leurs restaurants, leurs cinémas, toute une palette de distractions que mes voisins avaient abandonnées en échange de la possibilité de faire griller des blancs de poulet en costume d'Adam. Malgré tout, il y avait quelque chose qui m'échappait. J'avais fait la vaisselle nu, mangé au bar nu et récupéré les miettes de chips tombées dans mes poils pubiens, mais je me demandais toujours ce qu'il y avait de si extraordinaire là-dedans. J'avais participé à des jeux nu, regardé la télé nu et après j'avais bâillé nu, et je ne voyais pas en quoi cela changeait quoi que ce soit à l'ennui. Il y avait des gens qui disaient : « Pourquoi aller manger en ville alors que nous pouvons rester tout nus ici ? » On pouvait aimer le golf ou la pêche sans que cela ne nous empêche de courir les magasins ou de sortir dîner dans un restaurant chinois. Je suppose que, en bon nudiste pur et dur, on ne pouvait pas vraiment aller n'importe où à part les rares campings et plages isolées qui voulaient bien de nous.

Tout le monde était en effervescence à l'approche du week-end, qui était censé ramener une foule de jeunes visiteurs pour la journée et des propriétaires de mobile home attendant l'âge de la retraite. En fin d'après-midi, je suis allé dans la véranda qui donnait sur la piscine et j'y ai rencontré un couple très sympathique pas loin de la quarantaine. Duke et Roberta dirigaient une entreprise d'entretien des pelouses et ils venaient passer une semaine de vacances. À 36 ans, Roberta est déjà trois fois grand-mère. Duke, son troisième mari, arbore des tatouages de voitures de sport, de chapeaux hauts-de-forme et de belles femmes. Tout ce qu'il ne peut pas avoir dans la vie, il le porte sur les bras, le dos et le torse. La direction du camping ne voyait pas d'un très bon œil la consommation d'alcool, ce qui n'empêchait nullement Duke et Roberta d'attaquer leur troisième pack de bière ; les boîtes vides commençaient à s'amonceler en pyramide bourdonnante d'abeilles sur la table voisine.

– C'est Duke le vrai nudiste, a dit Roberta. Il lui a fallu 2 ans pour me convaincre de venir ici et, finalement, l'été dernier, on a acheté une caravane. C'est super, dommage qu'il y ait tous ces snobs. À force de se dandiner le nez en l'air, y'en a qui s'étouffent avec leur morve. Ils se parquent là-haut, dans leurs mobile homes à 80 000 dollars avec leurs voiturettes de golf toute bariolée, et ils croient que leur merde sent meilleur que la nôtre. Et même, ces chiennes...

Duke lui a tapoté sur l'épaule en faisant un petit signe de tête à une femme aux cheveux blancs qui regardait dans notre direction.

– Quoi ? Je peux quand même dire chienne, non ? C'est la femelle du chien. T'as qu'à regarder dans le dictionnaire, tête de nœud, a déclaré Roberta en s'approchant de moi. C'est interdit de dire des gros mots ici, alors il faut faire gaffe à ce qu'on dit, parce que des vieilles connasses comme ça, elles te dénonceraient, tiens, comme ça.

Elle a essayé de faire claquer ses doigts mais ils étaient si bien enduits de crème solaire qu'ils n'ont fait qu'un petit bruit de rien du tout. Roberta m'a renseigné sur tout le monde, en passant de la colère à une ébriété larmoyante et sentimentale que j'aurais trouvée répugnante si elle ne m'avait pas été aussi sympathique.

– Regarde-moi, a-t-elle dit en clignant des yeux pour refouler les larmes, j'ai les nibards qui me tombent sur les genoux, j'ai la graisse des cuisses qui déborde de la chaise, mais qu'est-ce que ça peut foutre, hein ? Je suis heureuse.

Tout à coup, elle a saisi mon visage brûlé pour me le coller sur sa poitrine. J'ai reçu un téton gros comme un dé à coudre dans l'œil et elle m'a serré fort en berçant ma tête comme si j'étais son bébé.

Quand les nudistes vont en ville, j'ai remarqué qu'ils ont l'air aussi bêtes et mal à l'aise dans leurs habits qu'un chat fagoté d'une robe pour poser dans une photo un peu déjantée. Ils donnent des coups de patte à leurs boutons et fermetures éclair, les yeux affolés et désespérés. Comme ils ne sont pas intéressés par les vêtements, la plupart d'entre eux sont capables de mettre n'importe quoi : des rayures avec des carreaux, des pantalons trois fois trop grands ou trop petits – cela n'a aucune importance pour eux. Ce matin, j'ai vu une femme porter un sweat-shirt à la manière d'une toge, un bras passant par le col pour mettre un sein à l'air. J'ai vu beaucoup de survêtements, qu'un bon nombre de couples ont tendance à considérer comme deux tenues distinctes : dans la fraîcheur du matin, la femme porte le bas et le mari le haut. Je me suis demandé si ce n'était pas l'inaptitude totale à porter un vêtement dans son intégralité qui avait poussé ces gens-là au nudisme. Quand on vient de New York, quel pied d'entrer dans une pièce en sachant que personne ne va vous juger en fonction de votre tenue vestimentaire ! Mais j'ai beau m'habiller comme un as de pique, je préfère encore être jugé sur mon habit que sur mon caractère.

Aujourd'hui, c'était la soirée Ragoût du Clochard, et les campeurs étaient invités à apporter une boîte de conserve de légumes à l'accueil avant midi. J'ai pris la seule boîte que j'avais achetée au supermarché et l'ai emportée à l'entrée, où deux femmes nues portant des toques de chef étaient en train de remuer du bœuf haché et de l'eau dans une casserole.

– Prions le Bon Dieu pour qu'on ne nous ramène plus de maïs, a dit la plus forte d'entre elles. On ne sait vraiment plus quoi en faire.

J'ai posé ma boîte de maïs en leur demandant ce qu'elles entendaient par « Ragoût du Clochard ».

– C'est un ragoût. Ça, c'est la base, et on ajoute ce que les gens nous apportent, c'est-à-dire du maïs comme dans votre cas. À 5 heures, tout le monde s'habille en clochard et après, on mange dans les boîtes de conserve. Il y a même un prix pour le Meilleur Costume. C'est sympa, vous verrez.

Quand je suis arrivé au Ragoût du Clochard, il y avait près d'une centaine de personnes qui mangeaient à même les boîtes de conserve. Un homme s'était badigeonné les joues de charbon. Il portait une cravate et un blouson en haillons, et il charriait un bâton auquel il avait accroché un sac en plastique. Comme tous les autres étaient nus, c'est lui qui a gagné le prix du Meilleur Costume.

En mangeant mon ragoût, j'ai discuté avec une petite femme, mère de quatre grands enfants, qui m'a dit :

– Oh, vous auriez dû voir le lancer de crème de l'année dernière !

– Je vous demande pardon ?

Le *lancer de crème*. C'était peut-être une expression nudiste pour parler d'un repas à la fortune du pot. En principe, la crème, on ne s'en sert pas pour des lancer, non ?

– Oh si, vous pouvez la lancer, mais vous ne pouvez pas la rattraper ! a-t-elle pouffé en sauçant sa boîte de conserve avec une tranche de pain. On avait fait de la crème instantanée dans des marmites de vingt litres, on les a emportées dans le champ et on s'est répartis en deux équipes, « les chocolats » et « les vanilles ». Après, il fallait lancer la crème aux adversaires... Ah, qu'est-ce qu'on a rigolé ! Les abeilles et les mouches n'ont pas quitté le champ pendant des semaines ! Mais beaucoup de gens se sont fait piquer, alors on ne le fera pas cette année, a-t-elle conclu en examinant son morceau de pain. Je me dis que si on avait fait de la crème allégée, ça ne serait peut-être pas arrivé mais non, non, il faut que j'arrête de penser à ça. Il faut passer à autre chose, maintenant.

Son mari lui a gentiment tapoté la main. Son chagrin était si grand qu'on aurait juré qu'elle avait perdu un enfant et non une simple occasion de balancer de la crème à ses petits amis.

Aujourd'hui, on était dimanche, et j'ai remarqué qu'une bonne partie des visiteurs de la journée arrivaient tout droit de la messe. Hommes, femmes et enfants se déshabillaient en arrivant sur le parking. Robes et vestes de costume se retrouvaient soigneusement pliées sur la banquette arrière de leur véhicule. L'endroit serait mal choisi pour enfermer les clés dans la voiture, étant donné que le cintre le plus proche se trouvait à une vingtaine de kilomètres au moins de là. Ce n'était pas l'endroit idéal non plus pour manquer de fer à repasser mais pour ce qui concernait la Bible, pas de problème. Les étagères de l'accueil étaient remplies de brochures et de livres religieux, et plusieurs campeurs avaient récemment assisté à la Conférence des Nudistes chrétiens dans une station balnéaire de la Caroline du Nord. Un de ces visiteurs du dimanche était pasteur presbytérien ; c'était un homme dodu au visage parsemé de taches de rousseur avec Daffy Duck tatoué sur une fesse. Il marchait en se déhanchant, ce qui attirait l'attention sur une partie de son anatomie que Dieu n'avait gratifiée ni de muscle ni de beauté. Le bec du canard était distendu et il avait l'air de picorer une plaque d'urticaire qui ressemblait à un massif de fraises.

J'ai vu pas mal de nouvelles têtes aujourd'hui. Un Noir est arrivé en compagnie de deux énormes femmes blanches, telles deux masses de chair potelée et ondulante. La graisse leur pendait par-dessus les genoux et leurs ventres ballaient comme des sacs de graines à oiseaux sur les cuisses, cachant leur sexe. Leurs jambes en forme de troncs d'arbres étaient plantées dans des sandales sans qu'on puisse faire de différence entre les chevilles et les mollets. Les femmes sont passées inaperçues, mais pas l'homme. « Qui est cet homme noir ? » demandait tout le monde. Il aurait porté des flèches et un collier de têtes rétrécies que ça n'aurait pas été pire. La rumeur courait que c'était un proxénète ou un esclavagiste qui venait de la ville à la recherche de nudistes naïves. J'étais à la piscine quand l'homme noir, discutant avec Dusty, a déclaré avoir deux fils à Penn State[2].

– C'est dur, ça, a répondu Dusty. Moi aussi, j'ai un neveu en prison et je comprends ce que vous ressentez. Quand est-ce qu'ils sortent, vos gars ?

C'était la première fois que je sortais du mobile home complètement nu sans même avoir songé à enfiler un tee-shirt. Subitement, il me semblait tout à fait normal de coincer mes

[2] Il s'agit de l'université de Pennsylvanie. *(N. d. T.)*

cigarettes dans mes chaussettes et de sortir sans rien d'autre qu'une serviette. Nous avions eu une journée couverte avec un ciel bas couleur moutarde. Juste au moment où j'abandonnais tout espoir de rafraîchir un peu mon bronzage, le soleil s'est montré et des centaines de gens ont afflué vers la piscine. L'air embaumait l'huile solaire, et de l'aire de jeux jusqu'au terrain de pétanque, la clientèle débordait littéralement de partout. La véranda et le bord de la piscine étaient noirs de monde, et je cherchais désespérément une place pour étendre ma serviette. J'ai finalement rejoint Duke et Roberta, qui étaient attablés à côté du jacuzzi en compagnie d'une femme d'une petite cinquantaine d'années. Elle parlait d'un camp de nudistes en Arizona où on pouvait camper pour 5 dollars la nuit. « Et en plus, a-t-elle ajouté, ils viennent même vous chercher à l'aéroport, et gratuitement ! C'est un endroit merveilleux, et les gens... ! Il y a vraiment des nudistes fabuleux en Arizona, ne laissez jamais personne prétendre le contraire.

Je l'ai écoutée pendant une bonne dizaine de minutes avant de m'apercevoir qu'il lui manquait le téton gauche. Pas le sein, juste le téton. Les chirurgiens avaient réussi un travail excellent car la cicatrice était à peine visible, semblable à du fil de pêche. C'était un peu comme si je réalisais que quelqu'un avait six doigts au lieu de cinq. Si c'était la première nudiste que je rencontrais, je l'aurais tout de suite vu mais comme j'étais moins gêné de ma propre nudité, je ne la remarquais plus chez les autres.

– Betsy, c'est une sacrée bonne femme, a déclaré Roberta après le départ de la femme. Et j'aime bien ce qu'elle a fait avec sa chatte. C'est mignon. Ça ne m'irait pas, à moi, mais bon, j'ai le bassin plus large aussi.

Je n'avais rien remarqué qui sorte de la normale alors j'ai jeté un coup d'œil à l'autre bout de la véranda, où la femme parlait avec le pasteur.

– Il y a des gens fabuleux en Arizona et ils vous emmènent au camping gratuitement, lui disait-elle.

C'est alors que j'ai remarqué qu'elle s'était rasé tout le pubis, à l'exception d'une petite surface, un genre de moustache à la Hitler. Son sexe visible et luisant d'huile solaire me rappelait ces petits porte-monnaie en plastique brillant qu'on donne dans les banques et les garages, et que seuls utilisent les gens très jeunes ou très vieux. L'expression *gardez la monnaie* m'est venue à l'esprit. Ça faisait pratiquement une semaine que j'étais là et je n'avais toujours rien compris à ces histoires de rasage. C'était un spectacle commun que de rencontrer des hommes portant une barbe de plusieurs jours et curieusement des coupures de rasoir encore sanguinolentes sur leurs testicules glabres. Se rasent-ils pour faciliter la recherche des morpions, ou pour faire disparaître les poils gris dans l'espoir de faire plus jeunes ?

– C'est pour ne pas laisser de poils sur les canapés, a expliqué Roberta. Personnellement, je préférerais passer un coup d'aspirateur, mais qu'est-ce que ça peut bien foutre, hein ? À chacun ses goûts. On gagne peut-être un peu de temps sur le ménage, mais quand on pense à toutes ces heures passées à se raser, je ne sais pas si c'est si efficace que ça. Peut-être que le mieux serait encore de t'acheter un canapé de la couleur de tes poils, comme ça tu n'auras pas besoin de te raser ni de nettoyer. C'est ce que j'ai fait et personne ne s'est encore plaint, hein Duke ?

C'était ma dernière matinée au camping naturiste. En revenant du sauna hier soir, j'ai vu une femme nue sortir précipitamment de mon mobile home pour s'engouffrer dans une voiture qui l'attendait. C'était Roberta. Elle m'avait laissé un mot pour m'inviter à prendre le petit déjeuner chez eux le lendemain. Avant d'y aller, j'ai essayé de m'imaginer comment on mangeait chez les nudistes. Aux dires de ma mère, un invité pouvait aller jusqu'à écraser son mégot sur l'assiette, mais en aucun cas il ne fallait se présenter chez les gens pieds nus. Sans perdre cela de vue, j'avais donc chaussé mes baskets et, au cas où on mangerait habillés, j'avais emporté en prévision un sac de toile avec une serviette, un pull et un short. Quand je suis arrivé, mes hôtes étaient assis dans le coin-cuisine. Ils jouaient à Super-Nintendo en écoutant un de ces intellos du matin à la radio. Contrairement à mon mobile home, qui était fixé au sol, leur caravane était destinée à être tractée par un véhicule et elle était installée sur un petit emplacement, les roues calées avec des briques pour éviter qu'elle ne dévalle la pente toute seule.

– Pourquoi tout ce protocole ? a demandé Duke. Retire donc tes chaussures !

Nous nous sommes entassés autour d'une minuscule table à rabattant et Roberta a apporté une omelette de la taille d'un oreiller, fourrée, selon ses propres termes « de toutes sortes de merdes. Si ça se trouve, il y a même de la litière pour chat. On a laissé les fauves à l'appartement mais comme cette saloperie se faufile partout, on ne sait jamais. Bon appétit, tout le monde. »

De temps en temps, quelqu'un lâchait une petite information anodine, qui changeait subitement tout. Je leur ai demandé combien ils avaient de chats, et Roberta a sorti un crayon et un bloc-notes.

– Voyons, 17 plus 12 moins 2 plus celui que l'autre con nous a donné quand le chat a chié sur son tapis, a-t-elle annoncé en plissant les yeux pour se concentrer sur les chiffres. 28. Nous avions 28 chats la dernière fois que je les ai comptés, mais c'était il y a plusieurs jours. Coppertone nous a refourgué 8 bébés le mois dernier, et j'essayais de me dépatouiller avec ces petits salopiots quand l'autre-là, celle qui boite, nous en a pondus quatre sur le lit alors que Duke et moi étions en pleine action.

Elle a frissonné, l'air illuminé.

– Je ne sais pas d'où ils viennent. À mon avis, on doit avoir quelques obsédés, là-dedans. Duke, il a largué une des femelles en rase campagne, près d'une belle petite ferme. Il a fait 45 kilomètres, hein, et une semaine plus tard, elle était chez nous, la garce, à planter ses griffes dans les meubles comme si de rien n'était. Qu'est-ce qu'on peut faire ?

Un champignon noirci est tombé de la bouche de mon hôtesse sur sa poitrine.

Il y avait chez Roberta, comme chez tous les gens que j'avais rencontrés, quelque chose de plus fort, de plus profond que la nudité. Ils collectionnaient des timbres, ils étaient jardiniers, opérateurs radio amateurs, infirmières diplômées, et propriétaires d'animaux familiers. C'était pareil qu'ailleurs, à la différence qu'ils étaient simplement nus quand ils décrivaient leurs passions. Ils habitaient dans des boîtes plutôt que dans des maisons et se considéraient chanceux le jour où le soleil leur permettait de se distraire en compagnie de gens qui partageaient au moins un de leurs centres d'intérêt. Ce n'était pas trop demander, et qu'à cela ne tienne s'ils faisaient malencontreusement tomber un peu de litière pour chat dans l'omelette.

Le naturisme ne m'a pas incité à aimer mon corps, il m'a seulement permis d'accepter ma place dans ce qui me paraissait comme le cours des choses. Il suffit de s'asseoir à côté d'un homme de quatre-vingts ans pour constater ce qui attend notre corps, ces flétrissures et ces taches brunes. Mais plutôt que de m'affoler, cette vérité a semblé avoir un effet calmant. En me balladant jusqu'à la réception au milieu d'une multitude d'inconnus à poil, je me suis dit que cette cérémonie mériterait d'être narrée par une de ces voix scolaires et calmes qui commentent habituellement les émissions télévisées sur la nature.

J'avais prévu de prendre le taxi jusqu'à la gare routière mais Jackie et Millie se sont proposées pour m'y conduire. C'était la première fois depuis une semaine que je devais m'habiller. Les vêtements n'étaient plus une option, mais une obligation, et cela me contrariait. Abandonnez votre pantalon, et les choses se compliquent. Nous n'arrêtions pas de tirer sur nos habits. Jackie avait un autocollant sur la voiture qui signalait : « Nudiste à bord ! » et j'ai remarqué que les automobilistes nous collaient au pare-chocs avant de nous doubler, l'air profondément déçu. Si nous avions été nus, ils auraient sans doute vomi du sang. Le plus marrant, c'était que les nudistes soient les dernières personnes qu'on aurait envie de voir nues.

Tandis que nous roulions en ville, Millie nous parlait du prochain congrès des « Amis du Farniente » qui aurait lieu la semaine prochaine dans le Massachussets.

– C'est là que je me suis mariée avec Phil, a-t-elle précisé, faisant allusion à son second mari. Mes quatre fils m'ont laissée tomber, aussi beaux soient-ils. On rigolait bien, pourtant, avec mes enfants. On allait dans toutes sortes de campings et de plages naturistes, mais ils ont grandi et ils ont épousé des filles qui ne pensent qu'aux vêtements et qui ne veulent rien savoir de mon mode de vie, a-t-elle continué en hochant la tête, la mine renfrognée, devant le paysage qui défilait. Pourquoi a-t-il fallu qu'ils aillent épouser des filles comme ça ? Vous vous donnez du mal pour les élever comme il faut, et regardez ce qu'ils deviennent.

C'était la complainte de tous les parents. Vous vous donnez du mal pour les élever comme il faut, et regardez ce qu'ils deviennent. Jackie avait le même problème : les enfants qu'elle avait élevés dans la nudité claquaient tout leur pognon dans les fringues. Ils n'étaient jamais venus lui rendre visite dans son nouveau mobile home. Que s'était-il passé ? Quand avaient-ils décidé qu'il y avait du mal à voir leur mère nue en train de faire la vaisselle ou de nettoyer la poubelle ? Était-ce un événement précis qui les avait détournés du naturisme ?

– Ça me tue, a renchéri Millie. Je vais peut-être leur poser la question la prochaine fois qu'ils appelleront pour me demander du fric.

Les deux femmes m'ont déposé à la gare routière avec 20 minutes d'avance alors j'en ai profité pour faire un tour dans la rue. J'ai croisé des étudiants en short large et long jusqu'aux genoux et des banquiers en costume bleu marine. Pour la première fois depuis des années, c'est du moins ce qui m'a semblé, j'ai vu des bas et des sacs à main. Des corps, gros ou minces, fourrés dans des pantalons ou des jupes plissées. Toutes les tenues ressemblaient à un costume conçu pour dévoiler les aspirations de chacun. Le jeune homme sur le trottoir voulait faire partie de la première équipe olympique de skate board. La fille avec la jupe en plastique rêve de vivre dans une grande ville. Je me suis retrouvé devant toutes ces personnes et j'ai pensé : *Je sais à quoi tu ressembles sans tes habits. Je le vois à tes chevilles, à ta manière de serrer ta ceinture. La couleur de tes joues, les poils qui dépassent de ton col, la façon dont tu portes ton tee-shirt par-dessus tes hanches osseuses : tu ne peux rien me cacher.*

C'était comme si je venais de recevoir une version réelle des lunettes radioscopiques que j'avais commandées enfant. J'avais vu la publicité sur la dernière page des bandes dessinées qui disaient que ces lunettes permettaient de voir à travers les vêtements. J'avais compté les jours avant de les recevoir et je fus cliniquement déçu de voir que j'avais été abusé. Il s'agissait d'une monture en plastique noir, avec des verres en carton. Les yeux avaient l'air injectés de sang, et les pupilles devenaient de minuscules trous renforcés par de l'acétate rouge. Quand je les avais sur le nez, les lunettes me donnaient l'apparence d'un gars à la fois emballé et fatigué de ce qu'il voyait. Elles semblaient indiquer la lassitude maniaque inhérente à leur promesse, la lassitude qu'on ressent au moment où l'éclat du nouveau jouet s'efface et qu'il devient très comparable à un fardeau.

Imprimé et relié sur les presses
de Bussière Camedan Imprimeries
à Saint-Amand (Cher)

Dépôt légal : avril 1999
Numéro d'impression : 993100/1
Imprimé en France